Philosophy Foundation Of The Blockchain and Genealogical Finance

亲缘格局论II

区块链和谱系化金融的哲学奠基

陈玉京◎著

经济日报出版社

图书在版编目（CIP）数据

亲缘格局论. Ⅱ，区块链和谱系化金融的哲学奠基 / 陈玉京著. --北京：经济日报出版社，2020. 9
ISBN 978 - 7 - 5196 - 0711 - 1

Ⅰ. ①亲… Ⅱ. ①陈… Ⅲ. ①马克思主义 - 发展 - 研究 - 中国 Ⅳ. ①D61

中国版本图书馆 CIP 数据核字（2020）第 166933 号

亲缘格局论Ⅱ：区块链和谱系化金融的哲学奠基

作　　者	陈玉京
责任编辑	郭明骏
责任校对	温　海
出版发行	经济日报出版社
地　　址	北京市西城区白纸坊东街 2 号 A 座综合楼 710（邮政编码：100054）
电　　话	010 - 63567684（总编室）
	010 - 63584556（财经编辑部）
	010 - 63567687（企业与企业家史编辑部）
	010 - 63567683（经济与管理学术编辑部）
	010 - 63538621　63567692（发行部）
网　　址	www. edpbook. com. cn
E - mail	edpbook@ 126. com
经　　销	全国新华书店
印　　刷	北京九州迅驰传媒文化有限公司
开　　本	710 × 1000 mm　1/16
印　　张	16
字　　数	237 千字
版　　次	2020 年 10 月第 1 版
印　　次	2020 年 10 月第 1 次印刷
书　　号	ISBN 978 - 7 - 5196 - 0711 - 1
定　　价	42. 00 元

胡乔木之子胡石英先生手书

（哲学）这种考察从何处获得它的重要性呢？因为它好像只是摧毁了所有有趣的东西，即所有伟大和重要的东西。（就好像摧毁了所有建筑，同时只剩下碎石瓦砾。）但是我们摧毁的只是一些空中楼阁，我们让它们立于其上的那个语言的地基空旷整洁。

——路德维希·维特根斯坦

目 录

CONTENTS

引言　谱系化金融的本质与数字资产（货币）给金融业带来的新机会

近几年，在银行转型的实际工作以及对数字经济的研究中，我越来越强烈地意识到，数字化转型的先机已经被头部金融科技公司占得，而且互联网时代的特点决定了这种先机一旦失去，再追赶就很难了。因此，我认为，需要仔细地研究数字（智能）时代本身的新特点、金融本质的演变及其新特征，由此催生了“亲缘格局”与“宙合”之境、“概率化生存”、“谱系化金融”与“投资现象学”等概念，同时结合当前区块链、人工智能、大数据、云计算等金融科技所带来的新机遇，对数字资产（货币）、区块链数字金融、金融业的未来发展等做出一些深入的思考。当然，由于数字资产（货币）、区块链数字金融是有史以来最为抽象的金融，关于新的金融形态的所有有效的深度思考都必须建立于新的哲学地基之上，正如维特根斯坦所说：

> （哲学）这种考察从何处获得它的重要性呢？因为它好像只是摧毁了所有有趣的东西，即所有伟大和重要的东西。（就好像摧毁了所有建筑，同时只剩下碎石瓦砾。）但是我们摧毁的只是一些空中楼阁，我们让它们立于其上的那个语言的地基空旷整洁。①

本书的哲学思考，力图摧毁的是“一体化金融”空中楼阁，而试图“恢复”的“空旷整洁”的地基则是“谱系化金融”。本书整理了我的专著《亲缘格局论：面向智能时代的哲学》（即《亲缘格局论》第一部）②之后的进一步认识，作为《亲缘格局论》第二部，求教于方家。

---

① 维特根斯坦：《哲学研究》，楼巍译，上海人民出版社，2019年，第65页。

② 陈玉京：《亲缘格局论：面向智能时代的哲学》，经济日报出版社，2018年。《亲缘格局论》在我的计划中至少要写三本书才能形成一个基本的轮廓：一是已经出版的概要式论著《亲缘格局论：面向智能时代的哲学》；二是区块链和谱系化金融的哲学奠基；三是客家传统和共生共治经济学的哲学奠基。总的来说，《亲缘格局论》的目标就是在以互联网、区块链为底层技术的智能时代，为一个全新的经济金融范式做哲学奠基的工作。

本书提出，金融机构要根据数字资产（货币）的理论特性和实践品格，紧紧抓住个体及其家族的各种“亲缘”关系，主动介入到提升亲缘格局的全过程、诸环节，服务其相关的人群、企业、产品等等，形成 C2C2B2C 金融及产业生态的闭环。“抢人”到位，金融机构才有可能在未来的谱系化金融涌现和数字资产（货币）运行中占据先机，成功实现转型。当然，根据本书提出的哲学“金融学转向”的观点，区块链和谱系化金融的意义决不止于金融机构和金融市场，而是整个金融体系和社会治理体系、治理能力的变革，乃至哲学思维方式的变革，但这个题目太大，不是一本书能够完成的，需要有兴趣的同道一起来完成这些“新的建筑”。

§1 资本运动的外在化、信息生产外部性的内在化正在使谱系化金融“回归”

美国、意大利的左翼政治理论家哈特和奈格里的《大同世界》一书[①]描绘了西方发达国家正在出现的一系列新趋势：一是非物质生产正在逐步取得主导地位，图像、信息、知识、情感、符码以及社会关系在资本主义的价值增殖过程中，已经超越了有形商品或者商品的物质性层面；二是诸多工作岗位的女性化，女性在雇佣劳动市场上所占的比例迅速提升，劳动的“灵活性”提高，与“女性岗位”相关的某些“重情商”特征（如情感、情绪和公关等）正在使女性从很多劳动部门的边缘走向核心；三是移民劳动者处于与社会和种族的混合过程中，合法与非法移民的不断涌入带来很多政治与社会问题，同时也使劳动力市场发生本质性的变化。他们认为，这三种主要趋势对经济学的传统概念和方法提出了挑战，因为“生命政治劳动”将经济的重心从物质商品的生产转移到了社会关系的生产，而生产与再生产也日益混同。经济学家已经认识到资本以外要素不断增长的重要性，资本日益处于生产和财富的生成过程之外。也就是说，以非物质生产者、女性劳动者、移民劳动

---

① （美）迈克尔·哈特、（意）安东尼奥·奈格里：《大同世界》中译本，中国人民大学出版社，2016 年。

者（以下简称“非女移”[①]）为主力军的“生命政治劳动”正变得更具自主性。

互联网及与之相关的大数据、云计算、人工智能和区块链技术正在推动数字经济的迅速发展，“开放性网络”和“创造性劳动”的日益融合正在使资本的地位和性质发生深刻变化。凯恩斯在二十世纪三十年代所预见的“食利者的安乐死”有可能成为现实，资本拥有者越来越被置身于社会劳动的具体过程之外，专家和技术驱动明显在超越资本驱动的商业模式，企业家和资本家的界限越来越明显了。资本家正在回归到像封建时代的地主那样只收“地租”的角色，投资、生产、交易本身的利润产生和分配好像和他们无关了[②]。资本运动的日益外在化导致了我所说的“一体化金融”[③]的式微，而（知识）信息生产的外部性日益内在化于“生命政治劳动”的全过程中。资本运动的外在化、信息生产外部性的内在化突出了人本身的价值，无论是劳动还是休闲着的人，都有可能在创造着新的价值，这在机器大生产的时代是不可想象的。比如，大都市年轻人的集聚、高端人群在某些房地产小区的集聚，带来了城市和高档小区的增值。而这样的新特征为新金融范式——“谱系化金融”[④]成为主流形态提供了前提条件。在资本无法渗透的地方，谱系化金融的媒介（如数字资产、数字货币）却可以渗入到“诸众”（the Multitude）之劳动、休闲的诸环节、全过程之中。

哈特和奈格里说：

> 资本主义摧毁了经济学，将其变为数学，而现在需要我们将其重新

---

① “非女移”在某种程度上可与现代西方国家一直占主导地位的“老白男”相对应。“老”者是高度重视物质生产和物质财富的那几代人，当代“非物质生产者”相对要年轻许多；“白”者是在西方国家传统中精英人物的代表，白种人居绝大多数，而当代移民大多是有色人种；“男”者是西方国家中传统生产方式中的主流群体，妇女在传统生产方式中一般做的是边缘性的工作，当代妇女在越来越占据主导地位的若干服务行业中成为活跃的精英。

② 如格林斯潘 1997 年 12 月 2 日在纽约经济俱乐部的演讲所称：“科技将继续降低世界各地风险调整收益率的成本差异，进一步引导投资者最有效地使用资本。交易活跃的利率产品的回报率在许多工业化国家之间已经持平了。”

③ 金融一体化实质上是个体对于资本的依附，经济活动对于金融机构及财团的依附，是个体信用对于国家信用的依附。参见我主撰的微信公众号《中产者的亲缘格局》文章《谱系化金融：从“依他救济”到“依自救赎”》，以及本书第三篇第四节等。

④ 参见同上篇文章，以及本书第一篇第一节等。

> 带回生命领域和家政学（oikonomia）的古典意义中去。经济价值决定于协作性行为（知识的、手工的、情感的或交往的）在反抗并超越利用市场的金融规则对社会实行的资本主义调节时完成的溢出和逾越过程。①

他们说的这些比较晦涩，照我的话语来转述就是：一体化金融催生的资本主义早已经成了“计量经济学”，一切都是冷冰冰的计算，这在资本主义上升期和机器大生产的年代是合乎理性的，但正如韦伯所言，它们制造了一个巨大的“铁笼”（iron cage）②，这一“铁笼”是理性的资本打造的，它使人的自主的协作性行为（知识的、手工的、情感的或者交往的）成为多余，而即将到来的智能时代却不能允许这种情况继续下去，于是谱系化金融③有可能应运

① （美）迈克尔·哈特、（意）安东尼奥·奈格里：《大同世界》中译本，中国人民大学出版社，2016年。

② 马克斯·韦伯和黑格尔一样，强调现实生活中的“合理性”，因此，对于所谓资本主义“铁笼”是中性的看法，甚至倾向于肯定它。在韦伯看来，这是不可避免的命运，只有在屈服的前提之下才有对抗，而且只有这种对抗才是有意义的，否则很可能只是一种“乌托邦”。

在卡尔·洛维特的《韦伯与马克思》一书中，对韦伯与马克思的社会哲学思想作了深度的比较。书中说：

> 韦伯所考虑的问题和马克思不同，他并不是想要寻找如何将合理化了的世界中的专业人连同劳动分工一起加以扬弃的方法；相反，韦伯首先接受了人的人性已然无法避免地“被划分为小块”，在这种情况下，他依然想探寻如何才能够将个人负责的自由作为一个整体加以保护。并且，韦伯也大致肯定了马克思所说的自身异化的人性，因为对他来说，这种生存方式事实上并未提供一种最为极端“行为的自由”或使它成为可能，而是迫使人追求这种自由。恰恰是在这个由“无灵魂的专家、无心的享乐人”组成的专门化的和被教化了的世界中，人们才带着否定性的激情力量，时而在这里，时而在那里，打破任何一种“从属性”的“铁笼”——这才是“行动的自由”的意义。……人正是通过让自己屈服于这一命运，才与这一命运相对抗，但这种对抗始终需以对抗之前的屈服为前提。

（德）卡尔·洛维特：《韦伯与马克思》中译本，南京大学出版社，2019年，第53页。

③ “谱系化金融”的概念借用了家族谱系的观念和谱系学的研究方法。谱系学（Genealogie）一词在希腊语中指的是有关家庭谱系的研究，是关于家世关系以及由此产生的各种法律的、历史的、社会的和自然法上的关系的学说。在欧洲中世纪的封建采邑制度中，谱系学发挥了非常重要的作用，因为可靠的谱系能够为某人的贵族身份提供证明。从16世纪开始，谱系学成为一种近代科学的研究方法，一般而言是人类学和社会学的研究方法。就哲学而言，尼采和福柯的哲学比较重视谱系化的研究。尼采的《道德的谱系》、福柯的《古典时代疯狂史》等采用了谱系学的研究路线。在中国，商周时期开始就尊崇祖先，对谱系的重视更是由来已久。中国历史上，客家人因为千年之间从中原往南方数千里迁徙，出于对世代传承的敬意和文化传播的需要，一直保留了修族谱、盖祖祠的传统，与之伴生的谱系学也很发达。

而生，从其古典形态[①]中重新焕发出活力，反抗并超越那些原有的金融规则，这样的溢出和逾越将导致经济价值的新的增殖。

“诸众”（the Multitude）之劳动、休闲的诸环节、全过程将使当代经济过程的描述变得更加复杂，瓦尔拉斯均衡经济学的理想状态显然无法胜任新的经济形态的要求。一体化金融时代的非瓦尔拉斯均衡经济学，也只是在个别侧面实现了与真实市场的对应，使人们不再沉迷于瓦尔拉斯构筑起来的理论幻境中。在我看来，理论经济学以所谓“代表性经济主体”实现的简单对应永远也不可能再现真实的市场环境[②]，特别是现代货币经济的复杂性更加剧了这种对应的不可能性，因为货币在市场中的真实效果是由处于不同立场、拥有不同偏好、具有不同信念的经济主体相互作用的结果，货币的内生性永远夹杂着外生性。因而，有必要彻底转换一种思路，用数字资产（货币）融合市场主体的各种行为、数量和价格信号，形成真正内生供给的“真实货币”。互联网经济的高度平台化、区域化和集群化正在催生货币的数字化和谱系化。金融谱系化的格局之促进，有可能因为货币的谱系化[③]而达到高潮。在我的设想中，区块链数字资产（货币）的运行，就像全社会的毛细血管都充分地张开了，如此将更有效地实现谱系化金融贯穿渗透于亲缘格局提升的过程，进而促使每一个体都趋向于达到“宙合”之境。与以往的一体化金融促进工业制造和全球贸易相比，谱系化金融将更注重于人本身的自由发展和共生共治社会的实现。

---

① 谱系化金融自古以来就存在于人类经济生活的实践中，比如我国青铜器铭文中很多处记载了家族成员、家族与家族之间的土地、财产转让和馈赠等事实。我国古代同一宗族的祭祀、贫家子弟考学等，都会受到家族谱系的恩荫，从而得到某种形式的“集资”而完成。以近代晋商为代表的“金融票据商”利用的是家族和类似家族的“亲缘”关系，他们的钱庄票号汇通天下，曾经一时名扬四海。西方进入资本主义时代以后，也有很多家族（历史上著名的有如富格尔家族、罗斯柴尔德家族等）在市场竞争中抱团取暖，合伙人企业和金融票据等方面的发展都和家族内部人员的信任和共同参与密切相关。在韦伯的理论中，这种家族式资本主义（偏重于金融）和工业资本主义是完全不同的。

② 凯恩斯用“动物精神”“资本边际效率”等术语表达了他对真实市场环境和现代经济金融复杂性的理解，还专门写了《论概率》一书试图进行数学解释，但是大多数西方经济学家出于经济学、金融学之可量化和纳入形式化体系的需要，并不认同这样的“模糊”理解，最多也就是在非瓦尔拉斯经济学中体现凯恩斯的某些思想。

③ 显然，谱系化的货币不只是各国央行发行的数字法币，而是有“n（1+N）”种由经过许可的私人专营机构发行的数字货币。这里的1是指相当于原有的法币的那种数字货币，但这种数字货币也不一定要由央行来发行。

小贴士 1

生命政治劳动

2007年6月3日至4日，《大同世界》第一作者安东尼奥·奈格里教授受邀来到南京，参加在南京大学举办的“第四届当代资本主义研究暨纪念《资本论》第一卷出版150周年国际学术研讨会”。在会议期间，就西方左翼关注的新问题，澎湃新闻记者对奈格里教授进行了专访[①]。以下是奈格里在此次专访中关于“生命政治劳动”的若干解答。

记者：

你怎么看数字劳动？数字劳动和非物质劳动是什么关系？非物质劳动是今天财富积累的主要来源吗？会是今后占主导地位的劳动形态吗？

奈格里：

在今天这样一个资本主义发展的新阶段，自动化和信息技术毫无疑问构成了财富生产的根本性工具。对这种技术工具只有一种趋向性的、趋势性的判断。当我们说非物质劳动的时候，这个词并不能涵盖所有劳动形态。在今天，这样一个趋势性的判断毫无疑问越来越明显，数字劳动会成为今后主导性劳动形态。

关于资本主义新阶段，补充说明一下，我将它定义为“总合智力”（general intellect）的阶段。资本主义的第一个阶段就是资本原始积累时期，第二个是手工业生产，第三个就是大工厂时期。“总合智力”不仅仅是一个技术性说法，不仅仅指具体技术，也包括整个信息化、数字化的过程，所有的劳动包括农业生产都朝程序化、操作化、控制化发展。

第二点我想补充的是，今天，人本身有一个生命政治化状态，不光你的工作，你整个生命生活都被放到了工作里。这很好理解，就像你永

① 专访奈格里：当你坐在星巴克时，价值榨取过程就已完成。www.thepaper.cn 2017-06-07。根据本书需要选编。

这篇资料中把“general intellect”译为“一般智力”，似不妥，我根据上下文意思，译为“总合智力”。

远都在接电话，你放假，老板也会来找你。

补充一点，这次开会很多老师都问我，非物质劳动到底是物质的还是非物质的。马克思在讨论劳动时，也提到过情感、心理这些层面的概念。我的意思是，非物质劳动其实质不在于非物质，而在于它是生命政治劳动，就是我们的生活整个被卷入资本利润生产的增殖过程。

两个最简单的例子，老师和学生也在这个资本链里，妇女在家庭里工作，也是一个被雇佣的关系。今天的劳动不再只是发生在工厂里，而是发生在所有场所里面，这是非物质劳动，不是说物质非物质，也不是一个技术性的问题，而是代表一个生命政治的转变。这是我想强调的。今天是社会的再生产，生命的再生产，资本的逻辑控制了一切①。

记者：

在这样的生命政治劳动面前，人的身体还具有抵抗潜能吗？比如，美国学者乔纳森·克拉里在《24/7：晚期资本主义与睡眠的终结》这本书里谈到，作为人类基本身体需求的睡眠具有抵抗资本主义的潜能，你同意这样的说法吗？

奈格里：

虽然克拉里在这本书里提出的观点有点漫画化，有点夸张，但还是很好、很重要的。它揭示了一个事实，就是我们的生命是会被资本主义覆盖起来的。在书里他说反抗变得只有在睡梦中才有可能，这么说当然有点夸张，但也揭示了反抗的必要性，就是说在资本主义体系所售卖给你的梦想之外，我们必须去梦想一些其他的东西。只有在睡梦中，我们才能去真正梦想其他的东西。

因为只要你醒着，只要你的意识还被资本主义体系所影响着，你就很难想象得到处在资本主义体系把控之外的东西。在这个意义上，我们需要建构一种新的现实，新的本性——如果本性这个词还可以用的话，

---

① 这里似应补充一句：未来生命政治劳动的实现将改变资本逻辑控制一切的局面。

以此来抵抗异化和丢失的自我。

本书作者按：物极必反。资本主义像一个大“铁笼”，数字劳动和非物质劳动（基于个体的创造性劳动占了很大比重）的迅速增长提供了打破“铁笼”的巨大机会。创造性劳动和开放性网络的融合使未来的“生命政治劳动”有可能不再受制于资本的束缚。

小贴士 2

“食利者的安乐死”（凯恩斯语）[①]

资本 / 收入比在 1913—1950 年的下降是欧洲走向自我毁灭的历史，特别是欧洲食利者阶级消亡（或称“安乐死”）的历史[②]。截至 二十世纪中期，由于两次世界大战，资本大量毁损。半个多世纪之后，资本又回到了与十八世纪和十九世纪相当的水平，财富再次繁荣兴旺起来。大致来说，二十世纪的战争消灭了资本存量，给人们带来了资本主义出现结构性改变的假象。而实际上，如果将十八世纪国民资本的结构与今天进行对比，我们会发现净国外资产在两个时期都不算特别重要[③]，真正长期的结构性变化在于农地逐步被房地产和运营资本替代，而总资本存量占国民收入的比例大致保持稳定。

目前，英国的公共资产（包括金融资产与非金融资产）的总价值估计约相当于 1 年的国民收入，法国的水平略低于 1.5 年。鉴于上述两国的公共债务都大约相当于 1 年的国民收入，因此净公共财富（或净公共资本）数额很少。根据两国的统计机构和央行的最新官方估计，英国的净公共资本几乎为零，法国的则略低于国民年收入的 30%，抑或全部国民资本的 1/20。

---

① 无名氏 2018 年 11 月 12 日《二十一世纪资本论》读书笔记。www.jianshu.com 根据本书需要选编。

② 约翰·梅纳德·凯恩斯：《就业利息和货币通论》，魏埙译，陕西人民出版社，2006 年，第 356 页。

③ 通过贸易盈余和殖民占有的方式来积累海外财富的目标，正是为了在日后维持贸易赤字，永远保持贸易盈余是没有现实意义的。拥有财富的好处在于，人们即使不工作也能继续消费和积累，或者说能够以比自己从事生产更快的速度来继续消费和积累。同样的逻辑也适用于殖民主义时代的国际舞台。

这里的关键事实当然众所周知：英国和法国从来就是以私有财产制度为基础的国家，没有经历过苏联式的社会主义制度，即由国家来控制大部分资本。因此，私人财富相对于公共财富一直占据压倒性优势，并不令人惊讶。反过来，这两个国家的公共债务也都从未累积到足以显著影响私人财富水平的程度。

在二十世纪，债务不断被通货膨胀蚕食，收到的回报是不断贬值的货币。在实际操作中，政府赤字能够被那些借钱给政府的人分担，而不必再增加同等数额的税收来偿还。虽然当前的通货膨胀率早已下降到并不比十九世纪高很多的水平，其财富再分配效果相对来说也不再显著，但对公共债务的这种“累进”式观点直至今天依然为很多人所拥护。

这对政府而言又意味着什么？虽然一开始公共债务规模庞大（在1913年接近国民收入的80%），而且在1913–1950年财政赤字高企（特别是在战争时期），然而到1950年法国的公共债务水平却回到了相对较低的历史水平，大约为国民收入的30%，同1815年时相当。尤其是国家光复时期的巨大赤字，在1945–1948年的4年中，在高度情绪化的政治氛围里，被超过50%的年通胀率很快消化掉了。从某种意义上说，这算得上是1797年“2/3破产”事件的重演——过去的债务被勾销，以便在较低的公共债务基础上实现国家的重建。

当约翰·梅纳德·凯恩斯在1936年述及“食利者的安乐死”时，他也显然受到了当时发生的事件的深刻影响：对“食利者”们来说，“一战”前的世界已经崩塌，事实上已没有走出经济与财政危机的政治上可行的办法。特别是，凯恩斯明显感觉到，尽管由于对1914年前的金本位制度无比留恋，英国人依然很不情愿接受通货膨胀，但这却是削减公共债务负担、减轻过去的财富积累影响力最便捷（虽然不见得最公正）的办法。

无论如何，德国与英法两国之间的差异大部分并不是因为存量住宅的价值不同，而是其他国内资本的价值差异，尤其是企业资本。换言之，德国的私人资本水平较低并非因为房地产价值较低，而是由于德国企业的股票市值较低。如果在计算私人财富总额的时候，我们不是参考股票市值，而是采用账面价值（从企业的累计投资价值中减去债务之后的部分），那么上述的德国悖论就不复存在了：其私人财富数量将提升到与英法两国相当的水平，从 4 年的国民收入增至 5—6 年的国民收入。

除企业资本外，其他类型的资本（如住宅和其他国内资本）在殖民地时期及美利坚合众国早期的相对重要性不及欧洲国家。这背后的原因虽然有所不同，但并不令人感到意外。美国的人口中有很大一部分是移民，他们跨越大西洋时并没有随身带来自己的房屋、工具或机械等资产，所以还需要很长时间才能积累起相当于数年国民收入的房地产和产业资本。

在增长接近停滞的社会里，过去积累的财富将不可避免地获得超出与其实际重要性相匹配的地位。根据历史事实的对比，我们便很容易解释为什么不同国家的资本积累会出现如此大的数量差别，以及资本 / 收入比为什么会在 1970 年之后急剧提高。一个特别清晰的案例是日本，其年储蓄率接近 15%，增长率略高于 2%，因此日本长期积累的资本存量达到 6–7 年的国民收入并不奇怪。这是动态的资本积累第二定律的自然结果。类似的是，储蓄率更高而增长更快的美国，相比之下资本 / 收入比低得多并不令人惊讶。

二十世纪的冲击对美国的影响远逊于欧洲国家，因此其资本 / 收入比也显得稳定得多，在 1910–2010 年，大致为 4–5 年国民收入，而欧洲国家则从超过 7 年的国民收入下跌至不足 3 年的国民收入，二十世纪中期以后又逐渐反弹到 5–6 年的国民收入。美国对外投资的回报要远高于它所支付的外债本息——这是美元的国际信用带来的特权。海外投资的高回报阻止了美国净国外资本头寸的恶化，总体来说，目前的状态与“一战”前夕非常类似。美国的国内资本约为 4–5 年的国民收入，其中外国投资者持有的资产（减去美国投资者持有的国外资产）相当于国民收入的 20%，而美国的净国民财富大约相当于国民收入的 430%。也就是说，美国超过 95% 的资产由本国人持有，由外国人掌控的不足 5%。

社会不平等领域的这种复杂和矛盾的关系，直到今天对美国依然有影响：一方面，这是个信奉平等的国家，是千百万出身低微的移民的希望之地；另一方面，它又是个极端野蛮的不平等的国家，尤其是涉及种族时，其影响仍随处可见。美国南方的黑人直到二十世纪六十年代仍没有公民权，并受到法定的歧视制度约束，在某些方面与二十世纪八十年代之前南非维持的种族隔离制度有很多共同点。这些背景无疑是美国福利制度在各个方面的发展（或者说欠发达）现状的根源。

本书作者按：一个社会的食利者太多，经济增长速度不可能太快，甚至是产生经济萧条的总根源，所以凯恩斯提出“食利者的安乐死”，确实动了资产阶级的大奶酪。但是，不这么做，则很可能会迎来资本主义总体崩溃的可怕后果。从凯恩斯当时理想主义色彩很浓厚的哲学观念来看，这样的可怕情景是应该阻止其发生的。

§2 金融本质的演变和谱系化金融之新特征的显现

金融的本质会改变吗？极端一点发问，可以是这样的：金融有本质吗？从二十世纪初现代西方现象学发端以来，事物是否有一成不变的本质，一直在受到哲学家们的质疑。我所信奉的不是有否定倾向的哲学，所以姑且认为本质是存在的，但本质一定是会演变的，金融的本质也是这样。

（一）金融本质及其演变

金融的本质是什么？无数学者都给出了答案，这里引用两个比较新的观点。陈志武说：

金融就是跨期价值交换，就是在双方之间进行的跨越时间交易。所有的跨期价值交换都是金融，都是金融要解决的问题。一般商品市场都是现货交易，你去菜市场买菜，一手交钱，一手交货，这是现货交易，不存在跨期交割和由此带来的一系列信用与违约问题，但金融市场则完全不同，交易是跨越不同时间的。你一定记住金融的这一本质。①

① 陈志武：《金融的逻辑》，国际文化出版公司，2009年。

肖远企说：

> 分析“金融”（Finance）词源的演进历史可以发现，金融业从起源到发展，贯穿其中的核心职能是中介服务。这主要包括两个方面：一是作为“钱”的中介。金融业经营管理的直接对象是“钱”，在任何时代，金融活动都是货币流通的中介。二是作为金融活动参与主体的中介。无论是早期简单的支付，还是承兑、借贷乃至近来的财务管理，金融都是联结经济活动不同参与主体的纽带，是联络和推动经济活动运行的中介。①

肖远企的该论文还详细分析了从“搬运工”“助推器”到“创造者”的金融中介角色的历史演变。

比特币产生于上次金融危机之后，这是一次伟大的革命（我更倾向于把它看作是一次哲学思想和金融思想的革命），它将会极大地促进金融谱系化（很大程度上是与“一体化金融”的中介化相对应的“减中介化”，当然，不是去中介化，更不是去中心化）的进程，而且其跨时间、空间的价值传输和传承将比历史上任何一个时期都更方便。比特币只是一次试验，我相信会有更实用、更具哲学意味的数字货币将创造出来。而随着数字资产（货币）的流行于世，金融的本质正在随着金融业即将发生的剧变而产生深刻的变化。按照我最新的研究，谱系化金融将取代一体化金融，成为未来金融的主要形态，如果真的能够实现，那么金融的本质似乎可以表述为：金融是伴随个体与其家族的生命历程及其相关事业发展的价值生成、积累和交易的过程。生命价值的主要表现形式是亲缘格局，其对应的是个体及其家族的资产综合形态，在智能时代很有可能用数字资产（货币）来整合，如此，则有可能数字资产（货币）的生成、积累和交易将成为金融业的主流形态。

---

① 肖远企：《金融的本质与未来》，《金融监管研究》2018 年第 5 期。

（二）谱系化金融的新特征及其对金融本质的演变可能产生的影响

过去500年的银行业一直占据着金融业的头把交椅，这是由资本主义生产体系下以国家信用货币为基础的银行信贷和票据一直占较大份额所造成的。金融——工业化和信息化——制造业和服务业，无论各种产业形态和金融形态发生了多么大的变化，银行信贷和票据的“老大”地位一直比较稳固，这种超稳定形态的金融范式的主要盈利基础一直在于对负债的经营，说白了就是通过吸纳公众或机构的存款来“吃利差”，大银行对大企业是较低的利差，小银行对小企业是较高的利差，总之，利差导致的“安全边界”保证了银行的盈利和风险控制。而证券、信托、保险还有当前的互联网金融等其他金融机构的海量货币大多是通过银行的存款或资产抵（质）押的渠道产生的，所以，其实质都是依附于银行这种“吃利差”模式的。

二十一世纪以来特别是最近十年来，一些重要的变化发生了，互联网金融“改变了银行”[①]，银行业开始了向数字银行、投资银行和直销银行的实践转型。在世界范围内，有关于谱系化金融“回归”的一些现象渐渐显现出来：精准描述金融服务主、客体双方的金融行为，促进金融服务个性化，并使个性化产品设计成本降至最低；分布式系统，各方参与积极性提高，参与成本降至最低；信息不对称问题的技术解决使金融服务主、客体双方的道德风险得以降低；细分行业、相对封闭、基于资产价值形成全过程登记的市场使价格波动减缓；竞争有限度，以免“孤注一掷”（go for broke）行为频繁发生，避免过度授信、过度负债；大量交易且十分便捷（目前已有互联网网购、支付以及基于这些消费和支付数据的消费信贷、小额贷款）；根据累积的消费和生产、贸易、投资数据，个人和小微企业将逐步得到递增的金融资源（如递

① 2014年10月，蚂蚁金服正式成立，专注于为中小企业和个人提供全面的普惠金融服务。目前，蚂蚁金服的战略业务涉及个人金融、企业金融、农村金融、国际业务金融、绿色金融等，成为互联网金融的全新生态产业平台。从电子商务，到在线支付，再到普惠金融，短短十几年时间，马云的互联网电子商务转型升级至今天的金融帝国，回想起来，可谓惊人。就在2014年年底，蚂蚁金服成立之初的一次峰会论坛中，马云说过这么一句话：“银行不改变，我们就改变银行！”这一句话引起了当时金融和互联网行业不小的轰动，很多行业大咖纷纷议论甚至嘲笑马云。然而，当蚂蚁金服发展到今天，很多曾经持有怀疑态度甚至抱以嘲笑的大咖们已闭口不言了。

增贷款、循环贷款），等等。

随着金融科技特别是区块链技术的发展到位，谱系化金融的若干表现形态处于快速形成和积聚之中，我把谱系化金融的特征做了一些理论上的概括，总的来说，就是基于个体（包括个人、家族和企业法人）生命演化历程的谱系化记录而衍生的金融理念和实践。它将呈现的理论特征和实践品格主要有：

1、基于个体（包括个人、家族和企业法人）生命演化历程的谱系化记录，即亲缘格局的可量化数据所构成的信用记录，将是金融资源分配的重要依据，将来很可能是唯一的依据[①]。

2、只要基于个体及其家族的信用就可能得到高效、直接的金融服务。

3、人的全部价值（不光是劳动价值，还有“休闲”价值）都得到尊重和体现。

4、金融机构和金融产品针对特定客群的订制性、个性化增强。

5、对应于新的价值评估机制（如我所提出的“亲缘格局”），数字资产（货币）有望在特定区域流通，形成对法定货币体系缺陷的补足。

6、借助互联网成为一个统一的金融市场，传统的债券、股票、基金、保险产品都将逐渐数字化，并和数字资产（货币）都同时进入这个市场，各种数字化金融产品携带着投资、融资和交易的金融信息而成为一个“谱系”，这一“谱系”中的金融产品对于个体生命价值而言具有“同一性”（即基于个体生命演化历程的谱系化记录）。

7、数字化金融产品不仅形式多样，而且非银行金融机构、企业甚至个人都参与到“真实货币”供给之中，央行和商业银行对货币供给的控制力日趋减弱。

8、数字化金融产品不仅具有传统货币的价值储藏、交易、记账等功能，而且可以直接成为“投资品”，人们可根据自身收入状况、资产收益预期以及

① 自古以来，信用和声誉可以部分替代货币的职能，而在互联网信息技术、大数据分析日益发达的情况下，越来越多的私人部门能够取得基于信用的金融服务，信用支付成为常态。因此，亲缘格局的可量化数据所构成的信用记录，成为金融资源分配的重要依据，这显然是一个可以实现的目标。加上货币同时具有创造信用的职能，亲缘格局之价值实现（体现为数字资产或数字货币）必然成为一个“日生日成”的过程。

风险偏好等决定投资组合，也可凭个体及其家族的亲缘格局生成、积累和交易数字资产（货币），如此等等。

我提出“谱系化金融”的概念，主要基于以下对于金融本质的考虑：

1、金融是对人生未来价值的贴现，而未来价值的可信评估只能依赖于过去的历史记录①。在我看来，个体及其家族的谱系记录是比较可信的，因为连贯的记录要一直作伪是很困难的。

2、金融是对不确定性和风险事件的规避，原则说来这种规避最终只能依赖于信心和信念。在我看来，个体及其家族的谱系记录（对于企业而言同样有其历史记录）是这种信心和信念的一个重要来源，它可能比一般的固定资产抵押物更为可靠。因为从长远看，世代传承的历史肯定比固定资产要有价值，特别是金融危机总是周期性地来临，更是让我们对资产抵押物的价值心生疑虑。

在智能时代到来之时，个体创造性劳动和开放性网络的“涌现”效应相互增强，金融的本质在此背景下将发生深刻的改变。

（三）现有货币内生供给模式的缺陷与融合行为、数量与价格的“真实货币”

在现实经济生活中，商业银行认可作为抵押或质押品的资产系列是多样化的，如国债、房地产、机械设备、股票、艺术品甚至专利权、林权等，但是最主要的抵押物一直就是房地产。“在美国，房地产价值一直占总资本的60%左右，换句话说，房地产价值与经济增长率和资本存量价值增长率是高度相关的，其原因就在于房地产是商业银行贷款的主要抵押品。”②而在二十世纪七八十年代，美国的政府公债对资本存量的比重大幅度增加，一度超过30%。“众所周知，由于政府信用的担保，公债是肯定会兑现的，从而在现实中当借款者用公债作抵押时，商业银行根本不必考虑其信用和风险，而在任何时候都给予‘十成按揭’。这样，当公债在总资本中的比重超过房地产而

---

① 请参考本书附录八《记录历史》。

② 柳欣：《资本理论》，人民出版社，2003年。

取代其作为商业银行贷款的（主要）抵押品时，通货膨胀是不可避免的。”[①]而实际上，商业银行（在我国，还有政策性银行）在具体操作中，有可能比这里说得更加激进，所以当2008年中国政府主导的“四万亿”推出后，后续数以十万亿计的商业银行贷款（还有所谓信托、基金子公司的“通道”贷款，实际上也是绝大多数出自商业银行）的推出，也不难理解。在这数以十万亿计的贷款中，地方政府信用作为“抵押品”的贷款至少占了一半。

从学理上说，现有的以资产抵（质）押为基础的货币内生供给模式是比较稳妥的资本主义经济模式，但在某些贪婪的金融经理的操作之下，金融产品的复杂化可能会掩盖抵（质）押品的真实性，甚至否认其必要性，从而使货币内生供给的真实效果受到不良影响，有时会很严重，这正是2008年金融危机的总根源所在。而且，以资本存量（即以往的资产的评估值之和）为基础的货币内生供给还有两个致命的缺陷：一是资产评估的随意性和资产价值本身的波动性；二是存量资产的极端不均必将会造成很多中小企业和大多数中产者[②]的贷款可得性差，从而引发新的更大的金融资源的不公平分配。

前美联储主席伯南克认为，货币政策不是应对房地产（资产）泡沫的有效工具，而金融监管的工具作为第一道防线更为有效。[③]而我认为，金融监管的效果也是成问题的。在现实经济生活中，由于经济主体的贪婪和恐惧，上述两个致命缺陷都有自我加强，而且相互加强的倾向。而在政府力量更加强势的中国，货币外生供给的冲动随时存在，更是加剧了这些缺陷的后果，使货币内生供给的效果大打折扣。

相比之下，以亲缘格局为“对应物”的数字资产的长期积累性和相对公平性，可以在很大程度上解决如上所述的货币内生供给模式的缺陷，从而使谱系化金融的涌现成为可能。换言之，我是在试图为困扰学术界两百年的“马克思价值转型问题”寻找一种新的思路。

如王璐、柳欣在其著作中所说：

---

① 柳欣：《资本理论》，人民出版社，2003年。

② 在新的时代条件下，非物质生产者、女性劳动者、移民劳动者（即所谓的“非女移”）就是这类中产者的主要组成部分。他们只拥有很少的抵押资产，因此很难获得足够的贷款用于消费和创业。

③（美）本·伯南克：《行动的勇气》中译本，中信出版社，2016年。

> 在马克思从价值到价格的转型中，由于用劳动时间给定的总价值（C+V+M）中的不变资本C的价值，在生产价格模型中会随着利润率r的变动而变动，从而并不能由“过去的劳动时间”完全给定。这样，价值体系到价格体系的转化就必然会带来剩余价值总量与利润总量，以及总价值与总价格的不再相一致。[①]

我认为，从西方过去两百年以及中国近几十年的现实经济状况来看，由于金融资本越来越在市场中占据主导地位，问题可能会比上面说的更严重，因为不仅作为总量的C，V，M是互相影响的，而且作为组成这些总量的个体价值而言，c，v，m更是时刻处于竞争状态之中。个别资产价格的波动有时会让个体的价值受到严重压抑，直至“怀疑人生”，而同时也会极大地鼓励资本家的获利冲动、冒险行为。

劳动时间决定价值（C，V，M）的这个问题解决不了，马克思的剩余价值理论始终无法得到确认，它与一般资产价格理论的本质区别也难以从理论上加以澄清，资产价格波动导致的金融危机与生产过剩的危机也会难以区分，金融资源极端分配不公平的问题也因此被掩盖了。

事实上，以亲缘格局为基础的数字资产概念将改变以上问题的思路，因为V被数字资产的稳定性和较小差异性所决定，而这种稳定性将会因为现代经济生活中资本平均利润率r的外生性和微利性[②]而得到加强。V的价值取向和较小差异决定了谱系化金融的“平和性”特质，这意味着C（在以往的金融体系中可作为抵押物）的变动不再是重要的，也不再是剧烈的，自然，M（除了“剩余价值”，还有由于资产价格变动而产生的“利润”）也就没有高得离谱的可能性了。

上述是一种理想的情况，也许要过十几年、几十年甚至更长时间才能实

---

① 王璐、柳欣：《马克思经济学与古典一般均衡理论》，人民出版社，2005年。

② 即前文中所说的资本运动的外在化、信息生产外部性的内在化使得凯恩斯的预言“食利者的安乐死”得到了部分实现，资本平均利润率（体现为央行基准利率等）比较低，甚至在欧洲已经出现了负利率的现象。资本家的所谓高昂身价、所谓“首富”将逐渐成为历史，即V呈现差异越来越缩小的趋势。

现。我们现阶段能做的也许是，可以与人本身的价值相对应的数字资产（V）作为“可抵押资产”的一大选项，则金融资源分配极端不公平的问题有希望得到解决，从而部分解决资产价格（C+M）的剧烈波动问题。这是一个过渡方案。也即，在非瓦尔拉斯均衡[①]的模型中加入融合行为、数量与价格的数字资产（货币），以优化了的“代表性经济主体”的行为促进非瓦尔拉斯均衡的“真实性”。

在经济学思想史的回顾中，我看到有一部分经济学家（如李嘉图、斯拉法）一直在做出努力，致力于寻求一种“不变价值尺度”。他们是在劳动价值论应用于真实市场时出现的一些内在矛盾中产生这一想法的。斯密认为“资本是储存和积累的劳动量”，资本体现的是它的“支配的劳动”（即能够交换到多少劳动力的劳动）的权力。李嘉图用在任何社会都决定价值的劳动，即“所耗费的劳动”或“体现的劳动”，代替了斯密“支配的劳动”。马克思则融合了斯密和李嘉图的劳动价值论，经济学思想史上所谓“两个剑桥”资本争论也源于此。

这场有名的争论试图对马克思的劳动价值论争出个结果来，但最后是不了了之，我以为，这可能不是因为经济学家理论思维能力不够，也不是因为马克思留下的理论难题太难，而是因为货币经济本身的发展水平没有达到如今的数字经济时代的水平，所以他们都只能在资本主义经济固有的框架内来思考价值尺度问题，困扰经济学家们的价值与市场价格之间的“转型”难题在资本主义经济中是永远存在的。因为不同立场的经济学家对于劳动价值论的“劳动”本身的价值认识就存在歧义，怎么可能有统一的价值评估呢？价值评估的标准不一样，必然导致市场价格的走向偏离价值有时会非常大，劳动力价格的实现肯定也是在不同岗位、不同行业中千差万别，经济学家们认

① 瓦尔拉斯模型的重要特征是：所有的私人经济主体都接受价格信号，并据此做出理性的数量决策，但没有人利用市场上任何的数量信号。同时，没有市场主体实在地制定价格，价格是由“看不见的手”或隐含的瓦尔拉斯“拍卖者”决定的。而在现实的市场环境中，根本不存在所谓的“拍卖者”，于是在凯恩斯理论的引导和推动下，非瓦尔拉斯均衡的经济学开始占据现代经济学的主导地位，它的目标在于：在不作公理式地假定市场出清的前提下，建立一个非集中式经济运行的理论框架。在这种情形下，一个直接的推论就是可能出现需求方或供给方的配给甚至管制行为，而且数量信号和价格信号一道引入决策之中。在某种程度上，非瓦尔拉斯均衡经济学实现了将行为、数量与价格信号统一纳入理论知识的目标。

为必然会实现的所谓“自然利息率”或“统一利润率”实际上只是一种幻想而已。在理论经济学中，经济学家为了理论展现的便利而设想的统一利息率，在真实的货币经济中是不存在的，即使央行实现了利率管制，真实实现的利息率也肯定有很多猫腻在。

如何在真实经济中寻找到“不变价值尺度”？我们在斯拉法的公式中可以发现一些解决问题的端倪：$P=(1+r)AP+wV$（注意，P、A、V 都是矩阵表达式，A 表示投入的技术系数矩阵，P 表示价格的列向量，V 是劳动和休闲价值的列向量，r 是市场利率，w 是工资率）。这个公式把技术（行为）、劳动（休闲）与资本的数量和价格都考虑进来了。在 A 向量大致稳定时，假如向量 P 用计算机推导出来对应一定的数字资产，然后直接与市场上的经济主体对应起来，并以数字货币来实现交易，则（劳动和休闲）价值的列向量 V 的决定就变得清晰了。这样的市场交易环境的真实性是很可期待，而且是绝对“真实”的。这样的市场交易环境将比较真切地实现谱系化金融，从而有可能在一定的市场区域中实现真实的非瓦尔拉斯均衡。当然，在初期，我们不必期望太大，并不希望颠覆人类数千年来形成的“物质”货币交易环境，但是这种“虚拟”货币交易环境的真实性是毋庸置疑的，而且有可能比“物质”货币交易环境更“真实”。如果这样“真实”的数字货币交易得以在广大的市场环境中运行开来，则货币供给制度、金融的主流形态及其本质、金融体系的格局都有可能发生深刻的变化。

小贴士 3

区块链技术发展现状及面临的挑战①

中共中央政治局2019年10月24日下午就区块链技术发展现状和趋势进行第十八次集体学习，提出要把区块链作为核心技术自主创新的重要突破口，明确主攻方向，加大投入力度，着力攻克一批关键核心技术，

① 陈鹏：《区块链技术发展现状及面临的挑战》。《中国网》理论版，www.china.com.cn 2019-10-30。根据本书需要选编。

加快推动区块链技术和产业创新发展。

区块链本质

简而言之，区块链是一种新的信息与网络技术，它采用加密、哈希和共识机制来保证网络中每个节点所记录的信息（也称为分布式账本）真实有效。区块链与以往的技术相比，其核心特点归结有两点。一是“自治”。区块链是真正意义上的分布式（点对点）网络，不需要任何所谓的中心节点。此外，区块链上的每一个节点都各自独立地记录网络信息，按照自己的策略进行各种网络操作。二是“可信”。区块链的共识机制保证网络中所有节点的信息是真实、可靠且同步的，任何试图篡改信息的做法都不能得逞。

区块链的“自治”是对目前互联网组织与体系架构的一种挑战。目前的互联网无疑已经被一些主流权力平台所垄断。谷歌通过算法推荐左右你所能阅读到的新闻。亚马逊通过算法定价来为你“量身定制”商品的价格。你的个人隐私以及社交信息则被脸书、推特和微信这样的社交网络平台牢牢捏在手中。在区块链拥护者看来，区块链的“自治性”可以扭转互联网乾坤，通过“我的数据我做主“，自主选择算法策略的方式，将互联网的权利交回用户手上，从而回归互联网的初心。

区块链的“可信”是对目前互联网乃至整个人类社会信任架构的一种挑战。以往的信任往往都会锚定到某个权威机构或者组织，通过层层传递的信任链，人类才能进行合约签订、商品交易等经济社会行为，以至发行货币。这种信任模型成为人类社会发展的基石。然而，基于区块链的信任模型不是基于所谓的权威机构，而是基于数学，基于整个区块链系统。区块链信任模型颠覆了传统的信任体系，从而为变革人类经济和社会活动提供了关键基础。在区块链拥护者看来，区块链信任模型可以将互联网从信息时代推向价值和意义时代，可以从根本上创新人类经济和社会活动，并开启人类信息文明的新纪元。

区块链发展现状

自2009年诞生至今，区块链技术在短短十年内取得了长足的发展，在金融、供应链、物联网、知识产权保护、房地产、奢侈品以及食品药品追溯等行业领域小试牛刀。

从区块链平台的发展来看，目前已经有比特币、以太坊、EOS、Hyper Ledger等多个公共区块链开发与应用平台，它们为快速开发与部署区块链提供了一个方便与快捷的基础。在以太坊应用平台上，目前已经具有2667个应用（DApps），部署的智能合约数量超过4200个，每日活跃用户超过2.7万，已经构筑了一个强大的区块链分布式应用生态体系。

基于区块链的"自治"特性，区块链衍生出各类自主分布式管理属性，被广泛地应用到新组织结构管理、身份管理与隐私管理等领域。名噪一时的"The DAO"通过区块链构建了一个网络上的分布式自治组织，它在不到1个月的时间就筹集到来自1万多名用户价值1.5亿美元的资金，成为历史上最大的一个众筹项目。尽管由于一个安全漏洞导致"The DAO"最终失败，然而它所开创的分布式组织模式仍然具有很好的参考价值。Sovrin是一个自治身份（Self-Sovereign Identity）管理平台，它旨在不依赖任何中心机构的前提下，用户可以用一种安全隐私的方式提供可验证的身份凭证。通过Sovrin，用户可以尽最大可能地保护自我隐私，实现"我的数据我做主"。

基于区块链的"可信"特性，区块链在奢侈品销售、食品与药品追溯以及供应链管理等领域大展拳脚。成立于2015年的英国公司Everledger基于区块链技术，为每一颗钻石的身份以及交易信息提供一个不可篡改的账本记录，截至目前，它已经在区块链上上传了98万颗钻石的身份以及交易信息。法国巴黎的一家企业Block Pharma，用区块链技术进行药品追溯和防伪造，制药企业在发布产品信息和QR码的时候，嵌入到医药企业信息系统中的Block Pharma模块便将相关信息记录到区块链上，从而为每一个药物产品提供一个身份信息，并进行追踪。

此外，还有不少研究人员正在基于区块链探索未来网络基础设施的架构。通过区块链技术，实现未来网络中人、设备、服务的统一身份认证和管理，实现人与机器、机器与机器之间的可信通信，实现基于智能合约的多智能体实时交易，这些将成为融合互联网、工业互联网乃至卫星通信网络的下一代未来网络的核心与关键。

区块链面临的挑战

历经十载锤炼，区块链正在不断渗透到各行各业中，已经展现出良好的发展态势。然而，要想真正发挥区块链的价值，还面临着巨大的挑战，这些挑战有科学与技术方面的，也有政策与法律方面的。正所谓“成也萧何，败也萧何”，在区块链的重重挑战中，最为关键的仍然与区块链的“自治”与“可信”特性相关。

要想真正实现区块链的“可信”，就必须做到整个网络的共识，而要在全网范围内达成共识势必影响到交易吞吐量。因此，这导致了区块链面临的一个重大挑战：“可扩展性问题”。在区块链领域，一直都存在着一个所谓的“不可能三角”，即在一个区块链系统中，可扩展性、无中心和安全性三者最多只能取其二。要想在一个区块链系统中完全获得这三种属性几乎是不可能的，而这三种属性又恰恰是一个理想的区块链系统所应具备的。因此，任何一个区块链系统的架构策略都会包含这三者的折中与权衡。目前区块链的交易吞吐量都较低，比特币每 10 分钟打包一个区块，而以太坊每一秒也只能处理大概 15 笔交易。这个数据和淘宝每秒百万以上的交易吞吐相比，完全是小巫见大巫。在确保可信的前提下，克服可扩展性问题的挑战对于区块链技术研究而言，还有一段较长的路要走。

要想真正实现区块链的“可信”，区块链网络的规模必须足够大。一个规模不大的网络采用区块链本质上是没有意义的。然而，从现状而言，许多组织和机构都在小规模范围内尝试使用区块链，导致区块链技术和平台多样化。在全球最大开源代码托管平台 Git Hub 上，有超过 6500 个活跃区块链项目，这些项目使用不同的平台、不同的开发语言、不同的协议、共识机制和隐私保护方案。那么，要实现区块链的可信特性，就必然要将这些异构的区块链架接起来。这就导致了区块链面临的另一个重大挑战："互操作性问题"。在互联网时代，我们已经饱受"信息孤岛、异构数据融合与异构协议互操作"之苦，不同区块链的跨链挑战将有过之而无不及。

区块链的第三个大的挑战：监管问题。区块链技术诞生于一群被称为"网络朋克"的无政府主义者之中。区块链最早、最成功的应用是比特币，而比特币的诞生从某种意义上而言是带有"原罪"的。不可否认，比特币被广泛地应用在"暗网"中，被作为洗钱和非法交易的途径，也被作为资助恐怖分子和反叛者的工具。基于区块链的ICO（首次代币发行，Initial Coin Offering）被人恶意利用，成为金融欺诈的一个手段。从这个视角而言，在保持区块链的"自治"优势的前提下，融入现实世界的监管体系中是区块链取得广泛应用的必经之路。

本书作者按：区块链"可信"和"自治"有助于人类自身价值生成、评估和实现机制的形成，我一直认为最大的挑战不是技术本身，而是人类社会是否成熟到足以接受这种价值的"可信"和"自治"，这就是为什么自从我接触到区块链技术以来，一直在倡导一种新的哲学理念，即亲缘格局的生成、评估和实现，并探索其与区块链技术、金融相融合的路径。

小贴士 4

托宾的货币内生供给理论①

托宾是当代货币供给内生论的最著名代表。他认为，货币当局与一般银行不是可以任意创造货币与信用，也不是每新增一笔准备金就得增加一笔或一连串的贷款，一切都得依据成本与收益的比较来决定，其信用创造受其贷款边际收益与存款边际成本相等的制约。货币同其他金融

① 节选自360百科：《货币供给的内生性理论》。根据本书需要选编。

资产一样，其供给和需求不仅取决于这种资产本身的价格和收益，且决定于其他所有资产的价格和收益。在托宾看来，若是各经济主体根据收入、利息率、风险等选择资产结构的结果是货币需求增加，则利率会提高，银行会千方百计解决准备金问题（如压缩超额准备、提高定期存款减少活期存款以释放部分准备金、借款等），从而以更多的货币供给来满足这一需求；若货币需求缩减，银行就无法强迫公众接受货币供给，多余的货币供给会被公众以还债等方式退回来。因此，货币供给与其他金融资产的供给一样，决定于商品生产和商品流通过程本身，货币供给因受到货币需求的制约而内生。

托宾认为，在现代竞争性的金融世界里，随着金融体系的日益发达及其内部竞争的加剧，金融机构趋于多样化的发展道路，各种非银行金融机构蓬勃兴起。这种货币金融新的发展趋势使得各种银行金融机构与非银行金融机构在资产运用与负债经营上相互交叉，彼此融合，从而冲淡了货币与其他金融资产、商业银行与其他金融机构的传统区别，人们的注意力已经从货币数量和货币流通速度转向所有资产的供求，并以利率和资产收益结构、信用可得性取代货币量，作为连结货币金融体系及政策与实际经济活动的纽带。其结果是，非银行部门的货币需求受其资产偏好制约，包括商业银行在内的所有金融机构的基本职能都是同时满足借贷双方的资产偏好。其中，每一类金融机构的贷款利率都应恰好等于它支付给债权人的边际利率，这就使借贷双方的资产偏好在决定银行存款从而在整个货币供给方面都起举足轻重的作用，进而使商业银行与其他金融机构不再存在“货币创造者”与“非货币创造者”的严格区分。这就是说，在竞争性金融世界里，随着金融体系的日益发达及其内部竞争加剧，随着公众可选择的资产持有形式的日益多样化及其相互替代性的增强，一方面，商业银行的存款和资产规模要受公众资产偏好和银行的贷款、投资机会的影响，另一方面，其他非银行金融机构的存款创造能力也会随其贷款融资活动的增加而提高。这样，就货币创造能力而言，它们只有程度上的差异，而无本质上的区别。而公众资产偏好导致的资产结构又是实际经济活动经常调整变动的结果，这就使货币供给的变动往往是内生的。因此，在托宾的理论体系中，货币是内生货币，而不是游离于经济活动之外的外生货币，货币供应量是由货币当局、商业银行和非银行部门在经济体系以内共同决定的，难以由货币当局独自直接控制。

托宾虽然力主货币供给的内生性，但他并不因此否认货币当局控制货币供应量的有效性。他指出，商业银行的存在，即使它不受控制，也并不意味着通过强力货币供给所实行的货币控制对经济没有影响；非银行金融机构的存在也并不意味着对商业银行的货币控制形同虚设。即使不受控制的非银行金融机构的资产和债务的增减完全能够抵消受控制的商业银行的货币资产强制性的反向变动，货币当局对货币供应量的控制仍然起作用。问题只是在于货币资产与其他金融资产之间、商业银行的货币创造能力与非银行金融机构的货币创造能力之间的替代性，会大大降低货币当局对货币供应量的控制效果。

本书作者按：正如托宾的理论所指出的，货币供给的内生与外生在传统金融体系中是不可分的，其中最大的影响因素就是资产价格的内在波动性以及操纵资产价格的金融机构的获利本能。我倡导所谓“平和”的金融，就是希望数字资产（货币）的价格是基于人自身的价值（即亲缘格局的生成、评估与实现）基础之上。由于个体及其家族的亲缘格局基于人类价值的共通性而足够宽阔、畅行，以至于大家都有通达“宙合”之境的愿望和路径，数字资产（货币）的价格有可能真正是“平和”的。

§3 银行的数字化转型之困难与数字资产（货币）可能带来的先机

数字银行、投资银行和直销银行的实践转型在我国已经是热门话题，但是我个人预测原有银行大多数都不大可能顺利或快速完成这样的转型，只有一些银行主导、其他金融科技公司入股的资产、理财或金融科技子公司可能会占据一定的先机。由于利益的天然冲突，无论银行与金融科技公司之间有什么样的合作，头部金融科技公司的场景都不大容易转化为银行的大机会。但是现有银行也不一定没有机会，因为更大的跃迁而不仅仅是转型的机会正在到来。这就是我主张的 C–C–B 模式（即，从个体及其家族的积累和消费出发，联系企业的投资和生产），即形成 C2C2B2C 的金融和产业生态的闭环。银行及其他金融机构要根据数字资产（货币）的理论特征和实践品格（参见第二节），紧紧抓住个体及其家族的各种“亲缘”关系，主动介入到提升亲缘格局的全过程、诸环节，服务其相关的人群、企业、产品等等，在这个金融和产业生态的闭环中发挥比原来的“中介”角色更重要的职能。

数字资产（货币）对应的是中产者一生的整体价值，不同于以往经济学关于人的生命周期中挣钱的波峰波谷理论，人的一生都在创造和数字资产（货币）相对应的价值。如果和《亲缘格局论》强调的家族传承观念结合起来，则数字资产（货币）更是和人的代际传承的亲缘格局价值相对应。我觉得，主要基于中国的文化传统的《亲缘格局论》的提出，有可能实现一套不同于西方的货币金融经济学说和体系。如此设想的货币金融体系会有很多新意出来，而且会产生很强的正外部性（正能量）。比如：

1、消费是有节制的，每个人都因为家族传承的自豪感而自觉节制奢侈消费，当然也会因为家族传承的需要而增加诸如旅游、教育、培训、养老之类的消费（这些也可理解为对人本身的“投资”）。

2、投资是个体生命价值所系，也是世代传承的伟业，所以不会做伤风败俗、伤天害理的事，不会有“捞一票就跑路”的短期行为。而且数字资产（货币）的积累也是有赖于长期经营的诚实行为的，越讲诚信的公司必将拥有越来越多的数字资产（货币）。这些数字资产（货币）会有助于其投资或融资行为的实现。

3、“父债子还”“夫债妻还”，人死了，家还在，只要存在家族传承，家人就有义务和责任把债务还清。当然，中国儒学的传统决定了“忠恕”二字的意义会影响债权人，不可能因为还债把人逼到绝境。而且，从数字资产（货币）的设想出发，债务人有可能会因为几代人的道德义务和责任的履行而拥有较多的数字资产（货币），也可以抵消一部分债务。

4、契约只是一种形式，智能时代的契约（如区块链智能合约）是自动履行的，它影响的也只是世代积累的数字资产（货币）的增减。即使经营失败，公司也无须破产，只需要在对经营负责的若干个体的数字资产（货币）账目上留下他们经营失败的记录就可以了。

5、金融机构对某个人给予消费信贷、给某公司进行投资或融资，依据的都是数字资产（货币）的契约证明，等等。

再有，新的货币金融体系将体现为国家信用和个体信用的相互支撑。国家信用的支撑点是否应该有多个？长久以来，国家信用的支撑点放在“一体化金融”之上，国家发行纸币，以国债或黄金作为其后盾，以央行的基准利率、公开市场操作、准备金率等措施调节商业银行的借贷行为，从二十世纪三十年代以后西方资本主义国家的这套东西没有出过大的问题，直到2008年金融危机之后的货币宽松政策，世人才发现“水多了加面、面多了加水”这样的操作手法，潜在的最终受害者是储蓄者、老年人以及不善于进行资产投资的人，其中包括此引言第一部分提到的“非女移”（非物质生产者、女性劳动者、移民劳动者）。而如果数字货币和人的价值、实体经济的过程实现了比较好的结合，则有益于普通大众的新的货币金融体系有可能生成，金融机构也将会有新的金融范式与之对应。为此，我在2016年4月清华金融论坛上首次提出“养老币”（后来扩展为“颐养币”）的概念。后来我又看到前英国央行行长默文·金的《金融炼金术的终结》①，书中有关于“养老代币”的论述；日本马克思主义学者柄谷行人的《跨越性批判——康德与马克思》②一书，也有关于用“替代性通货”实现金融体系的彻底变革，以期实现马克思所设想的“自由人联合体”的社会理想。他们的著述鼓励我继续进行用区块链技术实现“颐养币”体系的研究。

总之，我们要做的是谱系化金融，这注定是一个共生共荣的世界。在数字货币体系逐步建立的过程中，有可能在十年内会出现原有的央行主导的货

---

① （英）默文·金：《金融炼金术的终结》中译本，中信出版社，2016年。

② （日）柄谷行人：《跨越性批判——康德与马克思》中译本，中央编译出版社，2011年。

币体系与数字货币体系共存的现象。自古以来货币是国之重器，现代社会更是如此，各国央行不会轻易放弃发钞权，这是显然的。但是我们可以设想这种一种情况：央行成为数字货币发行的管理者；若干占有数字优势的机构可以成为数字货币的发钞行；现有的中小银行及其他金融机构将成为取证（价值发现和评估）机构，这些机构的主要功能和盈利模式建立在“抢人”（利用各种商业和非商业渠道，发现和评估人的价值）的基础上。如马克思所言，“凡是在货币本身不是共同体的地方，货币必然使共同体瓦解。”[①] 数字货币产生的革命性作用也将是如此！区块链技术走向价值互联网的趋势已经显现，智能时代将打造人的价值共同体，在这个价值共同体基础上的数字货币最终将导致原有货币共同体的收缩甚至瓦解。

基于以上分析，我认为，在谱系化金融的涌现过程中，金融业未来的新机会也正在形成。近几年中小银行转型的步伐正在逐步加快，但是在转型过程中遇到的难题是以传统金融的思路无法破解的，比如向投资银行的转型。传统信贷思维是依赖于物质资产抵押和大企业担保的，投行思维则注重于企业和所在行业本身的成长性（这种企业基本上都是轻物质资产的，人力资源和商业模式是它们最重要的“资产”），两种思维是如此的格格不入，以至于现在很多银行的投资银行部陷入了业务审批无人敢负责、业务量始终上不去的困境。再如向数字银行的转型，现在只是把传统银行的一些产品搬到了网上，但是线上运营的特点和线下并没有很好地对接起来。很多互联网创业企业必须经过的烧钱模式是传统银行无法接受的，而真正能发挥银行优势的新模式又找不到，以至于很多银行的网上银行、电子银行、数字银行等都成为中看不中用的摆设，并没有创造出多大的效益，甚至在领导眼中成了只会花钱不会赚钱的部门，陷入“姥姥不疼、舅舅不爱”的困境。

事实上，银行有别于普通互联网金融企业的优越性（众多的网点资源和国家、政府信用的支撑）是很明显的，但是如果不积极想办法利用这些优越性的话，普通互联网金融企业就会后来居上，银行倒成了“追赶者”和数据

① （德）马克思：《1857–1858 年经济学手稿》，《马克思恩格斯全集》第二版 30 卷，人民出版社，1998 年。

资源的劣势方，这是很可怕的。中小银行必须利用区块链数字金融产生的难得的机遇，迅速调整思维，占领旅游、养老、医疗、社区消费以及其他和民生相关的领域。投资银行和数字银行的困境，说到底都是因为对数据的记录、整合、分析和应用还没有充分地展开，而这些正是区块链数字金融的强项。如果真正实现了数字资产（货币）与人本身亲缘格局（价值）的对应，原来占据网点资源、人力资源和金融资源优势的银行很可能会迎来真正的转型，在打造价值共同体的过程中占据重要的战略地位。具体操作路径可参考我的《亲缘格局论》第一部及相关论文，不再赘述。

小贴士 5

区块链和“自由人的联合体”①

“自由人的联合体”是人类的共同理想。因为人类的天性就是渴望和追求自由，没有任何人愿意被强制管理。

要组成“自由人的联合体”，个体必须是“完备”的：具备完整的思想、能力、资质，自主表达、不受约束、不被奴役。

很多人是从比特币听说区块链的，但比特币只是区块链技术的第一个，也是最著名的应用案例，不是区块链的全部。区块链是底层网络信息技术、加密技术、共识算法等多种技术的集成，具有去中心化、防篡改、公开透明、集体维护等特性，有着广泛的应用前景。

传统的网络信息技术基本上都体现着“精英本位”：大多有一个大神一样的发明人或运营者，数据都存放在一个（或多个）中心，规则都由这些中心的控制者制定，改了就改了，停了就停了，吃瓜群众只能被动参与、服从。

相反，区块链技术贯彻的是“人民主体”。“人民藏着宝”：所有的数据都存放在各个分散、独立的节点，而不再保存在任何“中心”，消除了对数据资源的垄断；“人民说了算”：区块链的共识机制，需要全部

① 电子发烧友网，区块链和“自由人的联合体”会怎么样？www.elecfans.com 根据本书需要选编。

节点按照表决、少数服从多数，避免了“少数人的越权”，但这种表决所依据的规则是所有参与者一致认同的，又避免了“多数人的暴政”；“不欠人民账”：所有的数据一经记录就不能篡改，承诺的义务一经设定就自动执行，从技术上确保了每个参与者的权利和义务。

没有对社会成员强制管理的中心，怎样保证每个“自由人”严格遵循秩序、行使权利、履行义务？

按照先贤的构想，共产主义社会的实现依赖于两个“发展”：

第一，社会生产力的高度发展，物质财富极大丰富，可以满足整个社会及其成员的需要。这个目标，随着科学技术的进步和生产力水平的提高，是有可能实现的。

第二，人的全面发展，体现在两个方面：一方面，每个社会成员的能力得到极大提升，包括体力、智力、才能、志趣等等，从而可以不受“分工”的束缚，在体力劳动、脑力劳动之间迅速转换，“使工作不再是负担，而变为乐趣”，随着生物科学、教育手段等的进步，这也是有望实现的。

另一方面，每个社会成员的精神境界、道德水平得到极大提高，马克思说在共产主义社会“劳动是人的第一需要”。教科书设想那时候的个人“具有高度的共产主义觉悟和道德品质”，“具有高度发达的集体主义思想，即知道什么该做什么不该做，凡事都以集体利益为重，私心将不复存在”。因此，虽然没有了法律的约束、没有了国家或其他中心化组织的强制，大家还都能恪守规则、不图私利、和谐相处。这一点，是最有可能被质疑为“空想”的，因为趋利避害是人的本能，即使到了社会生产力水平和社会成员能力都极大提高的时候，也不能要求每个社会成员在处理和其他成员关系时成为“圣人”。

区块链用技术的方式保证了：在“去中心化”的架构之下，不需要外部的约束和强制，每一个个体（节点）对规则的天然遵守。区块链采用共识算法、智能合约等技术把各个节点的权利和义务事先设定得非常明确，特别是智能合约能够自动设定规则，自动触发、自动执行相关的交易、交割，保证每一个节点对权利的行使和对义务的履行。所以，严谨如纳斯达克交易所，在 2015 年引入区块链技术记录股权时，结论也是“可以降低 90% 以上的结算风险”。因为在程序的强制之下，每一个节点根本不存在不遵守规则的可能。需要建立信任机制的前提是对象有可能辜负信任。不存在“不靠谱”，就失去了需要去判断是否值得信任的前提，这就是区块链的“去信任”，通过技术实现的“无须信任的信任”。把区块链的这种理念用于社会制度的设计和实现，消除理想中的空想，避免理论中的悖论，我们就比任何时候都离世界大同更近。

人类到目前为止的社会结构都是中心化的，仅仅是因为受限于技术发展、生产力发展的水平。中心化是需求，而分布式才是本能。区块链等信息技术的日新月异，为人类社会消除异化、回归本性提供了越来越多的可能，正在潜移默化、顺理成章、势不可挡地改变着一切。这正应了马克思的那句话：“蒸气、电力和自动纺织机甚至是比巴尔贝斯、拉斯拜尔和布朗基诸位公民更危险万分的革命家。”

本书作者按：该文的理想是不错的，但是试图纯粹用区块链技术来实现“自由人的联合体”不大靠谱。我们还是要利用技术手段、金融路径推动个体及其家族亲缘格局的生成、评估和实现，即要改变的是人的价值本身，而且能真正改变人的价值的是人本身，而不是技术。

小贴士 6

日本养老院的“SEED 币”和中国河南新乡的“养老积分”

退休之后的“第二人生”究竟应该如何过？怎么样才能过得有意义？对于每一位老人来说，这都是一个无法忽视的问题。日本规模最大的养老院“蒲公英介护中心”，最早创造了积分消费的方法。

位于爱知县一宫市的“蒲公英介护中心”，集合了 250 多位老人，由 90 位员工负责照顾他们。和通常意义上的养老院不同，这个被称为“老人迪士尼”的养老院就像是一个游乐园，除了常见的餐饮、康复设施，还有天然温泉、卡拉 OK、兴趣教室等。在养老院内部，流通着一种名叫“SEED 币”的内部货币，每位老人都可以拥有初始的 5000SEED 币，之后只要参加康复训练，或者配合护工工作，就可以获得几百到几千不等的 SEED 币。比如，散步 100 米就能获得 100SEED 币，自己洗脸、刮胡子也能增加“收入”。而攒下的货币，可以拿来消费，比如买次糖果需要 100SEED 币，买一杯咖啡加甜点需要 500SEED 币。

在中国河南省新乡市，老人可以把“积分当钱花”。这与日本的 SEED 币有异曲同工之处，不同的是，SEED 币只适合于“蒲公英看护中心”，“积分养老”却在整个新乡地区普遍适用。

新乡市“积分养老”服务模式引入志愿服务，在居家养老、社区养老、日间照料、社会各行业涉老服务与老年人群之间搭建起了一个积分兑换的平台。新乡市持续完善积分养老新模式，在满足老年人生活服务需求的基础上，还建立了文化养老积分机制，积极推行健康养老、文化养老。

新乡市储备养老积分的途径主要有三种。

一是储蓄积分，2014 年 5 月，12349 服务平台与金融部门设立专项“积分银行”，即老人办理 1000 元以上的定期存款，将为老年人累计“共享积分”；

二是消费积分，探索设立话费积分、保险积分、上老年大学积分、商超购物积分、医疗积分等，通过多种方式为老人累计养老积分；

三是公益积分，鼓励社会公益行为，建立志愿助老服务积分制，对每周不少于 2 次上门帮扶老人的志愿者，每月每人给予 150 分储备公益养老积分。

同时，年满 60 周岁的老人及其家属，凡参加社会助老服务公益活动，每次可获得 30 分至 100 分不等的奖励积分，家属的积分还可以转给老人使用。通过公益养老积分，实现了新乡市区所有特困“三无”老人帮扶服务全覆盖。

积分多了，要如何消费呢？除了洗衣、理发、家政……在新乡市的很多地点，例如医养中心、积分超市、12349服务中心都可以直接通过积分消费，且不用再花费任何其他的费用。

新乡市积分养老模式推行3年来，服务不断拓展，服务范围也从开始的社区居家养老服务拓展到多种服务类型。

本书作者按：日本养老院SEED币和中国新乡养老积分是伟大的创造，其贡献不亚于比特币，比那些根本不承载任何价值功能的“空气币”更是强多了。有时，真理往往酝酿于普通民众的实践中，而不是精英们的技术、金融理论中。

小贴士7

Libra横空出世及其面临的难题①

2019年6月18日注定成为金融史上一个划时代的里程碑式的日子。Facebook联合了具有全球商业影响力的几十家巨头企业共同发起，准备推出一种名为“Libra”的数字货币，用于支付和结算，也自然具备价值储备的功能。区块链和数字货币的拥护者们热烈欢呼其到来，而且做出了诸多大胆的预测。

金融学者王巍说：“Libra的诞生将会开启金融的新时代。第一，它是基于区块链理念的应用，奠定了多元的点对点支付网络格局；第二，它突破了金融机构在货币支付领域的运营垄断，硅谷技术完美逆袭华尔街金融；第三，它超越了各国央行主张的‘货币主权’，全球支付治理规则面临颠覆性重组；第四，更重要的是，如同几百年前纸币取代金融币，信用卡和网络币（Apple Pay、微信、支付宝）等几十年来主导消费社会一样，Libra创造了一个前所未有的大数据与区块链构建的支付信任体系，极大降低了高额的金融垄断成本和庞大的金融风险代价，真正安全有效地将各种社会资源用于开发实体经济和提高人民的福利。”赞赏之情无以复加。

① 数字资产研究院编：《Libra：一种金融创新实验》，东方出版社，2019年。根据本书需要选编。

也有一些学者相对冷静一些，另一个金融学者刘昌用说："Libra 相对于稳定币①的真正创新主要在于:（1）锚定一篮子货币而非美元。目前的稳定币大多数是锚定美元的。（2）抵押低风险的一篮子资产，不限于美元资产，使其能够规避单一美元资产带来的风险，更具开放金融特征，也有更大的盈利空间，其代价是很大的金融风险，并且要求更高的资产管理能力。（3）邀请优质企业组建联盟。Libra 的基本架构是联盟链，创始成员中包括万事达、PayPal 这样的商业巨头，建成后目标是引入 100 个联盟成员构建节点，资金门槛是 1000 万美元。因此，Libra 的信用基础更加综合，运行机制更加复杂，经济影响也更大，是密码货币的重要创新，只是不确定 Facebook 是否有能力驾驭。在 Libra 的早期，其信用来源主要是法币，以及其联盟成员。随着 Libra 的广泛采用，其信用基础会不断增强，抵押资产比例或准备金率可以不断下降，其自身和联盟成员信用越来越成为货币基础。此时，Libra 的私人货币性质将更加明显，甚至可能脱离对法币的依赖，其自身将成为基础货币，从而侵蚀货币当局发行基础货币所享有的铸币税。简单说，Libra 动了政府和银行的货币垄断蛋糕，这可能也是 Libra 没有邀请传统银行参与的原因之一。Libra 对法币体系的冲击如此之大，这也为其前景带来很大悬念。"

根据白皮书，Libra 的使命是建立一套简单的、无国界的货币和为数十亿人服务的金融基础设施。Libra 协会是 Libra 的核心组织，它是由多元化的独立成员构成的监管实体，负责 Libra 区块链和 Libra 储备的监督，是一家独立的非营利性会员制组织，总部位于瑞士日内瓦。最初由包括 Visa、Mastercard（万事达）、Uber（优步）、Booking.com（缤客）、Pay

① 稳定币，顾名思义就是一种法币兑换价格相对稳定的数字货币，它通过一些模型设计保证稳定币的价格在其所对标的法币价格以很小幅度上下波动，从而保证在价格剧烈波动的数字货币市场中起到良好的资金避险、资产储值、支付结算等功能。因此，稳定币被称为"沟通法币世界和数字货币世界的桥梁"。一般认为，稳定币的出现主要基于两方面原因。一方面是为了降低加密货币剧烈波动给数字货币市场带来的巨大冲击，同时拥有法币的稳定性和数字货币的无国界等特性。另一方面是因为长期以来，各个国家对加密货币的监管政策不明朗，在加密货币和法币之间如何实现金融上的互通一直都是一道世界性的难题。尤其是在熊市的背景下，连比特币都抵不住大幅的波动的情况下，带有稳定属性的稳定币便成了市场的宠儿。

Pal和eBay等27家服务机构已经加入。

正是因为有诸多支付巨头的加入，才使得Libra的实现有了现实的基础，但距离白皮书发布仅四个月后，Libra协会已遭受重挫，目前已有六家支付巨头退出了Libra协会，分别是PayPal、Visa、Mastercard、eBay、Stripe和Mercado Pago。荷兰电子支付公司Pay U已经成为Libra项目会员内唯一剩余的支付类企业。

主流观点认为，以上机构的退出主要是出于对监管压力的担忧，Visa公司发言人称，该公司暂时不会加入Libra协会，但会继续评估该项目，并将在确定该协会是否有能力满足监管机构所有需求后做出决定。eBay公司在声明中称，“公司目前决定专注于增强客户使用eBay的付款体验，因而不再寻求担任该协会创始成员。”

Libra罕见地迅速引起了全世界范围内各国央行以及监管机构的关注。在7月中旬召开的七国集团（G7）财长和央行行长会议上，七国财长在数字货币问题上就迅速采取行动的必要性达成了很大共识。法国央行行长表示，该国正在设立一个G7特别工作组，以研究央行如何确保像Libra这样的加密数字货币受到各种法规的监管。法国财政部长勒梅尔则表示出强烈反对：“我不希望Libra成为主权货币。Facebook拥有超过10亿客户，做出的任何决定都可能产生系统性影响。我们不能让那些为私人利益服务的公司拥有主权国家才有的属性。我们必须采取行动。”

在10月24日美国国会众议院金融服务委员会听证会上，扎克伯格表明了对监管的态度：Facebook不会参与Libra支付系统在任何地方的推出行动，除非所有美国监管机构批准。我们支持Libra推迟发布，直到它完全解决了美国监管方面的担忧。扎克伯格表示，已与30个不同司法管辖区的监管机构会面，Libra协会一直专注于与监管机构和其他利益相关者对话，但协会创始成员，包括Facebook旗下与Libra相关的子公司Ca Libra，也在与民选官员进行谈判，其中包括许多国会议员。这就是民主监督和审查的工作方式。

本书作者按：Facebook发布了拟发行Libra的白皮书，作为国内最早研究数字货币的几批人，都在发表自己的意见，我觉得也应该说点什么，又觉得为时过早。只列几条：

1、Libra的金融伦理站位很高，这是令人欣慰的，至少它说出了要和现有金融资源拥有者对垒的愿望，要为“穷人的金融”做点事情。当然，它有27亿的用户支撑，也许真的能为穷人做点事。初心是对的。

2、Libra笼络了一些大佬级的企业来为自己站台，这从商业的角度来看是对的，往后再找来100个会员单位对它来说也是比较简单的事。我们期待它的成功，毕竟数字货币的多节点、有限去中心化是符合区块链思维的。

3、Libra建立储备资产的思路，比空气币的思路强多了，相关金融机构或大佬也许是愿意配合的，那样一来，它就是一个有法币资产对应的数字货币，似乎它是有价值的。但有一点必须明白，虽然大佬会员以及储备资产的思路对于保证Libra的成功是必要的，却不是万无一失的，因为资本的旧形象给人的印象太深刻了，它们在历史上永远都是逐利的，到了Libra这里，它们就立地成佛了吗？我觉得可疑。

4、Facebook区块链项目负责人大卫·马库斯声称的不会查看Calibra钱包和反洗钱要用到的KYC检验是相矛盾的。这里说明一个重要问题：Libra依赖于传统货币体系提供的法定货币篮子，而不是通过某种途径创造新的价值体系（如我所说的亲缘格局对应的数字资产），这个做法本身就给自己制造了陷阱。

5、华严宗讲四个法界，值得我们深思：事法界，理法界，理事无碍法界，事事无碍法界。传统金融体系和未来智能时代的事法界已经展露了，理法界不明，Bitcoin（比特币）和Libra提供了一个机会让我们来搞懂它，那么就不要太着急！理法界通了，才能继续往上走，进入理事无碍法界、事事无碍法界！

小贴士 8

姚前：加密货币是央行数字货币研发方向之一[①]

中国证券登记结算有限责任公司总经理、央行数字货币研究所前所长姚前向新京报记者讲述了区块链和数字货币的渊源。

一、区块链的密码学缘起及演化

现代密码学的一个革命性突破是解决对称密码算法无法在大规模的信息加密传输中普及的问题。对称密码算法是指加密和解密共用一个密码，也称单钥密码算法。

1976 年，Diffie（迪菲）和 Hellman（赫尔曼）提出，将原来的一个密钥一分为二成一对密钥，一个密钥用于加密，一个密钥用于解密。加密密钥公开，称为公钥。解密密钥不能公开，唯独本人秘密持有，不能给别人知道，称为私钥。比如，张三想给李四发信息，张三要用李四的公钥对信息进行加密，只有李四的私钥才能解开，其他任何人都解不开。

1978 年，Rivest（李维斯特）、Shamir（萨莫尔）和 Adleman（阿德曼）提出 RSA 密码算法，首次实现了非对称密码算法。非对称密码算法除了解决开放系统中密钥大规模分发的问题，还带来原来对称密码体制不具备的功能，那就是非常独特的认证功能。比如，张三想给别人发信息，张三不仅用别人的公钥对报文进行加密，同时还可用张三的私钥进行签名，这样别人就可以用张三的公钥进行验签，判定报文是不是由张三发出。

哈希算法是现代密码学的又一个飞跃，它又称信息摘要。最早的 SHA 哈希算法由美国国家安全局设计，于 1993 年发布。2010 年，中国国家密码管理局公布中国商用密码哈希算法标准：SM3 密码哈希算法。

与对称加密和非对称加密不同，哈希函数是一种快速收敛的算法，从输入到输出的计算非常快，迅速收敛数值，无须耗费巨大的计算资源，而从输出倒推输入又几乎不可行。基于这样优秀的特性，哈希函数得到

① 新华网 www.xinhuanet.com 2019-11-14 08：58。（新京报记者 张姝欣 程维妙）

广泛的应用，我们习以为常的人民币冠字号码可以理解为是由哈希算法产生的。

在数字货币领域，哈希算法更是得到广泛的应用。比如，哈希算法常常被当成数字货币交易挖矿、交易区块链接以及钱包地址压缩生成的工具。

二、数字货币的由来

一直以来，密码学家有个想法，既然邮件能够加密、签名发送出去，那么手里的现金能不能像邮件一样，加个数字信封，进行加密和签名后，从一端发送到另外一端？这就是最早的数字现金思想的由来。

1982 年，David Chaum（大卫·乔姆）在顶级密码学术会议美密会上发表了一篇论文《用于不可追踪的支付系统的盲签名》。论文中提出了一种基于 RSA 算法的新型密码协议——盲签名。

利用盲签名构建一个具备匿名性、不可追踪性的电子现金系统，这是最早的数字货币理论，也是最早能够落地的试验系统，得到了学术界的高度认可。

但是 Chaum 当时建立的模型还是传统的“银行、个人、商家”中心化模式。随着交易量的上升，已花费数字货币序列号数据库就会变得越来越庞大，验证过程也会越来越困难。

2008 年，中本聪发表了经典论文《比特币：一种点对点的电子现金系统》，提出了一种全新的去中心化的电子现金系统，其核心思想之一就是通过对等网络方式消除单中心依赖，实现点对点交易，同时将已花费的数字货币序列号数据库转变成未花费的数字货币序列号（UTXO）数据库，控制数据规模，并利用哈希算法，打上时间标记，纵贯相连。通过这种方式可以构建一种全新的基于全网共识的分布式账本，把通常意义上的集中式簿记分拆为约每十分钟一次的分布式簿记，簿记的权利由全网竞争选取，簿记数据按时间顺序连接起来并广播全网。任何节点均可同步到网络上的全部簿记记录，均可投入计算资源参与簿记权的争夺。攻击者如果不掌握全网 51% 以上的计算资源，就无法攻击这套簿记

（链接）系统。

通过这样的设计，以前人们隔着万水千山做不到的点对点交易，现在不依赖银行等中介机构而仅靠分布式账本就可以实现。

三、区块链的革新之处

从系统架构看，区块链技术是一种全新的信息网络架构，打开了传统中心化系统的围墙，各节点既可以是客户端，也可以是服务器端。这使得C端客户的自主掌控能力及其在系统中的话语权得到极大的增强。

从会计学角度看，它是一种全新的分布式账本技术（DLT），采用了全新的记账方法：每个人都可以参加，所有参与者共有、共享账本信息，都能检测、验证账本信息。与传统账本技术相比，DLT账本技术的优势在于不易伪造，难以篡改，开放透明，且可追溯，容易审计。不仅能保障多方账本一致，还能自动实时完成账证相符、账账相符、账实相符。从技术可行性看，瞬时的资产负债表编制或将成为可能。

从账户角度看，它是全新的账户体系，传统上我们所有的金融业务都是围绕着银行的账户开展的，而现在私钥本地生成，非常隐秘，从中导出公钥，再变换出钱包地址，自己给自己开账户，不需要中介，账户体系发生了变革，这在金融史上是一个非常重大的变化。

从资产交易角度看，它是一种全新的价值交换技术，基于这一技术，我们可以创造一种全新的金融市场模式：作为信任机器，资产交易可以去中介化。

从组织行为学角度看，它使有效的分布式协同作业真正成为可能：没有董事会，没有公司章程，没有森严的上下级制度，没有中心化的管理者，大家共建共享，这是经济活动组织形式的变革。

从经济学角度看，它开创了一种新型的算法经济模式，以去中介化、开放为特征，强调和尊重市场交易的自愿原则，发挥市场价格的激励协调机制，兼具计划和市场两种机制的优点，是一种更加接近市场的经济模式。

四、区块链的不足

一是性能问题。区块链技术的理念之一是分布式共享，但假设近万个节点都要共享数据的时候，速度自然就慢下来，效率不高。目前比特币的成交至少要等10分钟，有时候要等1个小时以上，这是许多人不能容忍的。

二是隐私保护。比特币的整个账本是公开的，隐私保护成为区块链技术的一个研究热点，一些解决方案已经出现，比如采用零知识证明、同态加密等技术手段。

三是安全问题。目前智能合约还处于初级阶段，一旦有漏洞就会被人攻击，可能出现重大的风险，其安全性需要在技术上进一步改进，形式化验证是一个可能的解决思路。私钥的安全保护更是一个至关重要的问题。

四是治理缺失。当社区面临重大决策事件时，如何让社区参与进来，以某种机制形成社区意见，最终在区块链上表达出来。

五是互操作性问题。区块链作为新一代价值互联网并没有通用的协议，目前都还是社区自组织模式，跨链互操作没有统一的规范，很大程度上限制了应用创新。

五、区块链技术发展方向

共识协议是区块链的关键技术，其核心指标包括共识协议的强壮性、高效性及安全性。目前看，共识协议最大的难题在于如何实现安全性与高效性的平衡。在保障安全性的前提下，大概有几种提高效能的思路：一是新型共识协议；二是新型数据结构；三是不改变共识协议的系统改进；四是硬件和算力的改进；五是分层分片技术。

现在有各种链：公链、联盟链和私有链。当不同机构之间业务发生交互时，不同的链与链之间怎么交互，会成为很大的问题。跨链技术是下一步区块链技术发展的重点。

区块链本身即是一种天然投票系统，此前，许多国家的监管部门倾向于将初始代币发行（ICO）的代币界定为证券。为此，证券型代币的区块链系统需要考虑如何将监管部门提出的合规要求内嵌于系统，总体思路是在技术上设置监管接口，改造公有链，建立监管联盟链，为监管者提供客户识别、反洗钱、反恐融资、项目尽调、风险评级、信息披露、风险监测等监管功能。

区块链使自主身份成为可能。它本身可以作为去中心化公钥基础设施（PKI）来使得公钥体系更有用和更安全。

区块链技术创造了一种全新的隐私保护模式：用户无须让渡数据权利，个人数据自主可控。例如，用户自主产生本地公私钥，通过公钥计算发布有效的钱包地址，来隔断钱包地址和钱包持有人真实身份的关联，并通过控制私钥在区块链网络自主完成交易。

数字钱包方面，目前数字钱包都在尝试从单纯的钱包服务转向数字资产生态入口，希望借此获取更大的市场份额，发展更丰富的资产管理服务，主要有资产管理、资产交易、信息聚合、DApp 分发等方向。随着数字资产产业的不断发展，生态的不断完善，数字钱包的场景功能将会越来越重要。其未来发展重点有三个方面：一是保证钱包服务的安全、开放和便捷；二是围绕资产增值需求，搭建数字资产管理平台，为用户提供丰富的金融产品，提高用户转化率；三是打通数字资产与现实世界的连接，丰富数字资产应用场景，构建数字资产生态。

建立在智能合约之上的自组织商业应用，有助于提升区块链技术的价值，使可编程经济模式的适用范围和领域不断扩大。关于智能合约的应用，一方面需要从技术层面保障其安全性；另一方面需要从法律层面明确其合规性。由于智能合约具备天然的确定性，不具有普通合同的灵活性和可选择性，因此在特定场景中，需要建立允许代码暂停或终止执行的干预机制。

在与其他科技的融合上，常说的云计算、大数据、人工智能、区块链技术等，实质上均是“算法 + 数据”的体现，相互之间的融合也是必然。例如，在资产证券化的场景中，需要对底层资产的信息进行持续的披露，同时还需要实现大规模分布式文件存储。区块链技术可以通过交易签名、共识算法和跨链技术，保证各交易相关方分布式账本的一致性，从而在保障交易背景真实性的基础上，自动实时完成信息披露，从而实现账证相符、账账相符、账实相符，大大提高可交易产品的信用等级，又大幅降低成本。将区块链技术与分布式文件系统、大数据分析、云计算、人工智能等进行融合是未来发展的一个重要方向。

六、加密货币与第三方支付的差异

支付宝的数据传输过程加了密，并不代表它就是加密货币。两者的账户体系有根本的区别，如果将支付宝的技术比拟为 4G，通过加密货币的支付更像是 5G。

在金融普惠性上，目前的支付体系是多层次账户系统，以及对应的信息传输专用通道，成本耗费巨大，尤其是跨国支付，导致金融服务费用和门槛高企，金融发展严重不平衡，损害金融普惠。同时，支付机构实际掌控了用户的支付过程，其封闭体系和商业竞争，有可能限制和影响用户自主选择权。而通过加密货币的支付，省去了“铺路架桥”的费用，不受传统账户体系和封闭专网限制，直接使用现有的互联网基础设施，任何能连接互联网的人皆可参与，任何参与方都具有技术上的对等性。

在用户隐私保护上，第三方支付属于传统中心模式，个人无法完全控制自己的数据，中心节点很容易滥用用户数据，且容易成为被攻击的目标，一旦爆发风险，对个人和平台的危害巨大，Facebook 就曾发生过 5000 万用户数据泄露事件。但是区块链技术，创造了一种全新的不依赖中心、多方共享环境下、基于密码学、用户自主可控的隐私保护新模式，数据不单点存储于第三方机构，用户自主可控地对个人数据匿名化，无须让渡数据权利。也就是说，数据向哪些人透明、透明程度、是否可被追踪均由用户自主掌控。

七、央行数字货币的未来方向

Facebook 没有简单拷贝比特币、Ripple 币，也没有简单模仿支付宝，而是推出了全新理念的 Libra，说明真正代表未来技术发展方向的数字货币很可能是既要吸收借鉴先进成熟的数字货币技术，又要把传统货币长期演进中的合理内涵继承下来。

我认为央行加密货币（CBCC）是央行数字货币研发的重要方向之一，我国央行的研究起点也就是CBCC。过去十年，数字技术在支付、清算和结算方面出现了重要的新发展。加密货币代表了这一波大潮的前沿。

中国法定数字货币的原型构思，可以从笔者2016年的一篇文章中看到，文中提到我们需充分吸收借鉴国际上先进成熟的知识和经验，深入剖析数字货币的核心技术。一方面，从理论入手，梳理国内外学术界对密码货币的研究成果，构建中国法定数字货币的理论基础；另一方面，从现实入手，对运营中的各类典型电子与数字货币系统进行深入分析，构建中国法定数字货币的基础原型。

目前各国开展的央行数字货币试验，比如加拿大央行Jasper项目、新加坡金管局Ubin项目、欧洲央行和日本央行Stella项目等，大都是基于区块链技术的加密数字货币试验，但还停留在批发（机构端）应用场景。这是因为央行一向被认为不擅长零售端业务，有种担忧是当数字货币向社会公众发行流通时，央行可能会面临极大的服务压力和成本。

我们的数字货币原型系统探索了区块链的应用，但并不完全依赖该技术。在设计上，它利用分布式账本不可篡改、不可伪造的特性，构建了一个基于区块链的CBCC确权账本，对外通过互联网提供查询服务，相当于网络“验钞机”。这种设计一方面将核心的发行登记账本对外界进行隔离和保护，同时利用分布式账本的优势，提高确权查询系统和数据的安全性和可信度。另一方面，交易处理仍由采用传统分布式架构的发行登记系统来完成，分布式账本仅用于对外提供查询访问。交易处理子系统和确权查询子系统分离并采用不同的技术路线，可以有效规避现有分布式账本在交易处理上的性能瓶颈。

同时，原型系统还采用了“总/分双层账本结构”，既减轻了央行压力，又保障央行的全局掌控能力。

目前来看，学术界的热点大多是基于区块链技术的央行加密货币的研究。

八、Libra 与各国央行数字货币的对比

两者虽然均采用加密货币技术，技术路线有相似之处。但在发行方、技术平台、可追溯性、匿名性、与银行账户耦合程度、是否支持资产发行等方面存在差异。

从货币层次看，央行货币是 M0 层次，银行存款等传统信用货币在 M1 和 M2 层次，而 Libra 则是在更高的货币层次。最新统计数据显示，我国的 M0 与 M2 的比值约为 4%。与数字 M0 相比，数字 M1、M2……Mn 更具想象空间。

从创新角度看，各国央行数字货币试验基本上是比较秘密的“曼哈顿”工程，这种方式未必符合现代开源开放社区的发展需求。

而 Libra 项目的代码按照 Apache2.0 标准开源，任何人都可以按照开源协议标准来查看、复制、部署 Libra 的底层源代码，也可以根据自己的想法提交对开源代码的修改建议，一旦 Libra 协会批准，该修改就会被纳入生产系统。按照开源社区十年来的运作经验，这种开放和“众智”的方式，充分体现了绝大多数参与者的利益，保证项目的凝聚力，促其快速发展壮大，同时也充分促进了技术系统与市场需求的匹配融合，最终培育出一个技术先进、市场认可的数字货币生态。

任何数字货币均要接受市场的考验和竞争。

本书作者按[①]：我从一开始就不赞成单一的数字法币体系[②]，因为这基本上就是把央行的印钞机搬到了网上，对于社会经济金融形态的变革没有实质性的影响。当然，央行发行对于各国政府来说是阻挡不了的冲动，也是国家利益所在。因此，我的建议是：央行发行数字法币的同时，也

---

① 姚前此文对有关区块链技术和数字货币的诸多重要问题都有涉及，是一篇颇为重要的文章，所以基本全文照录在此，以方便读者了解全貌，谨致谢忱！在此，一并对本书中其他“小贴士”文章的作者都表示谢意！

② 周小川作为前央行行长，观点比较开放，主张“央行可组织研究，但无法确保方案最优”；姚前离开央行数字货币研究所后，观点也有所改变，如此文中提出“任何数字货币均要接受市场的考验和竞争”，“从创新角度看，各国央行数字货币试验基本上是比较秘密的‘曼哈顿’工程，这种方式未必符合现代开源开放社区的发展需求。”这些观点很有意思！

要适当允许私人部门在一定区域、一些行业发行数字货币（如我所说的“颐养币”），央行数字法币和这些数字货币是竞合、互补乃至相互生成的关系，将来存在一个在市场中竞争出胜的机会。但我认为，这仍然只是过渡，未来社会理想的数字货币运行模式是：央行只是数字货币发行管理者，他们将负责管理协调“n（1+N）”[①]种由经过许可的私人专营机构发行的数字货币。当然，经过市场的充分竞争，这里的n\N都不会是太大的数目，估计在十几种，最多数十种以内。

① 这里的1是指相当于原有的法币的那种数字货币，但这种数字货币也不一定要由央行来发行。

第一篇　《亲缘格局论》的要义与谱系化金融的理念

§1 存在与生活圆融一体的个体及其家族的亲缘格局

在我的《亲缘格局论》第一部“导言”的第一个脚注，我分别用汉语、英语和德语给出了对“亲缘格局”概念的表达，即：在亲缘中正在逐步完善或重塑自己的人。本意只是一个“人”，为什么非要“亲缘格局”的复杂概念来表达，实在是出于不得已。就像海德格尔的“此在”（Dasein）[①]一样，“亲缘格局”不是单纯指代的“人”本身，而且包括 Ta 所承载的一切关系。特别重要的区别是，以非哲学的眼光看，“人”一般指代的是活着的人，人死了就是一具尸体，肉体腐烂以后就是一副骷髅，尸体烧完以后就是一把灰，然而，“此在”或“亲缘格局”是哲学的语言，“此在”这里先不去说，“亲缘格局”对于和“此人”有亲缘的其他人而言，“此人”虽然死了，但多多少少仍然是某种存在，对于其家族谱系则更是缺少不了的存在。常言道：人死留名、雁过留声。名声是每一个个体生前都重视的，而在某种程度上，人死之后（“盖棺认定”）的名声也许更加值得重视。还有，人活着的时候就是一个鲜活的个体，如果仅仅是“人”或者其名字来指代也是不够的，正如我在该书导言中所说：

> 亲缘格局的人、物、事、理（包括家族传承的、亲友给予的、外在环境的若干方面），这些与“我”有亲缘的东西在“我”的格局中反身

① 海德格尔哲学的核心概念“此在”在《存在与时间》得到了集中阐发。熊伟译为“亲在”或“纯在”，王庆节同意“亲在”；陈嘉映译为“此在”，张祥龙认为要译为“缘在”。我觉得都有道理，也都不够。人不但要“亲在”，还有各种缘。即使人死了，有的缘还在。特别是在中国人的世界观里，祖宗是一直和“我”同在的。所以，我们不能沿用海德格尔对于“人”的说法，也许“亲缘格局”更有包容性，也更贴切地反映了人生在世或死之后的各种状况，也更符合汉语语言习惯。只要人活着，各种“亲缘”与“格局”就处于一直不断的反身重构之中，“格局”的意义沿用的是胡列清的哲学概念（参见胡列清：《二重论》，陕西人民出版社，1992 年），与自然态度的“格局”意义并不相同。

> 重构后得到的亲缘格局：它是真实的、唯一的、为“我”自己所拥有的存在，是单个的个体的存在，其真正本质只在于“我”自己的内在生命的秘密之中①。

还应看到，“亲缘格局”概念不仅仅是哲学意义上的，我还把它延伸到了经济金融方面的意义，在即将到来的智能时代它有可能是价值重构的指针和评估新机制形成的界碑。也就是说，每一个个体的“亲缘格局”都有可能到达“宙合”②之境，未来价值体系以至于新的货币金融体系都有可能由此而生。因此，正如黑格尔所说，任何一个完整的概念都是基于历史和现实的事实基础之上，并处于面向未来的不断构建之中。“亲缘格局”这一概念源自于我对中国思想文化传统特别是客家人传统的抽象，它的表达是易学思维意、象、言相融合的产物，而且借助现代西方哲学概念赋予了它新的哲学内涵，借助经济金融方面的新意象赋予了它新的理论内涵。我相信，随着我的《亲缘格局论》第一部、第二部……以及读者对它的熟悉、认识和体会，它还将被赋予越来越多的内涵。

我的《亲缘格局论》第一部“代后记”中提到了我和我的家族的历史，事实上，我认为，哲学家和小说家一样，写作的都是“我和我的家族”的历史。我们看孔子、朱子、王阳明、王夫之……，看卢梭、康德、黑格尔、马克思、海德格尔……，假如不了解他们的生平故事，对他们留下的文本的很多东西都难以看明白。同样的，每一个小人物都在创造自己的历史，“我和我的家族”的历史为“乾坤并建”和“理一分殊”③提供了最深厚、最宽广的渊源。如我在该书“代后记”中所说：

> 我在人世间已经历的近半百之年，在国家高级机关和金融部门工作过，在不断学习中吸纳了中西方的各种文化要素，现在借助我作为文盲

---

① 陈玉京：《亲缘格局论：面向智能时代的哲学》，经济日报出版社，2018 年，第 1 页。

② 陈玉京：《亲缘格局论：面向智能时代的哲学》，经济日报出版社，2018 年，第 69 页。

③ 陈玉京：《亲缘格局论：面向智能时代的哲学》，经济日报出版社，2018 年，第 80、92 页。

的父亲母亲的灵魂之托举，我完成了灵魂在“宙合”之境的凝结。我庆幸自己没有经历太多的苦难，没有像佛祖那样抛弃一切的七年苦行，没有像孔子一样像丧家狗到处不受人待见的寻觅，没有像耶稣那样被钉在十字架上受刑，我只是借助双亲灵魂之托举，而进入了“宙合”的境界中游历。[①]

自上大学之后，我一直保持着哲学爱好和独立思考。在中国改革开放最伟大、最激越的时代成长，而且在诸学习、工作和成长环境中，一般情况下总允许我有这样的爱好和思考，我是幸运的。我能够写出自己的各种感受，并把它融入《亲缘格局论》里。同时，我的哲学并没有忘记成千上万我或深入接触、或匆匆谋面的个体（上至将军、部长，下至黎民百姓），我要以哲学的抽象力和概括力将尽可能多的个体亲缘格局包容进来，让《亲缘格局论》成为具有时代特征和中国特色的哲学书，成为记录每一个读者（包括我自己）赤诚坦荡“面对事情本身”的个体成长模型。

我想再次申说南宋朱子的老师李侗的观点：“理不患其不一，所难者分殊耳”。每一个体都拥有亲缘格局（纳入个体亲缘中的人、物、事、理之格局），是人生在世过程中不断反身重构形成的，要在自己艰苦磨炼中、在实体和关系交融中不断提升的，是存在和生活圆融一体的“心之体”。“无善无恶心之体”[②]将始终贯穿亲缘格局提升的全过程，襄助个体亲缘格局通达“宙合”之境，这个过程必须实现，而且能够实现，因为我们传承的是慎终追远、民德归厚，（亲缘格局）上承祖宗、下延子孙的中华古老传统，从这一点出发完全有可能超越西方“无性”“无情”哲学（基督教传统只强调个体与上帝相通，而且把人伦日用之常情当成某种“罪”）。[③]有一点需要指出，我说西方“无性”“无情”哲学是特指的正统基督教哲学。在资本主义发展的过程中，西方人已经逐步破除了这种“无性”“无情”哲学的藩篱，在很大程度上回归

① 陈玉京：《亲缘格局论：面向智能时代的哲学》，经济日报出版社，2018 年，第 234 页。

② 陈玉京：《亲缘格局论：面向智能时代的哲学》，经济日报出版社，2018 年，第 135 页。

③ 陈玉京：《亲缘格局论：面向智能时代的哲学》，经济日报出版社，2018 年，第 236 页。

了人的本性，即“我和我的家族”的本源属性。但是，毕竟基督教在西方绵延千年，各种“无性”“无情”哲学的变体仍然在折磨着西方人的灵魂，这是虚无主义、存在主义等滋生蔓延的深刻而又无奈的根源。

我的《亲缘格局论》将始终把握的一点是：造就一种可操作、工序化、有动能的哲学，这是胡塞尔现象学最大的本事[①]，也是实现对“我和我的家族”的谱系化研究并赋予金融属性的必要本领。现象学强调直观的唯一真实性，也即“面对事情本身”，我称之为“面对面的哲学”。在我看来，面对面的哲学最具有穿透力，而且面对面是可操作、工序化、有动能的必要前提。《亲缘格局论》第一部提出了自然态度的“遭遇”人物事理、“面对面”“有缘来相认、无缘不入心”，以及哲学态度的“无善无恶心之体”“理一分殊”“乾坤并建”“和而不同”等若干操作环节，并结合古老易学思维的可操作性，已经做出了有益的尝试。在本书中，我们将继续向胡塞尔学习其操作本领，同时始终把握存在和生活圆融一体的“心之体”，以期实现谱系化金融的可操作、工序化、有动能，在即将到来的智能时代有其条件，我们在此努力为“谱系化金融”作哲学奠基，久久为功，必有成效。只有这样，“谱系化金融”和《亲缘格局论》哲学本身才能形成良好的相生相成的关系，使其区别于纯哲学、西方哲学和中国传统哲学，而接近马克思哲学本来具有的实践本性。

个体亲缘格局较好地融入“宙合”之境的时代具有一些共同的特征：

1、人民生活相对来说比较和平安定，有较好的日常生活保障；

2、精神层面的交流成为知识阶层和普通百姓共同的爱好，而且“士”与“民”相互之间有较好的互动；

3、处于经济增长的上升期，主体性得到张扬，精神向外拓展和涌现的欲望比较强烈。

这些特征在西方资本主义发展的黄金时代——十九世纪至二十世纪初出现过，而中国经过改革开放 40 多年的平稳而快速的发展，如今同样具有这些特征的时代渐入佳境，而且适逢互联网和金融科技的大发展，个体亲缘格局

① 陈玉京：《亲缘格局论：面向智能时代的哲学》，经济日报出版社，2018 年，第 30 页脚注。

的模糊定量和集聚有了技术上的支撑，在这样的基础上开展“谱系化金融”的探索，使其得到历史上最好的发展机遇是完全可能的。而在这样值得憧憬的时代，“我和我的家族”谱系的演化、记录及与其相随的亲缘格局价值的生成、积累和交易都将呈现出全新的形态，存在与生活的圆融一体将不再停留于哲学家的想象或意念而将成为生活世界的现实。

§2《亲缘格局论》的哲学思辨主要源于康德、马克思的哲学与现象学的结合

柄谷行人是日本当代哲学家，他对康德和马克思哲学导向伦理化社会主义的理解，在我所看过的康德、马克思思想的阐释书没有高过他的。据他所说，在资本主义发展过程中，形成了资本、民族、国家的高度结盟，进而形成了“3+X”框架：资本 + 民族 + 国家 +X，这个“X”因历史阶段和民族、国家的经济、文化状况呈现出不同的“实体”形态，如基督教、儒家的礼教以及相应的社团等。很有意味的是，柄谷在《跨越性批判——康德与马克思》[①]一书的最后，提出了“块茎型体系”（一种新的X，即融合了个体自身的多重属性，并综合所有个体的民族性、阶级性、地域性等多元维度的X），促使各类个体在消费者 / 劳动者的场域中达到“联合的联合”，以抵抗资本—民族—国家对于剩余价值的无穷压榨，甚至可能打破其牢固的连环。更有意思的是，他提到了迈克尔·林顿在1982年提出的LETS（Local Exchange Trading System，区域贸易通商制度），一种记录在账户上的多角的决算系统，接受别人提供的财产和服务的人每次都要重新发行通货，而所有参加者的黑字和赤字合计起来为零。柄谷在此预示了替代货币出现的可能性（事实上，现在已经有了数字货币），用以“废除”劳动价值，实现“各尽所能，按需分配”，创造出“可能的共产主义”。

我提出了“谱系化金融”的概念，与柄谷的《跨越性批判》相对照，对“亲缘格局”及其总和“宙合”作为谱系化金融的哲学根基更加充满了信心。

① （日）柄谷行人：《跨越性批判——康德与马克思》中译本，中央编译出版社，2011年。

柄谷指出，正如施蒂纳将所有关系都放到引号中而抽取出“这一个我”的绝对性那样，马克思抽取出了任何意志或者观念（尤其是人的观念）都无法抹消掉的“关系之绝对性”。在《资本论》中，他始终贯彻了这种认识。即，把个人仅仅作为置身于一切关系中的东西来看待的彻底的视角（自然史的立场）。马克思发现，持有货币，就是拥有无论何时何地都可以与任何物品直接交换的“社会的抵押权”[①]。资本的权力正是来源于此，来源于“关系之绝对性”，即资本主义法律、政治和经济制度的“铁笼”所笼罩的一切。马克思（及其重要引路人康德）的哲学的根本出发点就在于打破（注意，打破之后是重构，而不是消灭）这一“铁笼”，回归人本身的自由。

如柄谷所言，“康德的伦理学就不单纯停留在道德的维度上，还必然作为政治、经济性的东西，蕴含着历史性地得以实现的理念（共产主义）。”[②]我所理解的马克思哲学本身和柄谷类似，它确实更多地和康德的哲学相关联（而不是人们通常理解的更多地和黑格尔哲学的关联），特别是康德的《实践理性批判》和《判断力批判》的关联。康德说：

> 如果人的本性注定要追求至善，那么，他的各种认识能力的程度，尤其是这些认识能力彼此之间的比例关系，也必须被假定为是适合于这一目的的。但现在，对纯粹思辨理性的批判证明理性有极大的不足，不能与这个目的相适合地解决给它的最重要的任务，尽管这个批判没有低估这同一个理性的自然的和不可忽视的提示，同样也没有低估它为了接近这个给它标出的伟大目标而能够迈出的巨大步伐，但它毕竟不能单凭自己在某个时候达到这个目标，甚至借助于最大的自然知识也不行。因此，自然在这里显得只是继母般地为我们提供了达到我们的目的所必需的能力。[③]

① （日）柄谷行人：《跨越性批判——康德与马克思》中译本，中央编译出版社，2011年，第173页。
② （日）柄谷行人：《跨越性批判——康德与马克思》中译本，中央编译出版社，2011年，第90页。
③ （德）伊曼纽尔·康德：《实践理性批判》中译本，邓晓芒译，人民出版社，2004年。

纯粹理性“不能单凭自己”达到实践理性所要求的目标——至善，但是纯粹理性能够表明，对至善的追求是合适的、符合理性的人的本性的。康德说：

> （由于上帝和永恒以其可怕的威严持续不断地处于我们面前）对法则的违反当然会被避免，被命令的东西会被执行；但由于行动应当从中发生的那种意向不可能通过任何命令一起灌输进来，对活动的刺激在这里却是立刻就在手边的，并且是外部的，因此，理性不可以首先努力向上，以便通过法则之尊严的活生生的表象来聚集抵抗偏好的力量，那样的话，绝大多数合乎法则的行动的发生就会是出自恐惧，只有少数会出自希望，而根本没有一个会出自义务了，但这些行动的道德价值也就会荡然无存了，而人格的价值，甚至世界的价值在最高智慧的眼中却毕竟仅仅取决于这种道德价值。①

如果我们对道德法则的遵守只是由于强制力或者“迷信”的压迫，而不是出自“理性”，那么“绝大多数合乎法则的行动的发生就会是出自恐惧，只有少数会出自希望，而根本没有一个会出自义务了”。因此，所谓道德价值的存在也就毫无意义。康德还说：

> （由于理性的谨慎而导致）“我们凭借我们的理性的一切努力对未来也只有一种极为模糊不清的眺望，世界的统治者只让我们猜测而不是看到或者清晰地证明他的存在及其壮丽”，因而，“我们心中的道德法则并不向我们肯定地有所应许或者有所威胁，而是要求我们无私的敬重”，并且，“当这种敬重成为主动的和占统治地位的时，它在这种情况下并仅仅因此才允许眺望超感性事物的王国，但也只是以微弱的目光眺望”，这样的话，“真正的道德能够配得上与他的人格的道德价值相适合、而不

① （德）伊曼纽尔·康德：《实践理性批判》中译本，邓晓芒译，人民出版社，2004年。

是仅仅与他的行动相适合的至善份额的”。①

理性的谨慎是如此重要，如康德所说，“我们借以实存的那个不可探究的智慧，在它拒绝给予我们的东西中比在它让我们分享的东西中并不更少值得崇敬，也可以由此而是很正确的。”

理性既要进取（因为它不进取，道德领地就会被强制力或者“迷信”所占领），又要谨慎（只是以微弱的目光眺望超感性事物的王国），如康德所言：

> 惊赞和敬重虽然能够诱人去探索，但却不能弥补探索的缺陷。
>
> 道德曾经是从人类本性中其发展和培养可望有无限好处的那种高尚的属性开始，而终止于——狂热和迷信。

在理性的进取和谨慎之间把握分寸，依靠良好的判断力以及由此而来的行动来逐步达到心中的目标，像康德这样的哲学家也许能够做到②，但每个人在现代社会的复杂环境中确实是很难把握分寸的。这就是我们为什么要学习哲学，同时又要有足够的宽容精神。严格来说，也只有像康德哲学这样的，才能教会我们既坚持原则底线，又宽容平和。

无论如何，理性的应用是必须开始的。

> 无论多么迟，在对理性打算采取的一切步骤都事先周密思考，并只让这些步骤在一种事先深思熟虑的方法的轨道上运行这一准则流行开来之后，对世界大厦的评判就获得了一个完全不同的方向，同时与这个方向一起获得了一个无比幸运的出发点。

---

①（德）伊曼纽尔·康德：《实践理性批判》中译本，邓晓芒译，人民出版社，2004年。

② 出于对康德哲学的不满，黑格尔过于突出了理性的统帅力，叔本华突出了意志张扬过后的一地鸡毛，而尼采则突出了想象中的强力意志。

正如科学探索一样，对道德领域的探索在理性的支持之下，结果可能是令人欣慰的。

> 一块石头的降落、一个投石器的运动，在它们被分解成它们的各个要素和在此表现出来的力并经过数学处理之后，最终就产生出对世界结构的那种清晰的、对一切未来都不可改变的洞识，这个洞识在进一步的考察中可以希望永远只是扩展自身，但绝对不用担心不得不倒退回去。①

出发点有了，怎么尽可能去达到那个光辉的顶点呢？康德在《实践理性批判》的最后也只是提出了一种路径指向。真正管用的方法是《判断力批判》要提出的，那就是不断地提出并达成“自然的合目的性的原则”所要求的判断以及由此而生的行动。

“自然的合目的性的原则”所要求的判断如何能够提出？康德的说法是要有不与任何利害关系相挂钩的审美情趣，并由此推广开来的自然目的论。康德说：

> 关于作为一个道德存在者的人（同样，关于世界上的任何有理性的存在者），就不能去问：他是为了什么（quem in finem，为何目的）而实存的。他的存在在自身中就具有最高的目的，他能够尽自己所能使整个自然都服从这个最高目的，至少他可坚持不违背这个最高目的而屈从于自然的任何影响。——如果这个世界的事物作为在其实存上有所依赖的存在者需要一个按照目的来行动的至上原因的话，那么，人就是创造的终极目的；因为若是没有这个终极目的，相互隶属的目的的链条就不会被完备地建立起来；而唯有在人里面，但也是在这个仅仅作为道德性的主体的人里面，才能发现目的方面的无条件立法，因此，唯有这种立法才使人有能力成为终极目的，整个自然都是在目的论上隶属于这个终极目的的。②

① （德）伊曼纽尔·康德：《实践理性批判》中译本，邓晓芒译，人民出版社，2004年。
② （德）伊曼纽尔·康德：《判断力批判》中译本，邓晓芒译，人民出版社，2002年。

我的理解是："目的方面的无条件立法"促使人"有能力成为终极目的"，要不断地提出并达成"自然的合目的性的原则"所要求的判断以及由此而生的行动，但这样的判断和行动是渐进提出和达成的。康德没有明确地说出这一点。缺乏可操作性是康德哲学（还有黑格尔哲学）最大的问题。熊十力试图在《新唯识论》的《量论》中解决它，然而很遗憾，他只写出了《境论》，而写不出《量论》。"体用不二而有分"，讲"体用不二"头头是道，但怎么个"有分"？不甚了了。

这里，我想再次提示《亲缘格局论》的"操作路径"：无善无恶心之体、乾坤并建、理一分殊、和而不同。在面对每一次道德考量和考验时，我们恐怕都需要在自己的内心中走上一遍，有时可能还会要数遍，这样才能逐渐使人"有能力成为终极目的"。

但要指出的是，马克思哲学没有停留在伦理学，他始终是在资本主义的社会环境中和着眼于新的革命实践来考察伦理学的实现路径的，从而使他找到了克服康德和黑格尔哲学缺乏可操作性问题的可能路径。这集中体现在他关于"人的本质是一切社会关系的总和"和"自由人的联合体"的论述上。

马克思从"人的本质是一切社会关系的总和"这一理论视域理解人，使人特有的生存属性、自由属性和历史属性得到了充分的显现。[①]因而，从社会实践的角度看，马克思的哲学具有了较强的可操作性。这是其引导当时的苏联和中国革命取得胜利的重要思想前提（注意，在马克思那里，不一定只有阶级斗争的路径才是可行的，苏联革命过度强化了阶级斗争路径的唯一可行性，中国二十世纪后期以来的改革开放扭转了这一偏见）。

首先，它表明，人之区别于其他存在物，其根本特质在于他不是"现成"的存在者，而是一种具有"生存"本性的特殊存在者。所谓"现成存在者"，是指可以用先验的普遍本质的方式来予以把握的存在者。海德格尔曾把它称为"范畴论"性质的存在者，认为它与存在论性质的存在者"所要求的发问方式一上来就各不相同：存在者是谁（生存）还是什么（最广义的现成状

① 以下六个自然段引自贺来、张欢欢：《"人的本质是一切社会关系的总和"意味着什么》，《学习与探索》2014年第9期。根据本书需要编写。谨致谢忱！

态）"[①]。对于"现成存在者"，适当的提问方式是追问它是"什么"，通过这种追问，获得其区别于其他存在者的"本质"，然后通过"范畴"给出规定和定义即可获得对它的认识和把握，人之外的其他存在者即属于这种"现成存在者"。而对于人，只能追问他是"谁"，这意味着，我们不能通过"本质主义"的追问方式达到对他的理解，因为人的存在根本上不是由先验的本质所规定的，而是通过人的生存实践活动而在历史中不断展开并生成的，只有通过对人在生存实践活动中所展开的社会关系的观察、分析与反思，才能对人的生存面貌有切实的理解。在此意义上，"人的本质是一切社会关系的总和"实质上是对区别于"现成存在者"的人的存在论性质的表达。

其次，它凸显了人的生存所特有的丰富性与具体性，消解了把人还原和蒸馏成单一维度、从而导致人的抽象化的可能性。把人视为"社会关系中的个人"表明，人既不能归结为抽象的普遍性"大我"，也不能归结为孤立的实体化"小我"；既不能归结为无所不能的"绝对主体"，也不能归结为消极无为的"被动客体"；既不能归结为自我中心主义的抽象自我，也不能归结为无所依归的抽象"类本性"；既不能归结为单纯的自然性，也不能归结为单纯的超自然性，然而它同时又把这些彼此相互对立和矛盾的因素和环节内在地统一在一起，使人的存在获得了具体和丰富的特性。以往哲学在人的自我理解问题上，无不宣称要获得通达"现实的人"（如黑格尔强调"现实性"最为极端）的道路，但它们往往把上述矛盾关系中的一极绝对化，使之成为占据人的存在的全部内容，结果必然是人的存在的抽象化。把人理解为"社会关系的总和"则在根本上避免了这种"抽象化"的可能性，为把握人的现实存在奠定了坚实的理论基础。

第三，它使人真正成为"历史性的存在"。历史性是人的丰富性与具体性的重要方面。在人的自我理解问题上的一切实体主义都是以抹杀和消解人的历史性为前提的，它们试图寻找并确立人的超越历史性的"本真存在"，并从这种"本真存在"出发来居高临下地审视和评判生活在"粗糙"现实中

① （德）马丁·海德格尔：《存在与时间》中译本，生活·读书·新知三联书店，2006年，第53页。

的人们的具体存在，很显然，这种对人的自我理解方式必然不可能认真地对待人的历史性。与此不同，把人视为“社会关系中的个人”则必然切实地体现历史性原则，这是因为，构成人的存在的社会关系总是与历史性的实践活动内在联系在一起的，实践活动的历史性决定了在不同历史条件下社会关系具有不同的历史内涵与性质，也因此而决定了人的存在的历史性。马克思在其著作中，曾对这种社会关系的历史性进行过具体的描述。例如，马克思曾从分工发展和所有制的不同形式的角度，分析了“部落所有制”“古代公社所有制和国家所有制”“封建的或等级的所有制”“资本主义所有制”等不同历史阶段人们社会关系的不同历史表现形式，也曾从人的历史发展的角度，分析了不同历史阶段中“人的依赖关系”“以物的依赖性为前提的人的独立性”“人的自由个性形态”等社会关系的不同性质。所有这些，都从不同角度向我们显示了社会关系的历史性以及与此相关的“人的存在”的历史性。

马克思认为，人的依赖关系是以个人屈从于个人之上的抽象的共同体为特征的，在此阶段，人与人的社会关系是以“共同体”的形式表现出来的。马克思说道，“我们越往前追溯历史，个人，从而也是进行生产的个人，就越表现为不独立，从属于一个较大的整体”①。在这种共同体中，每一单个人与他人的社会关系是根据他在共同体中的身份、地位和等级而被规定的。“虽然个人之间的关系表现为较明显的人的关系，但他们只是作为具有某种社会规定性的个人而互相交往，如封建主和臣仆、地主和农奴等等，或者作为种姓成员等等，或属于某个等级等等”②。在共同体中所处的地位和身份，决定了每个人与他人的社会关系的性质。

对资本主义社会关系的批判性反思，这是马克思毕生最为重要的工作。马克思认为，与人的依赖关系形态不同，在资本主义阶段，人与人之间的关系不再是以人身依附为特征，而是具有了“自由”与“平等”的形式。对此，马克思说道，“平等与自由不仅在以交换价值为基础的交换中受到尊重，而且交换价值的交换是一切平等和自由的生产的、现实的基础。作为纯粹观念，

① 《马克思恩格斯全集》第46卷上，人民出版社，1979年，第21页。
② 《马克思恩格斯全集》第46卷上，人民出版社，1979年，第110页。

平等和自由仅仅是交换价值的交换的一种理想化的表现；作为在法律的、政治的、社会的关系上发展了的东西，平等和自由不过是另一次方的这种基础而已”①。就此而言，它摆脱了人身依附关系并使个人在人身上获得了前所未有的独立性。但马克思认为，这种独立性以及由此表现出的“平等”和“自由”的社会关系并没有真正使人们摆脱依赖，相反，“毫不相干的个人之间的互相的和全面的依赖，构成他们的社会联系”②，区别仅在于依赖的形式发生了重大改变，即与人的依赖关系不同，它从直接的对人的依赖关系变成了以物为中介的间接性依赖关系。在马克思看来，资本在本质上不是物，而是体现着人与人相对立的社会关系。资本主义并不意味着“依赖关系”的消除，相反，以物为中介，它使得这种依赖关系变得更为普遍和全面。“个人”依然受“抽象”所统治，“自由”与“平等”的社会关系仅具有表面和形式的意义。

因此，要实现每个人真正的自由和解放，最为根本的关键在于克服与人相对立的社会关系，创造与人的自由个性相适应的新型社会关系。马克思关于“自由人联合体”的思想正集中体现着他的这种价值理想，可以说，它凝聚着马克思现代社会批判乃至其整个历史观的价值规范基础。它意味着，真正的个人自由不是建立在人与人相分隔的基础上，而恰恰是以人与人的结合为前提的，它不再把他人看成自身自由的束缚和限制，而是看作自身自由的条件与实现；不再把个人看成独立自在、没有窗户的封闭单子，而是看成“他自己为别人的存在，而且也是这个别人为他的存在”③。以这种对个人自由的全新理解为依据，“个体的感性存在”与普遍的“类存在”之间的矛盾将真正得到克服和超越，个人自由与共同体的自由实现了一种内在的统一：一方面，“代替那存在着阶级和阶级对立的资产阶级旧社会的，将是这样一个联合体，在那里，每个人的自由发展是一切人的自由发展的条件”；另一方面，“只有在共同体中，个人才能获得全面发展其才能的手段，也就是说，只有在共同体中才可能有个人自由”④。正是在这种“个人”与“共同体”的互为条件

① 《马克思恩格斯全集》第46卷上，人民出版社，1979年，第197页。

② 《马克思恩格斯全集》第46卷上，人民出版社，1979年，第103页。

③ 《马克思恩格斯全集》第3卷，人民出版社，2002年，第298页。

④ 《马克思恩格斯全集》第1卷，人民出版社，1995年，第119页。

和交互关系中，“自由人联合体”取代前现代社会的抽象“共同体”，也取代现代社会抽象的“个人”以及由此所形成的人与人之间的外在联系。在马克思看来，只有在这种新型的社会关系中，个人的自由个性才能生成并得到保障。

综上，我们可以认为，康德和马克思的哲学说明了“亲缘格局”之存在的必然性以及思维它的可能性，同时，我用中国传统的尊崇祖宗和往圣先贤的观念充实了它，扩展到了“宙合”的境界。而且，康德的判断力和马克思的历史性、社会性实践都用胡塞尔的现象学思维来充实，判断和行动的“操作路径”用中国古代儒家的“四句话”——“无善无恶心之体、乾坤并建、理一分殊、和而不同”来充实。在此基础上，“亲缘格局”及“宙合”就有可能用数字资产（货币）来对应，进而可能出现一种新型的共同体——与马克思“自由人的联合体”相对应的——用谱系化金融来连结的共同体。

这种新型共同体的出现并不是与现代社会绝缘的空穴来风。资本—民族—国家仍然是存在的，但是在谱系化金融——新的X的冲击下，柄谷行人所言的“3+X”框架（如前文所述）[①]有可能产生某种突破，使资本、民族、国家的现实形态都出现朝向“理想化形态”的变化，使我们从似乎有些绝望的周期性金融危机中解脱出来：资本更有利于实现人自身的价值，民族更有助于人与人之间的和谐和世代继承，而国家则更加节制其权力和信用的滥用，谱系化金融的数字化、平台化、区域化、集群化也将得以充分地开展。3+X中的“1+1+1”和X将呈现出良性互动的局面。

§3 区块链和比特币的横空出世产生了有史以来最为抽象的金融

抽象是人类独有的能力，也可以说是核心的能力。可以与之媲美的恐怕只有蚕的抽丝行为了，只是它们抽出来的是丝，而人类抽出来的是“象”，比语言更高级别，如古人所说：“言者所以明象，得象而忘言；象者，所以存意，得意而忘象。”而抽象之所得的“象”，虽然最终的着重点在得其意，

① （日）柄谷行人:《跨越性批判——康德与马克思》中译本，中央编译出版社，2011年。

但因为人类社会需要以实务来维护生存和发展，“言”和“象”也是不可或缺的。

人们常说要从现象中抽象出本质，而从现象学的观点看，存在是复杂的生命过程，存在之现象即其本质，抽象之“理”是与生命过程本身相伴随的（即我所说的遭遇人、物、事、理），而且伴随这个过程的抽象及本质还原不是一次性的、单向的。康德第一次完成了人类理性抽象思辨的哲学分析，其目标在于完成“科学”形而上学的构建，但他说的先天综合判断和想象力是模糊不清的，而且似乎判断（依赖于想象力和图式的帮助）一次性就能完成。黑格尔说抽象思辨是螺旋式上升的过程，其实也是把它作为单向的，甚至有把人类一切行为绑定到其思维框架的倾向。直到胡塞尔现象学对人类抽象“幽、明”机制的解析，才解决了本质还原的多回合、多层次结构的问题①。

根据对金融史的考察，我认为，金融产品和服务出自对人群共同需求直至对人性本身的抽象，金融史上层出不穷的金融创新反映了抽象及本质还原的多回合、多层次的结构特征。抽象是金融创新的源泉所在，抽象的金融是“现实的”“客观的”。②

最早的金融现象是物物交易和实物贮藏，一个是个体与个体之间的交易，一个是个体自身在时间中的交易。有人从中抽象出了货币这一交换媒介，于是解决了物物交易的难以匹配的问题，也解决了实物贮藏的变质腐烂

---

① 请参考第二篇第二节《理一分殊的多回合、多层次结构》。

② 中国人提到“抽象”，往往会把它当成“不现实”的。而在西方哲学家的眼里，“抽象”的东西往往是“现实的”“客观的”。这在柏拉图、康德、黑格尔那里是如此，胡塞尔、维特根斯坦也是如此。马克思强调社会实践的哲学，同时他也深受其所在西方传统的影响，同样重视“抽象”，无论其早期著作还是《资本论》，都提到了“抽象的公民”“抽象劳动”等重要概念。马克思说：

> 只有当现实的个人同时也是抽象的公民，并且作为个人，在自己的经验生活、自己的个人劳动、自己的个人关系中间，成为人类存在物的时候，只有当人认识到自己的“原有力量”并把这种力量组织成为社会力量，因而不再把社会力量当做政治力量跟自己分开的时候，只有到了那个时候，人类解放才能完成。

《马克思恩格斯全集》第一卷，人民出版社，1958年，第444页。

> 正是由于这种“抽象”，马克思才达到了对于人类共同体的深刻认识。“只有在这种人作为其本身而相遇的共同体中，也就是说，通过对人的存在的社会改造和在人的自我意识中（但这一点又既不能单纯‘内在地’达到，也不能单纯‘外在地’达到），真正一个人的自由才有可能。与此相反，市民社会中的私人只能根据他自己的想象才有某种特殊的自由——而在事实上，他却是全面依赖和‘隶属于物的力量的’。”

（德）卡尔·洛维特：《韦伯与马克思》中译本，南京大学出版社，2019年，第84页。

问题。

从广义的金融角度，基于信用特别是熟人间信用的理财、借贷、投资等由来已久。最早的银行被称为“长凳交易”。11世纪时，欧洲商业日渐兴起，当时威尼斯和热那亚曾经是沟通欧亚的贸易要冲，四面八方的生意人云集，流通着各国货币。为了便于鉴别和兑换，出现了钱币商。由于条件简陋，当时的“银行”办事处只有一条长凳，所以商人们称它Banco（意大利语）。根据历史学家考证，这种“长凳交易”可能远比11世纪早，可能出现在2000多年前的希腊。在中国古代特别是明清时期的钱庄，大都是基于信用的民间理财、借贷，钱庄的老板、伙计和客户之间的关系和熟悉程度直接决定了理财、借贷业务的成败。熟人间的伦理道德关系可以抽象化为能够得到货币和金融服务的信用，这是人类发展进步数千年的文明结晶。随着近、现代金融逐渐深化，基于信用的投、融资得到了长足的发展，而这正是一些小微企业得以迅速成长为大中型企业的重要前提。从历史经验看，对这些企业“投资中的融资”① 占了很大的比重。小微企业要得到较快的成长，必然要融入外部资金进行投资，这种投资是基于信用的，更多是出于投资者的判断，对创业者的信用考察是其重要选项②。基于银行传统数百年的经验，资产抵押既是一种契约履行的保证，也是企业自身实力的一种展现，同时，还是控制银行业务人员和企业相勾结的道德风险的一种手段。央行出现以后，基于抵押的金融因为央行发行货币的机制而更加抽象化了，抵押物的评估成了货币创造的一个重要环节。说到底，这一“创造货币”的机制是由政府信用作为基本保证的。从宏观上看，商业银行资产抵押是在传统经济金融体系中得以“创造货币”的主要渠道。所以不管怎样，资产抵押的信贷具有相当大的合理性。

人类不会满足于只是在实际生产、物质交换中创造货币的机制，因为这

---

① （美）海曼·明斯基:《稳定不稳定的经济》，清华大学出版社，2015年。

② 在中国，由于《商业银行法》的限制，银行对小微企业的投资基本上是禁止的，小微企业“投资中的融资”被人为地分成了多个部门、机构的事，这中间的协调配合、利益分配是很大的难题，实际上，信用无法在这样一个复杂系统内得到确认。在我们看来，小微企业金融之所以很难全面有效地展开，症结主要在此。

种机制有其与生俱来的产生“马太效应”的缺陷。哪怕是最初的熟人信用机制也是如此。熟人间信用特别是基于政府强制力的信用①会导致金融资源分配的两极分化，对于缺乏这种信用的具有创造力的个体而言是不公平的。也就是说，根植于道德评估和政府信用的价值机制有其难以克服的缺陷。因此，人们需要更充分地发挥自己的想象力，创造出更为抽象的金融技术手段和产品。

2008年金融危机之后，区块链和比特币的横空出世产生了有史以来最为抽象的金融，从而使得抽象的金融不再止步于道德评估和政府信用。比特币是区块链技术的第一个成功应用。传统金融体系的交易记录都被保存在银行中心的数据库中，而区块链则是比特币的账本，任何时刻产生的比特币的所有权以及交易记录，都记录在区块链账本中。任何人只要下载了客户端，就能接收相关信息。比特币的地址、私钥类似于个人账户与支付密码。个人拥有的比特币被锁定在个人地址上，只有运用私钥才能解锁并发往别的地址，实现交易。交易过程中会向全网发送一份账单，其他用户会对其校验，一旦通过验证，交易行为就成功了。第一个校验出这笔交易是否有效的用户，会被奖励一笔比特币。这笔奖励的比特币分为两部分：一部分是交易的手续费，这部分由转账者支付，是系统中已经存在的比特币；另一部分则是系统新生成的比特币奖励。计算机的算力越大，越有可能得到比特币奖励。比特币的生产和运行基于互联网，是一种开源形式的P2P（Peer to Peer）数字“货币”，因此，它不同于人类早期的因其自然属性而选择的金银货币，也不同于近代以来由国家法律和主权信用支撑的法币。

然而，由于比特币的总量有限性、匿名性、能源消耗大以及天然不稳定

① 政府是由个体组成的，名义上的政府公信力实际上最终都会转化为熟人间的信用。在中国二十世纪八十年代以来的转型经济中，由于中国特色的熟人关系（家人、同学、情人、战友等）而导致的政府信用“异化”为熟人间的信用的情形十分常见，在中国转型期社会和商业信用远远没有成熟的历史条件下，这种“异化”情形对经济金融的发展起到了一定的推动作用，当然，它同时也是产生腐败的巨大温床。

性等缺陷[①]，比特币并不适合于作为人们日常商业交易的货币形态。因此，区块链技术被人们从比特币中分解出来，并有可能被应用于金融领域，这就有可能使信息（数据）经过有效的整合，大批量地形成为可信任的数字资产。区块链技术整合的大数据是交互生成，系统内所有经济主体参与，而且由个体私钥掌握（可以自主择时交付、定向交付自己的信息数据），对个体贡献可以进行奖励的，经济主体在交付自己信息（数据）的过程也是不断建构自己信用（资产）的过程。更明确点说就是，中产者及其事业所系——小微企业，都有可能在交付自己（数据）的过程中，为自己积累起取得金融资源所必需的信用，即与个体及其家族的亲缘格局相对应的数字资产的价值。

区块链技术的可回溯、不可更改和全过程记录的特征，对于小微企业的精细化研究提供了可能。区块链技术对于来自相关各个方面（如小微企业的创业团队素质、经营账目、技术研发活动、项目进展等）大数据的整合，将有助于对小微企业的财务状况、市场前景、经营能力等进行分析和归类，便于金融机构为之设计量身定做的精细化的产品。金融机构对基于小微企业大数据的信用增强了信心，与此同时，小微企业对于金融资源的可得性的提高，也直接有助于其亲缘格局的提升。

比如，我们设想的数字资产“颐养币”的推出，可能会帮助银行更好地介入养老机构（一般都是小微企业）的投、融资过程。区块链对与养老个体

---

① 总体而言，比特币有以下几个特性：1、总量有限性，发行不会失控。比特币发行的唯一来源是记账成功后系统的基础奖励。基础奖励最开始有 50 个比特币，每创建 21 万个区块后奖励会减半，到目前为止，减半已经发生了两次，成功记账只会得到 12.5 个比特币。估计到 2140 年左右，比特币总量将达到 2100 万个的上限。2、良好的匿名性，账户拥有者的身份不会被任何人知晓。人们可以随意地通过比特币进行转账交易，不用像银行转账那样需要核验各种身份信息，更不用与任何银行卡绑定。不过，这一特性也使得比特币在洗钱等非法交易中被大量运用，目前比特币支付的最主要用途是黑市交易和“暗网”交易等。3、比特币的生产和维持耗用了大量能源。“采矿”使得每生产一个新比特币都要通过高性能计算机执行加密过程解决复杂的数学难题。由于挖矿得到的货币数量和机器的运算能力大小成正比，从概率上看，采用性能越高的硬件，在所有矿工中算力的占比越高，更易获取比特币。“矿工”们为了获得更高的收益，彼此之间在算力上进行着较量，全世界十大矿池的算力总和占据了比特币算力的 75%，算力的高度集中以及维持分布式去中心化的账户需要消耗大量的能源。4、比特币的价格容易大幅波动。比特币只是一堆数据，如果不与现实法币和实物挂钩，就无法实现其价值。国家主权信用的承诺使法币在短时间内不会大幅贬值，因此人们才愿意使用法币而不是回归金银货币。但与法币不同，在没有法律约束的情况下，实物所有者可以随心所欲地与比特币挂钩、脱钩，这使得比特币非常容易受非理性情绪影响，价格产生大幅度的波动。

行为相关的大数据（如家庭资产负债、个人健康数据、消费行为数据、交通行为数据等）做有效整合，对不同地域、不同消费习惯和行为习惯的养老人群进行精细化分析，有助于金融机构对投资养老机构更加精准。比如养老社区的规划，床位和房间的规模，医养结合的模式乃至养老医院科室的分布，护理人员的安排和培训等等。不同地域气候情况的变化，不同的消费行为和资产状况，对于养老人群的护理和照料提出精细化的要求，也为异地候鸟式养老、房车旅游式养老乃至游艇迁徙式养老等新的养老金融提供了发展机遇。为了使投资这些新型养老模式的机构更加精准有效，有必要利用区块链技术建立交互式移动平台，适时追踪投资项目的运行状况、养老人群的活动场景等，增强项目的现场感，吸引更多的投资和养老人群的加入。

我们认为，基于区块链技术有可能实现的价值互联网是革命性的，索罗斯在《金融炼金术》一书①中提出的“反身性金融”有望正式登场。我们将把区块链技术在金融领域内的应用奠基于对个体（某个个人或某个企业）的金融行为、金融品质和资产及信用生成过程的追踪记录，从而推动金融创新向个性化、精细化、自我管理的方式纵深发展，从而从根本上改变以往金融行业以信息不对称挣钱、粗放式经营、追逐暴利的特征，“安全边界”将会完全打开。小微企业金融难题的真正解决，最终可能会在“谱系化金融”（可理解为“反身性金融”的中国版暨升级版）中出现。

§4 造就一种可操作、工序化、有动能的哲学：着力点在谱系化金融范式的构建

2018年6月，《亲缘格局论：面向智能时代的哲学》一书出版之后，有朋友问起我研究《亲缘格局论》的来龙去脉，哲学、金融与科技的融合，以及与其相关的智能时代到来的意味，我给予了如下解答。

问：你什么时候开始研究《亲缘格局论》的？其主要来源？

答：我是2014年夏天在父亲的葬礼上突然意识到《管子》“宙合”篇的

① （美）索罗斯：《金融炼金术》中译本，海南出版社，1999年。

意义，并转而想到我们客家人[①]特有的亲缘传承，联系到以往学习过的中外哲学思想（主要是我硕士生阶段学习的儒学经典和易学思想，以及后来自学的西方近现代哲学），而萌生的“亲缘格局”概念。它的直接理论来源是我的大学时代的朋友胡列清创立的“二重论”，他在二十世纪末就完成了对现象学的批判，其中有关于格局理论的精彩分析。胡列清后来转向了儒学的辩证逻辑的研究，特别注重王夫之“乾坤并建”的思想，这也给我注意中国儒学与西方现象学的关联提供了思路。北京大学的张祥龙教授也有类似思路。

其实，《亲缘格局论》最重要的激发动力是来自于比特币和区块链。我发现了它们与中国传统哲学、西方现象学之间非常隐秘的关联，并经过深入研究之后，发现它们有可能对金融形态产生极大的影响。比特币产生于上次金融危机之后，这是一次伟大的革命。人们对它的革命性影响众说纷纭，而我更倾向于把它看作是一次哲学思想和金融思想的革命，它将有可能极大地促进金融谱系化的进程。比特币只是一次试验，我相信会有更实用、更具哲学意味的数字资产（货币）将创造出来。

问：《亲缘格局论》的主要内容是什么？能用比较简单的几句话来概括吗？

答：我可以尝试言之。《亲缘格局论》最扎实的根基是儒学的信仰和素养。我从儒家经典里选了四句话，以展开《亲缘格局论》的思想框架，即：“无善无恶心之体”“乾坤并建”“理一分殊”和“和而不同”。其中，“无善无恶心之体”是王阳明一生历经坎坷和极限心理、事功磨炼的思想产物，我认为它和现象学的思维是相通的，而且暗合海德格尔“向死而生”的哲学气质。“无善无恶心之体”的展开要靠儒家易学中的“乾坤并建”说，以及朱子综合

① 据我们家族的族谱记载，我们这一支陈氏宗族起源于河南许昌“颖川堂”，早期可能是在魏晋南北朝时期避战乱到江南。尔后，在唐代中期又避黄巢之乱，从江苏金陵（南京）迁往江西吉安泰和县柳溪镇（村）。之后，又逐渐迁徙到江西赣州南康县（现为赣州市南康区）。

宋代道学思想、道家太极图和佛家华严宗“理事无碍、事事无碍”[①]而得出的“理一分殊”说。“乾坤并建”的易学思想王夫之阐发得最充分，在我的哲学同道胡列清的启发下，我把“乾坤并建”之理当作亲缘格局提升的不竭动力。朱子提及他老师李侗所说的一句话是我为学做人过程中时时注意的：“理不患其不一，所难者分殊耳”。每一个体都遭遇人、物、事、理，并不断纳入个体亲缘格局之中，是在人生在世过程中不断反身重构而形成，在自己艰苦磨炼中、在实体和关系交融中不断提升的，是存在和生活圆融一体的“心之体”。“无善无恶心之体”将始终贯穿亲缘格局提升的全过程，襄助个体亲缘格局通达“宙合”之境，这个过程必须实现，而且能够实现，因为我们传承的是慎终追远、民德归厚，（亲缘格局）上承祖宗、下延子孙的中华古老传统，从这一点出发完全有可能超越西方“无性”“无情”哲学（基督教传统只强调个体与上帝相通，而且把人伦日用之常情当成某种“罪”）。“和而不同”是我的导师张岂之先生一直强调的中华传统文化的基本点。我把它当作个体的亲缘格局通达“宙合”之境，然后体现的最美好的状态。

必须指出，《亲缘格局论》是正经哲学，不是心灵鸡汤。技术越来越发达，金融越来越抽象，而哲学家们的哲学却停留在二十世纪初甚至之前的思维水平，我们世俗世界的人则仍然只晓得《论语》、《道德经》、《传习录》和《心经》之类，而且只是把它们当心灵鸡汤看。也难怪，有些朋友看我的《亲缘格局论》第一部，以为是讲人脉关系的，令人无语，怎么连副标题都不看呢：面向智能时代的哲学。“亲缘格局”完全是抽象化、观念化的学术表述，有现实的、客观的内容（有孔孟的“文质彬彬，然后君子”的真传），它看不见摸不着，因人而异，可遇而不可求，它不是人格，不是朋友圈，但它是

① 华严宗的思想核心是事事无碍法界的运行。世界万物都是事，事事无碍是经验视野中的万物互通而连为一个整体。这个整体并非生物学意义上的生命体之整合，而是一种意义整体、联系整体，其整体性依赖于“心”。事物的性质不仅在于其自身，而且在于它与“他物”的现实关系之中。而所谓的关系，无论是横向的空间关系，还是纵向的时间关系，其实都来自于人们的某种设定，也即同样来源于“心”。朱子抬高了“理”的地位，认为“理事无碍”是“事事无碍”的前提，而阳明则认为“心即理”，理本身也是某种“事（理）”，应该说，从现象学的观点看，他们所说的都有道理，只是观看角度不同，或层次结构不同。如果从中国传统特有的生存论（“心即理”，即存在与生活圆融一体）来看，“事理无碍”确实与“事事无碍”是可以圆融一体的。

"非存在者的存在性"。表面看来，我是返古，好像回到了我们几千年前的祖宗崇拜，但是以二十一世纪的智能技术和区块链数字金融的视野来看：有限世代的亲缘格局传承和无限世代的"宙合"之境，这是有真实内容的亲缘格局，且可操作，在操作中实现和重构。

问：你所说的胡塞尔挥之不去的"认识论残余"是指什么？

答：胡塞尔早年是研究数学和逻辑学的，他的每一步研究都遵循着"严格科学"的思路，这是我们应该认真学习的地方。但是作为哲学的研究，过于严格的科学思路有时则成了一种妨碍，因为哪怕是一个固定不变的自然科学的对象，对于它的研究都会是无穷尽的，更别说现象学是以视域（如同中国古语中的"幽明"之域）来研究所有事物的"意向性"（即包含意向对象和意向活动的统一体）的。胡塞尔终其一生都在不断实现对其认识论的超越，从"悬搁"到"本质还原"，再到"先验主体性"的把握，进而企图实现"交互主体性"的融通。在我看来，胡塞尔的哲学努力一定意义上就是从个体亲缘格局通达"宙合"之境的路径，而且"意向性""充实""还原"等概念是完成《亲缘格局论》所必需的，但我的根本立足点是"我"本身遭遇的人、物、事、理（即"事情本身"），以及它们在形成和不断重构亲缘格局中的价值评估，以及亲缘格局作为一个整体的价值评估。从站位上说，亲缘格局高于一切意向活动和意向对象[①]。按照胡塞尔的话说，就是"先验自我"加上"经验自我"的统一体，并强调从外部对其进行评估和价值引导。如果不走一条从价值评估到实践引导的新路，保留现象学的"认识论残余"，就永远摆脱不了无穷上溯的哲学困境[②]，或者只能移转到人类学、生物学、心理学甚至神经学的研究路径上去，而这就偏离哲学的轨道了。

问：你所说的价值评估和实践引导是指什么？金融的谱系化就是你所说

① 请参看第二篇第一节。

② 胡塞尔试图用"先验自我"和"主体间性"来阻止认识"事情本身"之本质的无穷上溯，可以说是一条路子，但是没有取得很好的效果，因为"先验自我"和"主体间性"本身也是需要上溯才能完成其存在性之论证的。

的智能时代到来的“意味”吗？

答：哲学、金融都是要以价值评估和实践引导来付诸现实的。我的哲学目标就是造就一种可操作、工序化、有动能的哲学：着力点在谱系化金融范式的构建，实践目标就是数字资产（货币）之新金融体系的运行。我在后文中将称之为哲学的“金融学转向”[①]。以往的任何货币都是社会关系特别是政治强力或政治协调的产物，而承认历史形成的资产积累、人力资源和信用评估等方面的价值，并承认个体及其家族的亲缘格局是这些价值的集中体现，是数字资产（货币）体系得以正常运行的前提。在理想情况下，数字资产（货币）体系是在共生共治社会中运行的，而且与政治强力无关。

金融谱系化的可能性植根于亲缘格局形成过程中“理一分殊”的思维结构和行为结构（因个体亲缘格局通达“宙合”之境，形成“和而不同”的世界结构），也即植根于人的生命力和创造力的呈现，同时我们也要看到，人性的弱点（如对未来不确定性的恐惧和对死亡或失去生命力、创造力的“畏”）深深植根于金融一体化之中。

谱系化金融的实践道路是在马克思、凯恩斯经济金融理论的基础上继续往前走，是摆脱一体化金融痼疾和金融危机周期性发作的必由之路。我们这里可以简单回顾一下谱系化金融与一体化金融理念和实践并生发展的历史。

谱系化金融和一体化金融是相对而言的，谱系化金融范式和一体化金融范式一样历史悠久。我认为，谱系化的金融范式是很早就有的。古希腊的长凳交易用于兑换货币，数十次上百次交易之后，商人之间产生了信用的良好记录，于是就有了信用保证的预付、期票、支票等等。雅典的民间金融体系颇为发达，威廉·戈兹曼的《千年金融史》[②]中说：陪审团制度使得当时数以百计的雅典公民得以参与到有关交易、合伙、继承甚至是市场串谋的纠纷中来，雅典人对于复杂金融事务的理解能力十分令人惊讶。而在中国战国时期的齐国，管仲主张“利出一孔”，很早就产生了一体化的金融范式，用国家铸

① 请参看第三篇。

② （美）威廉·戈兹曼：《千年金融史：金融如何塑造文明，从5000年前到二十一世纪》，中信出版社，2017年。

造的货币以及国家储藏的粮食、黄金等主导粮食、盐等重要物资市场。齐国的模式虽然后来进入了封建专制国家的体系中，但两千多年间中国民间的谱系化金融一直是广泛存在的，其中最常见的是民间日常消费借贷和住宅、土地的买卖分期付款。通过宗族的力量组织祭田、族田，用于祭祀、扶贫济困、修桥铺路以及资助贫困学子就学和考取功名等，也可以理解为一种中国特色的谱系化金融。

金融一体化的进程是随着资本主义经济的发展而不断加速的。近代以后的资本主义由于战争国债的导入，逐步建立了央行主导的金融体系。而所谓国债和央行发行的货币，毫无疑问是建立在国家信用的基础之上的。资本主义经济的动力源泉是资本，而最大、最充实的资本来自于国家信用支持的金融机构及若干财团。我认为，资本和权力的结盟是资本主义发展史上最重要的事件，它比“剩余价值”论和“新教伦理”论对于资本主义动力源泉的解释更加重要。它一方面极大地扩展了资本主义市场的边界，使资本主义国家内部的劳资对立得以缓和，另一方面则极大地鼓励了资本主义管理者们（特别是金融经理们）的冒险和自利行为，使金融危机的发生成了痼疾。金融一体化实质上是个体对于资本的依附，经济活动对于金融机构及财团的依附，是个体信用对于国家信用的依附。

谱系化金融的理念在当代中国的一个表现是，监管部门和金融机构倡导小微企业贷款的新模式，在二十世纪九十年代以后得到了较充分的发展。一般而言，能否提供小微企业贷款服务，有两种考察企业的基本方式：一、传统银行的风险控制方式，即在确认企业的现金流和还款能力、还款意愿的同时，要求小微企业必须提供抵押物或质押现金等；二、综合考察企业领导人和团队的素质、信用状况，企业的技术或贸易渠道、背景，企业的现金流和还款能力、还款意愿，重点放在还款能力和对相对较高的利率的承受能力上。第二种方式从实质上说，注重的就是小微企业的谱系记录。这种记录的获取，使银行对贷款“安全边界”的理解更深刻了。我们谈安全边界，不是像以前一样，银行摆个柜台，等待客户上来提供各类报表、相关的抵质押物清单，审查通过后办理抵质押，才能放款，而是银行主动到客户那里去。从诸行业的若干客户中筛选出在银行的安全边界范围之内的，通过谈服务价格、期限等，达成一致后，再看客户是否有相关的抵质押或担保，而且抵质押或担保是可选的，要根据客户提供的价格及其自身条件而定。这种“安全边界”，是对传统银行服务的客体对象化思维的突破。“没有不还款的客户，只有做不好的银行”在某种程度上已经超越了对象化思维。它和马云提出的“银行不改变，我们就改变银行”有异曲同工之处。

谱系化金融在银行小微企业贷款中的实践，经历了二十一世纪初短期的繁荣，很快就被互联网金融的迅速兴起而取代了。其中有着多方面的原因，主要有：1. 互联网经济的集群化、平台化和区域化；2. 客户数据的大量积累导致金融科技的快速引入和迭代升级；3. 电商的迅速扩张和宏观经济的下行冲击了银行原有的小微客户群体。其中最重要的是以支付宝为代表的基于互联网客群的新金融范式很快赢得了海量的年轻长尾客户群体的支持。而区块链数字金融理念的引入则进一步激发了人们对于未来谱系化金融范式的想象，直至有可能引发金融哲学的彻底改变。

对于谱系化金融进一步升级所需要的哲学根基，我这里想引用法国哲学家福柯关于谱系学的评论加以说明：

> 对于谱系的研究，“和英国人一样，保罗·李用一种单线发展来描述道德的历史，将整个道德的历史及其创始都简约为完全是对功利的关注。他假定语词都保持了它们的含义，假定欲求始终如一地指向某一个方向，还假定了思想坚守自己的逻辑；并且，他假定，人们所说和所要的事物世界中并不存在为人们所知晓的入侵、斗争、掠夺、伪装和圈套。”然而，对于谱系学而言，就必须考虑下述这些方面：它必须在不考虑任何单一的终极因（finality）的情况下，标出事件的独特性；它必须在出乎意料的地方，在我们通常往往认为没有历史的地方——在情感、爱、良知、本能中——守候这些事件；它必须对事件的重现保持敏感，但不是为了追踪事件演进的曲线，而是重新找出事件扮演不同角色的不同场景；谱系学甚至还必须界定没有出现这些事件的地方，没有发生这些事件的

时刻。①

大家看这一段话，是不是觉得和当前互联网科技公司强调的场景和大数据研究很有相通之处?

进入二十一世纪以来，金融所服务的实体经济互联网化趋势十分显著，特别是商业基础设施已经发生变化，更形象地说，是操作系统变了。媒体、百货、出行等行业都在变革，从电视到自媒体，从线下商超到线上电商，从招手叫车到软件约车，商业服务的本质虽然没变，但是商业的服务流程和发展模式已经被颠覆。还有一个重要变化，就是金融机构的市场约束条件发生了重大变化，特别是利率市场化的实质推进。在新的经济形态和市场约束条件下，很多银行加快了“新型银行”即数字银行、直销银行的建设，着眼点就是建立和新经济共生共荣共成长的新金融机构，将金融服务嵌入到人们在线生活的各类应用场景中。在这样一种银行和其他金融机构、互联网科技公司的竞争态势中，谱系化金融有可能得到超出预期的发展。

谱系化金融实践在消费者金融领域已经有比较充分的展开，但真正的难点还是在小微企业金融。小微企业的创新发展是社会发展的主要驱动力，同时也是我们主张的亲缘格局提升的重要路径之一。从现实状况看，成长性企业的股权高溢价难以享受到，而小微企业固有的市场风险又难以有效规避，这些构成了小微企业金融最大的难点。除了政策障碍和经济周期的影响外，其实更严重的问题在于小微企业创业、经营固有的不透明性和内部化使得银行获取信息、占有信息、消化信息的成本过于高昂。在我们看来，目前已有的互联网金融技术变革已经解决了小微企业“安全边界”把握的部分难题，如对小微企业的即时“画像”，可以对小微企业信贷的期限、额度等做出比较精确的分析，并使小微企业金融需求得到比较及时的满足。但是从整体上看，小微信贷技术的改进并不是革命性的，在我看来，来自区块链技术支持的数字资产（货币）有可能更为真实、便利地实现对小微企业价值的评估，可能

① （法）米歇尔·福柯:《词与物：人文科学考古学》，莫伟民译，上海三联书店，2001 年。

对于小微企业金融的推进具有真正的革命性意义。

不仅如此，从当代金融技术实践上看，智能时代的ABCD技术，即人工智能（Artificial Intelligence或Agent）、区块链（Block chain）、云计算（Cloud Computing）和大数据（Big Data），还有可能实现对个体亲缘格局的计算机情景模拟和价值评估，这就为新的金融资产——数字资产的产生提供了可能性，并进而有可能重新塑造新的金融体系，与以往靠物质资产抵押、靠国家信用支撑的金融体系相互补充。而且，当对若干个体所遭遇的人、物、事、理以及它们“有缘来相认、无缘不入心”的程度的数据积累到一定程度，对于个体亲缘格局的情景模拟或再现是完全可能的。如果把这些都输入到Agent（智能体）里面，人们对远方朋友的思念、对逝世亲人的追忆都有可能成为随时可以“面对面”的场景，这里体现的社会价值就更大了。在“和而不同”的状态中，亲缘格局具有可加总性，“宙合”就是亲缘格局的无限叠加、组合形成的。如果人工智能实现个体亲缘格局的再现，那么“宙合”就有可能成为“真实”的世界图景，从而形成人类社会新的共识机制。

人人都在世，人与人各自面对的世界“和而不同”，因而能够在往来四方的宇宙中汇聚在一起，再加上古往今来的各自的祖宗先人以及各类历史人物的与在世之人共通的灵魂，构成人类世界独有的“宙合”之境。“宙合”之境总揽天地之英华，网络万事万物之理，至大无外，至小无内，成为人类社会生生不息之胜景。

问：如何以现象学思维来概括《亲缘格局论》的理论使命？

答：《亲缘格局论：面向智能时代的哲学》出版近一年了，尽管我做到了尽量以汉语精炼而通俗的语言来表达自己的哲学思考，但仍然难免“曲高和寡”的尴尬。我从20岁起开始师从中国思想史大家张岂之先生攻读传统思想文化，深知中国儒家学术是以其高远的境界和乐观向上的精气神而在儒、道、佛等各类道统的竞争中取胜的，同时儒学精英们一直也没有忘记普及大众的工作。因此，我不可能不沿着儒家先哲的路来走，但同时，又不能不正视康德所开创的现代西方哲学道统在学理上确实明显高出儒学道统的事实，不能不汲取其人文和思辨的精华来充实儒学，而且同时，还要以当代经济金融和科技发展的现实来充实儒学。这样艰难的任务不可能太通俗、太简单地完成了，注定要经历一个从“曲高和寡”到“影从者众”（只是希望如此，但愿它不是奢望）的过程。其实，这是一个没有出大师、也不需要大师的年代，我希望的只是有一部分人能理解《亲缘格局论》，并把它运用到经济金融等领域，然后反过来影响社会思想、政治和伦理的变迁。

《亲缘格局论》的目标是在互联网时代为新的经济金融范式做哲学奠基的工作，而什么在为《亲缘格局论》本身奠基呢？上面已经说到儒学、现代西方哲学、当代经济金融和科技发展的现实三个方面。这样讲有点宽泛，更聚焦一点的说法要从现象学的思维来得出。

什么是现象学？我理解，胡塞尔开创的现象学和康德哲学一样纠结于“先验自我”，即在高扬主体性的同时没有摆脱“认识论的残余”，也没有摆脱他们竭力否认的“心理主义残余”。通常人们都以“面对事情本身”来概括现象学思维，但我认为还不够，Dermot Moran 的概括是比较到位的：“现象学最好被理解为一种彻底的、反传统的哲学实践风格，它强调通过达至事物真理的企图，强调对现象的描述，所谓现象，在最广义上是在其任何呈现方式中，即，当其显现于意识、显现于经验者时所呈现者。”[①]也就是说，相比较而言，中国人所说的“实事求是”可能比现象学“面对事情本身”更能体现主体的能动性，但“实事求是”也没有说明个体作为主体的极端重要性，从而为后来者背离中国原始儒学重视个体人文修养和品格提升的传统（所谓“背离”，即以模糊的群体无意识完全取代了个体的能动性）开了通道。所以，为了避免混淆，还是以“面对事情本身”来概括现象学思维和操作路径比较好。

综合考虑上述几个方面的缘由，在当代，以现象学的思维来概括《亲缘格局论》的理论使命，那就是：1. 谁才能“面对事情本身”？ 2. 怎么做到“面对事情本身”？ 3.“面对事情本身”将对人的生命力和创造力有何促进？ 4. 人

---

① Introdution to phenomenology, Dermot Moran.Routledge，2000.

人都能“面对事情本身”的社会经济、金融、伦理等会是什么样？

第一点，谁才能“面对事情本身”？拥有亲缘格局并时刻注重其提升的个体是“面对事情本身”的主体，我理解，人人因其家族传承都是拥有亲缘格局的，但不是所有人都在时刻注重其提升，现象学思维的融入是其必需的前提。也即，个体遭遇人、物、事、理的任何时刻都不是“自然而然”的态度，而是现象学的态度。按胡塞尔的话说，一切推导均基于直观，而直观就是即时把握到（可呈现的）对象呈现的一切，即对象“明见性”（完整准确的对象及其本质）的即时获得。这是一个很高的要求，只能勉力为之。事实上，要很好地理解并去实施第二、三、四点的操作，才能时刻保持现象学的态度来面对世界，才能具有获取“明见性”的能力。

第二点，怎么做到“面对事情本身”？个体面对面遭遇人、物、事、理之时，会以原有的亲缘格局进行瞬间的判断和选择，即“有缘来相认，无缘不入心”。对于“幽明”之幽、“幽明”之明（它们各有其价值所在）的“相认”还是“不入心”，取决于原有的个体亲缘格局，也是对个体亲缘格局之层次的检验。这在胡塞尔的现象学描述中用了大量的篇幅（详见《纯粹现象学通论》《逻辑研究》《经验与判断》等书）①，怎么把它们用中国式的语言说得清楚明白而且简单，这是一个理论难点。接下来就是亲缘格局的提升路径，即我在《亲缘格局论》中一直强调的现象学思维操作的“四句话”：无善无恶心之体，乾坤并建，理一分殊，和而不同。这四句话在中国人看来是明白的，但是在未来可能的学术交流中要把它说得让西方人明白，这也是一个难点。

第三点，“面对事情本身”将对个体生命力和创造力有何促进？“面对事情本身”的个体必然具有康德所倡导的理性：在理性的进取和谨慎之间把握分寸，依靠良好的判断力以及由此而来的行动来逐步达到心中的目标。虽然每个人在近代以后资本主义的复杂环境中，确实很难做到像康德这样把握分寸，但康德强调，无论如何，理性的应用是必须开始的。出发点有了，怎么尽可能去达到那个光辉的顶点呢？真正管用的方法是康德在《判断力批判》

① 胡塞尔《纯粹现象学通论》《第五、第六逻辑研究》《经验与判断》，李幼蒸译，中国人民大学出版社，2014—2018年。

要提出的，那就是不断地提出并达成“自然的合目的性的原则”所要求的判断以及由此而生的行动。我的理解是，这样的判断和行动都是渐进提出和达成的。

判断和行动是渐进提出和达成的，这就是我所说的金融谱系化的哲学根基。康德没有明确地说出这一点，这一根基在西方哲学中的最终奠基人是胡塞尔和维特根斯坦。胡塞尔的观点是每一个“经验”事实的背景都是复杂的、辽阔的，而且，“经验”是每一个独特个体的经验，因此每一次基于经验的判断和行动都只能是在片断或片面的理性指引之下。联结起来看的话，所有经验事实及其相关的理性就处于谱系化的结构（胡塞尔称之为“诸区域”本质观[①]）。维特根斯坦则强调经验事实及其语言表达之间的“家族相似性”，强调行为和语言本身的“合理性”。我理解，由于其强调个体的行为与语言（维特根斯坦称之为“游戏”）的“合理性”胜于或先于规则和制度的“同一性”，这种“家族相似”就是一种谱系化的结构。所谓谱系化，一是追根溯源，一是差异性和同一性的统一。《亲缘格局论》的核心要义，就是奠基于对自然世界的统一性和多样性的理解之上，奠基于对经验事实及其相关理性的谱系化结构的理解之上。“日生日成”“乾坤并建”“理一分殊”“和而不同”“宙合”之境等，都是对亲缘格局之谱系化结构的描述。

第四点，人人都能“面对事情本身”的社会经济、金融、伦理等会是什么样？这个我在《亲缘格局论》第一部已经作了描绘，即个体亲缘格局达至“宙合”之境，人的创造性、人与人的共通性会得到空前的加强，胡塞尔的“主体间性”理想（也许还有马克思的共产主义理想）可能因此得到实现。在我的设想中，谱系化金融和共生共治经济学在这种理想的实现过程中应该会起到重要作用，而这一过程的核心要点在于谱系化金融理念的普遍认同，说得更具体一点，这里的难点在于：个体亲缘格局的评估和实现机制如何建立，如何对接数字资产（货币），如何让谱系化金融在原有的一体化金融体系的坚固山崖之上开出山花来。

---

① 请参见第二篇第二节。

谱系化金融的实践道路要由《亲缘格局论》来引导，但其实践又将为个体亲缘格局提升铺就现实之路，从而规避康德、胡塞尔这些哲学家纠结于“先验自我”或“先验主体性”的烦恼。在我看来，执着于哲学道路的两种哲学家都会最终陷于困局：一是强调主体性却无法摆脱真实世界中的纠结，二是强调普遍真理却无法摆脱个体的相对性。我个人感觉，当代西方哲学家伽达默尔、保罗·利科等人的诠释学道路有可能走出这样的困局，但是谱系化金融的实践道路将会比他们走的道路更宽广、更直接、更有效。当然，不妨借助一些他们的研究方法，比如对个体及其家族历史的回溯，对个体及相关企业生命力和创造力的记录等等。无论是亲缘格局还是谱系化金融、共生共治经济学，都需要西方式的阐释来实现人与人的沟通、实现对人类“共通性”的抽象把握，“中国式体验思维”毕竟有其局限性。

当然，对《亲缘格局论》所设想的理想社会而言，我的《亲缘格局论》无论写出来多少，都只是一个提要，仍然需要我付出毕生的努力来营造它，而且希望有实践的舞台来完善它，更希望有更多的同道加入进来一起研究、探索和实践。

第二篇　存在和生活圆融一体的亲缘格局价值之生成、重构和实现

§1 亲缘格局高于一切意向活动和意向对象

认识论及其相关的本体论是西方哲学最具特色的东西，也是西方哲学难以摆脱的“梦魇”一般的东西。即使在胡塞尔现象学中，意向活动和意向对象因为其“意向性”的设定而不可分离，但还是在不断地对它们进行分解。《亲缘格局论》则主张，亲缘格局高于一切意向活动和意向对象，对于每一个具有主体性的个体而言都是如此。这种“高”，不仅表现为存在的“先在性”，而且表现为逻辑的“先导性”。对于此“先在性”和“先导性”的理解，只有在个体之主体性这里才有可能，而且必须超越认识论和本体论，而上升到存在论或生存（生活）论范畴。胡塞尔曾经对海德格尔的“人类学倾向”极为不满，而在我看来，只有蕴含“人类学倾向”的存在论或生活论，才能摆脱胡塞尔现象学无处不在的困境，如“先验自我”的设定、“主体间性”的难以落实等等。当然，海德格尔的“人类学倾向”也是完全哲学化的。作为“纯粹”的哲学家，他不可能再往前延伸其“人类学倾向”，即向每一个鲜活的个体延伸，向个体的生命历程延伸，所以最终海德格尔在《存在与时间》之后就陷入了困局，在短暂的向政治延伸的企图失败之后，转向了向语言和艺术的延伸，即所谓后期海德格尔的“四方域”（天空、大地、诸神和终有一死者）。

前面已经提及，《亲缘格局论》传承的是慎终追远、民德归厚，是“个体及其家族的亲缘格局”上承祖宗、下延子孙的中华古老传统。虽然这是一种有深远根基的、能够落实的传统，但在传统西方哲学看来无法视之为“哲学”，而顶多算一种神话般的祖先崇拜。近代以来的中国学者由于受传统西方哲学的影响，也无法认可其为“哲学”，甚至附和西方哲学家（如黑格尔）的一些说法，否认中国有哲学传统。虽然我本人自 20 岁以来一直认真学过中国传统思想文化的经典著作，但思维习惯也是完全西方化的，本科阶段学的现代科技、博士阶段学的西方经济学知识与硕士阶段学的中国传统经典完全是两张皮，粘合不到一起。直到发生我在《亲缘格局论》第一部“代后记”里的那种情景，我在父亲的客家传统葬礼上突然萌生的对于《管子·宙合》中“宙合”之意的感悟，以及后来对于海德格尔、胡塞尔等西方哲学家著作的修习，才真正在自己思维中实现了中西方传统的某种融合①，即《亲缘格局论》的生成。

以下几段关于胡塞尔现象学的哲学笔记，可以让读者更深入地了解我在此节要表述的主要意思：1. 为什么说“亲缘格局高于一切意向活动和意向对象”；2.《亲缘格局论》在何种意义上超越认识论和本体论。

从现代哲学史上看，康德不承认“智性直观”，是不想把人的能力范围提高到神的能力范围，老先生谨慎有余，勇猛精进不足，这是有道理的。毕竟康德是自然科学家的老底子，他知道自然规律探索的不可穷尽，更知道人类社会规律的不可穷尽。黑格尔则试图突破这个界限，他也是对的，毕竟人类不能止步不前，有时候适当地勇猛精进是必要的。在某些方面黑格尔是成功了，比如在逻辑学和法哲学的延展上，但是进一步延伸到宗教和历史等方面就走得太远了。胡塞尔则有所收缩，更加注重“范畴直观”和本质还原，从而取得了不少卓越的成果。对于“亲缘格局”的理解，似应借助于“范畴直观”的方法。但这种“范畴直观”只能说是借用，实际上是把个体遭遇的人、物、事、理都摆在一个平面上来“面对”（而不仅仅是“认识”）。

对于范畴直观，耿宁等人所著《胡塞尔思想概论》②有详细论述，他们说：

> 按照胡塞尔，范畴行为就是结合、指涉、区分等行为。因此，它们就是具有复合材料的复合行为或意向行为，此行为使不同的所与意向对

① 其实，过往的哲学思想的汲取是一个方面，任何哲学思想的创新和融合都必须基于现实中作为个体的“我”的亲身实践。我所做的融合主要是基于“文化人类学”范本——客家文化传统的融合，还有基于现代科技和金融领域的知识的融合。我个人的学习和工作经历中有较丰富的现代科技和金融的相关背景。关于客家文化传统本身，我虽然在少年时耳濡目染，但希望在我有生之年还能搞一些田野调查，并占有比较多的资料来深入研究，这里只能简单提及。

② （瑞士）贝尔奈特、耿宁、马尔巴赫：《胡塞尔思想概论》中译本，中国人民大学出版社，2011 年。

象彼此指涉，并将它们置于一种范畴观点之下，例如“部分与整体”关系之下，使它们之间具有综合统一性。作为复合的或综合的行为，范畴意向以被置于综合统一性内的行为和其意向性对象为前提。综合性行为的实行，根基于被综合性行为的实行（HandLung § 46、48）。作为有根基的意向性行为，范畴行为指涉着一种因其而创生的高阶意向性对象（§ 43）。但是，极其重要的是，把范畴行为的实行理解作一种使实在对象通过物理性运作而被变样的动作（§ 61）。我们宁可说，范畴行为的成效存在于一种纯思想性形成作用和所与素材的联结中，或存在于一种对“已具范畴形式的”素材之纯逻辑变形中。……胡塞尔称范畴对象为“高阶”对象或“观念”对象，以对比于经验实在的或感官的对象（§ 46）。然而，我们不应将此术语误解为：应将一切范畴对象理解作“本质普遍性”。

正如在《逻辑研究》中已经表现的，胡塞尔一直拒绝在感觉直观和范畴直观之间加以具有诱惑力的类比，因为作为本质性综合行为的范畴直观，与视感觉的直接性，彼此具有原则上的差别性。一种综合性的即根基性的行为，就是作为范畴行为的范畴直观。此外，范畴直观也是一种根基性行为，就其作为认知行为乃是充实综合的一种依属性因素而言。而作为认知行为，范畴直观最终也不是一种“原初直观”，而是一种根基于感性经验的复合过程中的可能因素，此过程“不断地增加着其充实性”（§ 24）。

但是，当人们说，范畴直观应被称作是认知行为，只是因为它是充实直观的因素，即只是因为它与一需待充实的行为处于综合性关系内时，这究竟意味着什么呢？首先，这意味着，对象具有单纯直观所与性还并不是认知行为。对象的直观所与性，只有当它证实一认知性要求或满足于一认知性兴趣时，才具有认识论的相关性。正是在与一相应的“空表象”、与一“欠缺”之间具有综合一致性时，直观行为才成为认知行为。

我认为，胡塞尔对范畴对象的“高阶”设定是有启发意义的，但相对个体在进行意向活动时已有的亲缘格局而言，此“亲缘格局”应该比此“范畴对象”更为“高阶”。而胡塞尔有意无意地说范畴直观是“根基性行为”的表述，在我看来已经接近于亲缘格局，但由于他坚持“先验自我”，仍然局限于认识论和本体论，所以最终没能完全实现这一转化。如上面所说的：“范畴直观是一种根基性行为，就其作为认知行为乃是充实综合的一种依属性因素而言，它根基于感性经验的复合过程中的可能因素，此过程‘不断地增加着其充实性’”。而亲缘格局提升的过程中不仅必须“不断地增加着其充实性”，而且必须不断地增加生活世界的现实。

《亲缘格局论》打开了最后一层面纱，用“有缘来相认、无缘不入心”这个简单明了的说法来揭示：“范畴直观”行为是人所共有的本性，而不仅仅是哲学家才有的某种做法。“有缘来相认、无缘不入心”是在“范畴直观”行为中实现的，但不一定是认知行为（也即：我在这里扩展了“范畴直观”的内涵，不再停留于认知本身）。这虽然还是按西方哲学传统来理解的，但这毕竟已经超出了认识论的视野，而纳入了本体论的视野。而《亲缘格局论》真正主张的是，在个体不断提升亲缘格局的过程中，在努力融入“宙合”之境的过程中，是需要超越认识论和本体论视野的，因此，还要进行后续的几个操作——“无善无恶心之体”“乾坤并建”“理一分殊”“和而不同”，这些是典型的“中国式体验思维”。后文将介绍的熊十力“体用不二”“一翕一辟”之道与此相通，而我们立足当代经济金融实践所要做的哲学超越，也首先要从“此处”[1] 开始奠基。

§2 “理一分殊”的多回合、多层次结构

道恩·威尔顿《另类胡塞尔：先验现象学的视野》[2] 一书中对“诸区域”的见解：

---

① 即“中国式体验思维”，集中体现在易学哲学和熊十力《新唯识论》。熊十力：《新唯识论》，上海书店出版社，2008 年。

② （美）道恩·威尔顿：《另类胡塞尔：先验现象学的视野》中译本，复旦大学出版社，2012 年。

> 按照胡塞尔对本质与精神生活之间关系的看法，有三个观念是相互关联的：1、个体和本质是在意义（meaning）中，并且是通过意义而被显现的。但是既不要把个体同意义混淆在一起，也不要把本质同意义混淆在一起。2、对逻辑的规则的直观并不是那个逻辑规则的存在的本质。3、然而，“诸观念性规则”可制约“调节思想的行为”。

也即，胡塞尔“诸区域”本质观，奠基于“诸观念性规则”与“调节思想的行为”的相互制约、相互生成，从而形成一个立体式的思维结构。我在《亲缘格局论》第一部中已经提及，乾坤并建的过程及其结果，造成了理一分殊的各个“层次”的具体展现的内容。这就深化了胡塞尔“诸区域”本质观的理解，而这一深化是与亲缘格局“中国式体验思维”的方法相一致的。理一分殊是在“乾坤并建”多回合之后形成的多层次的结构（不仅仅是思维结构），它不是单一序列的层次性结构，而是由若干“家族关系”的层次性结构叠在一起的，就像是山上的岩石层一样。这一理念深化了对理学意义上的“理一分殊”的理解，对于“谱系化金融”之哲学奠基至关重要。我们下文还将作分析，这里只简述“理一分殊”之多回合、多层次的结构与数字货币相结合所得出的观点：比特币代表的是金融资源分配公开公平化趋势中的某一种哲学理念（“理一”），而且它具有创始的意义，一般而言它是不会消亡的，但是也需要有更多的与人民日常生活相关的若干种非法币性质的数字货币（“分殊”）产生出来，如我自2015年以来就倡导的养老币（颐养币）之类。可以预期的是，未来稳定下来的数字货币不会太多，十几种、几十种撑死了，因为“太阳底下无新事”，人的价值再多元化也不会多元到哪里去，但前提是允许人们去尝试，在试错中解决金融资源真正和人的价值相对应的难题。

《另类胡塞尔》中的这段话对于理解“中国式体验思维”是有益的[①]：

> 思考先在性（a priori）命题的任何人，都是处在其他种类的经验的

① （美）道恩·威尔顿：《另类胡塞尔：先验现象学的视野》中译本，复旦大学出版社，2012年，第93页。

无休止的涌流之中，而且把各种不同的感性的和概念性的对象作为背景。

霍尔维茨也有言：

> A能够独立于经验而认识P，当且仅当，在那个世界中，A存在，并且P是真的，而且A有诸概念于P中，而且A具有足够的经验以认知P。

我以为，胡塞尔把感知、经验的观念化和纯粹的观念化结合在一起，再同他关于视域的概念进行联合，便在理论中为经验建立了一个“背景”，足以使一个人能够认识或体验到“先在性”的真理，认识或体验这种性质上不同于经验对象及经验事实的真理。

胡塞尔这种混同着“理”（Eidos）的人、物、事从根本上说是分层次的，因为“理”不可能是单一的、固定的，当然严格来说也不可能是纯粹的。但是胡塞尔坚持它必须是“纯粹本质”，以区别于“经验本质”。因此，我认为，从乾坤并建的角度看，把“理”分为“规范之理”和“自得之理”可能更恰当一些。但此时必须引入真切的主体（即拥有亲缘格局的个体“我”），毫无疑问，因为教育经历、工作经历、财富、教养和气质等诸多背景差异（主要是与先天遗传和家族传承密切相关的“先验自我”的差异），个体的“我”是可以分出层次的。因为乾坤并建的“理”的激发，以每一个体的“我”为中心的理一分殊的层次性世界得以展开。这是最终通达“宙合”之境的必要前提。

倪梁康所著《现象学的始基》[①] 指出：

> 胡塞尔的基本思路在于：从主客体的对立关系回溯到意向活动的条件上去，然后再从意向活动的条件和规律推进到意向相关项的条件和规律上。这实际上是现象学思维的根本进路。无论胡塞尔本人是否意识到，它从一开始便与康德的现象学理解完全一致。后者曾这样来描述现象学的基本特征（康德《自然的形而上学基础》）：“在现象学中，事情取决

① 倪梁康：《现象学的始基：胡塞尔逻辑研究释要》，中国人民大学出版社，2009年，第14、15页。

于对主体的关系，以便据此确定客体的关系。”

这里的主体不是个别的人，也不是种类的人，而是主体一般。

从“主体一般”到“先验自我”，然后到“主体间性”，说明胡塞尔承续康德，又超越了康德，从而认识到了个体对于现象学之根本奠基的重要性，然而，在西方哲学中始终缺乏如中国儒家“心性论”和易学那样的“理性”[①]传统，个体作为“主观性客体”同时又是“功能性主体”，其自组织性、传承性和延展性都受到了制约。从这一点看，我不大谦虚地讲，西方哲学缺乏这样的思维传统，而承续了儒家心性论和易学的《亲缘格局论》，在某种程度上导引哲学之重大转向（即第三篇所论述的“金融学转向”）还是有可能的。

D·扎哈维所著《胡塞尔现象学》[②]是这样评论胡塞尔的主体性的：

所能确定的是，对绝对之流那种完全不同于其他任何对象的描述，使语言伸展至其极限。这再三被胡塞尔显要地申明，他不断地强调我们所能够支配的语言的根本性不足。

人们不能够以研究“对象”同样的方式来分析和揭示那个主观性的维度。正是因为这个原因，以下的观点便是错误的：因为现象学在它必须阐明绝对的主体性时而离开它通常的原则，就认为它是不成功的。必须意识到，功能性主体的匿名性和晦涩性并没有揭示出现象学方法出发点的荒谬性，或其方法本身的无用性，而仅仅是揭示了被研究者的本性。

我同意扎哈维的观点，“人们不能够以研究‘对象’同样的方式来分析和揭示那个主观性的维度。”所以，从根本上看，是对功能性主体的“匿名性和晦涩性”的解释力不够，不是语言不足的问题，而是西方哲学传统的根本缺陷。现象学方法的出发点“面对事情本身”是正确的，但是走到主体性和“主体间性”（它们也是“事情本身”），就显得有点力不从心了。于是“我

① 当然，在绝大多数具有西方哲学思维背景者看来，它们是“非理性”的。

② （美）D·扎哈维：《胡塞尔现象学》中译本，上海译文出版社，2007年，第96、97页。

们谈论绝对主体性和被构成者的一致，且用适合于时间性对象的谓词来描述它。”[①] 似乎只能做到这一步了。

扎哈维还说[②]：

> 更一般地说，胡塞尔很清楚，对体验的主体性研究被各种各样的困难所包围。正如他在贝尔瑙手稿的某一段里写道：在这个意义上，它（即这个“我”）不是一个存在者，而是对所有存在者的反题；不是一个对象，而是所有客观对象的元对象。这个“我”不应该被称为“我”，它不应该有任何称呼，因为那样它就已经成为对象，它是那不可说的无名者，不是停滞的、浮动的，也不是存在于任何东西之上的，而是作为理解者、评价者等等而“运作”。

扎哈维的“运作”这个词给我们以启发，让我们想到了把胡塞尔现象学中的认识论残余彻底清除，推而广之到社会实践的“运作”领域，才是主体性和“主体间性”哲学思辨走出困境的根本之道。事实上，主体性和“主体间性”的建构始终是在时间中、在历史和社会实践中进行的。我们需要思辨，但永远要清楚地记得思辨的局限性。即“理论总是灰色的，实践之树常青。”我们可以肯定地说，“面向事情本身”的现象学主体不可能是“先验自我”，而只能是“亲缘格局”。

倪梁康《现象学的始基》[③] 对胡塞尔现象学的第五、第六逻辑研究作了比较透彻的解析：

> 第五逻辑研究的现象学意向性分析，主要涉及各种意向行为之间的奠基关系，以及“含义”与“直观”的相合关系问题。胡塞尔在第五研究中大都是从“静态”的方面探讨“充盈”与“质料”的相合关系，它

① （美）D·扎哈维：《胡塞尔现象学》中译本，上海译文出版社，2007 年，第 96 页。

② （美）D·扎哈维：《胡塞尔现象学》中译本，上海译文出版社，2007 年，第 96、97 页。

③ 倪梁康：《现象学的始基：胡塞尔逻辑研究释要》，中国人民大学出版社，2009 年，以下在引文后面直接标注的页码。

也可以被看作是在“被给予者”与“被意指者”之间的相合关系。它（这些相合关系）是由意识的意向能力（或统摄能力、立义能力）所决定的。

在第六逻辑研究中，胡塞尔又在总体上转向对“意指”与“充实”之间的动态相合关系研究，这个关系也就意味着“意义给予”与“直观充实”之间的关系。在静态关系中，胡塞尔认为：“意指本身并不是认识。在对单纯象征性语词的理解中，一个意指得到进行（这个语词意指某物），但这里并没有什么东西被认识。(《逻辑研究》第二卷第二部分）”因此，真正的认识启蒙还是在第六研究中进行的，即是说，认识如何可能的问题是在这里才被得出并得到一定的解答。

……他甚至更偏好“意向含义的充实”（就是对对象的认识）的说法，因为，“从现象学来看，行为在任何情况下都存在着，而对象并不始终存在。因此，关于充实的说法更具特色地表述了认识联系的现象学本质。”真正的认识是在意向（意义的给予）与直观（意义在直观中的充实）的动态统一中产生的。

“充实”的最终理想是思想与事物的完美相即性。……这个理想状态只能在直观中，更确切地说，只能在感知中达到，这乃是因为，最终为意向提供充盈（即感觉材料）的是感知行为，最终为所有意识行为提供基础的也是感知行为。所谓认识的进步，据此也就是充实的不断加强，也即充盈的不断增多，直至意向的所有部分都得到充实。……P208

而随着充实（直观化）程度的减弱，认识的程度也就不断地降低。一个意向在得不到充实的情况下，即使没有被看作是失实的，也会随时间的流逝而日渐模糊，从而远离直观。P207

海德格尔在《存在与时间》第44节指出两个典型的传统真理概念：其一，真理的“场所”是在陈述之中；其二，真理的本质在于判断与其对象的“一致”。对于这两个命题来说，胡塞尔提出的两个存在概念是瓦解性的：一方面，真理意义上的存在表明，真理的本质是感知及其对象的一致；另一方面，系词意义上的存在表明，真理的“场所”也是在范畴感知之中。从这两方面看，“真实存在”的意义都可以说是得到更原本的把握。

但胡塞尔在“存在”问题上的漫不经心是显而易见的：在分析范畴直观的进程中，他在第六研究的第44节中虽然将存在概念作为第一分析范例，但“存在”在他那里充其量只是一个与其他范畴（如一、多、全、数等等）相并列的范畴。存在和其他范畴一样，可以作为形式的含义因素被意指，并且可以在范畴感知中得到充实。而到第46节开始展开“对感性感知和范畴感知之间区别的现象学分析”时，“存在”已经不再成为话题。

所以，海德格尔有理由说，胡塞尔只是“触到了或擦过了存在问题”（在《现象学基本问题》中，真理意义上的存在已经作为一个含义被包容在系词意义上的存在之中）。

“非客体化的行为”，如情感行为、意愿行为等等，在对象或客体的构造上无所贡献。然而，由于任何意识行为都必定朝向对象，都必定是关于某物的意识，因此，“非客体化行为”原则上必须依赖于那些通过“客体化行为”而被构造出来的对象才能成立。P238

在布伦塔诺那里，心理现象“被划分为表象、判断和情感运动（‘爱与恨的现象’）。”这实际上是胡塞尔对客体化行为（表象+判断）与非客体化行为之划分的思想来源，当然也是另一位现象学家M·舍勒的“感受现象学”的思想来源。P153

在实际发生中，我们常常可以看到，感受行为仍然存在，而它建基于其上的表象行为却已经消失殆尽。这种情况反过来也成立。……我们还可以把例子举得具体些：譬如，当某个亲人早已谢世，不再浮现于我们眼前时，我们仍然会感受到悲哀……如此等等。但在原则上，胡塞尔认为，这些感受必定奠基于“引发”它们的相关事物或事件上。P160

倪梁康的解析是有效的，我在读上述段落时得到了比较多的启发。当然，我是从《亲缘格局论》角度来看的。对“引发”人们感受或直观的东西追根究底，就是承认某些人、物、事、理的“不在场”，及其对主体带来的价值困扰，最终则会对“先验自我”的存在产生威胁。从根本上看，胡塞尔设定“先验自我”，就是要阻断“不在场”的无限回溯。在价值意义上，我们确实需要设定“先验自我”的存在，以阻断“不在场”的无限回溯（即止步于某些人、物、事、理的“不在场”）。但胡塞尔没有明确其“存在”意义（价值）的理由，没有决断力，既害怕彻底地与所遭遇的人、物、事、理“面对面”，又害怕独断论形而上学的“回归”[①]，因而始终保留着“认识论的残余”。同时，他又特别强调逻辑理性基础上建立起来的意向分析系统，强调“形式主义的纯粹性”。事实上，“形式主义的纯粹性”必须植根于“在场”的显现物，与“直观主义的纯粹性”两者只能取其一。

这里的关键问题是，如果停留于认识论或本体论，意识之流必然会冲击“现象之网”，从而使“先验自我”时不时地发生动摇，而亲缘格局注重的是建构的过程以及反身重构的演化，而其自身不会“流动”，这对于阻断“不在场”的无限回溯是十分重要的。事实上，只有阻断“不在场”的无限回溯，

---

① 在胡塞尔晚年所写的《经验与判断》一书（中译本，中国人民大学出版社，2019年）中，这种情形有所改变。请看此书中关于主体性的论述：

必须瓦解我们现前经验世界内的意义沉淀中一切已经在先存在者，必须在主体性源泉上，以及因此在一运作的主体性上，回溯式地探索从其中产生的此“意义沉淀”，此主体不是心理学思考的主体，后者意识到自身面对着此一已经完成的世界。反之，它是这样的主体，通过其意义运作成就，它将预先给予我们的世界变成“我们的”世界，变成我们“存在的”世界，即不再是一纯粹的根源于经验的世界，而是这样一个世界，它具有一自行精确地被规定的以及可规定的世界之意义，……此主体性不是像在一简单的心理学反思中以为的那样，已经存在于一现成的世界之内者，而是自身具有着并实现着一切导致世界发展可能性的功能。……先验主体性的回归需要在两个阶段上进行：1、从“前所与”世界，借助于其一切“意义沉淀”，借助其科学和科学规定，向根源的生活世界之回归；2、从生活世界向主体功能之回归，从此功能中产生了生活世界。P30

胡塞尔在上面论述中已经明确指出了“我们的”世界和我们“存在的”世界的“意义沉淀”，如果此“意义沉淀”理解为我所说的原初的“亲缘格局”，“生活世界”理解为我所说的“宙合”之境，则胡塞尔晚期现象学则离《亲缘格局论》则只有一步之遥了。有意思的是，胡塞尔在《经验与判断》中还提到了“信念概念”和“信念强度”，与我所说的“概率化生存”十分相似。他说：

任何时刻的一切外在知觉，在一般规定的确定性之内，都带有一诸特殊化的作用范围，在其特殊性中并无任何个例获得偏向。我们也可以说，对于一作用范围的一切开放的可能性均具有同样的偏向，它们都是同样可能的。这意味着，不会偏向其一而反对另一。在此也并不排除“非存在性”，这是可能的，但不会是被促动的。因此，外在经验的确定性可以说永远是一种有待于未来信息的确定性，是假定性的，虽然此确定性在经验进程中是需不断加以证实的。P240

正因为经验的确定性和未来信息的不确定性永远都是同在的，所以规定性判断和关系性判断是同在的，“是”判断和“有”判断是同在的，存在判断和真理判断是同在的，“述谓”判断和“前述谓”判断是同在的，因而，经验和判断在主体性中是多层次、多回合的。

胡塞尔在《经验与判断》中所指称的逻辑谱系学才能真正实现，而我将为谱系化金融所做的哲学奠基也才能得以实现。

§3 我生而遭遇，我生而面对，故我存在——概率化生存

我们先来学习熊十力《新唯识论·明心上》① 的一段话：

> 吾平生独持返本之学，唯求见自性。即本心或本体。须知吾人自性，虽一向被障，毕竟无有减损，却常在障碍中流露至诚无息真几。此真几即觉照是也。亦云性觉。吾人保任此真几，不断地保任，即是真几无穷的显发。孟子所云扩充，其义在此。才仗着他来破除障碍，因为他是自觉的，故可破障碍。而把自性中潜伏的圆满充周，无所不足的德用，此中用字，即指上文自性含藏万化而言。用字，即万化之代词。后仿此。源源地显发出来。这种显发，就个人生活上而言，他是破除障碍，而不断地创新。其实正是返本。因为个人的生活日益创新而愈丰富者，都是其自性的德用，不匮地发展。非若无源之水，骤形竭固。所以有本才得创新，创新亦是返本。这个道理，真是妙极。

如果将熊十力此处的“真几”视为个体亲缘格局的本真状态，而且这个“真几”是能够自我扩展的，是用来“破除障碍”的，上述论述真的是“妙极”了，尤其是其“返本开新”之说，有本才得创新，创新亦是返本，于是将亲缘格局之提升机理阐述得精彩：“保任此真几，不断地保任，即是真几无穷的显发。”

接下来，我们就此抛开“真几”“自性”“德用”这些过于体现中国传统学术的用语（包括佛家用语），而偏向采用现代西方哲学的说法，大致可以将“真几”之存在与扩展表述为：“我生而遭遇，我生而面对，故我存在。”这比笛卡尔的名言“我思故我在”有了相当大的延伸。虽然笛卡尔的“我思故

---

① 熊十力：《新唯识论》，中华书局，1999 年，第 583 页。

我在”在胡塞尔《笛卡尔沉思》[①] 一书中已经做了相当大的延伸，但仍然停留于认识论和本体论的范围。“我生而遭遇，我生而面对，故我存在。”这样的说法更加具备了哲学的动能，更加突出了主体的能动性和“事上磨炼”的实践性。

我生而遭遇，这是任谁也改变不了的现实，从出生那一刻起，各种人、物、事、理就会扑面而来。海德格尔把它理解为一种“被抛”的处境，无助、孤独，甚至绝望，看起来很残酷。儒家的看法要乐观许多，因为某个人（特别是男丁）的出生是家族“延续香火”的希望，家族传承的许多有形无形的东西会围绕在刚出生的孩子周围，给予 Ta 尽可能多的庇护，看起来温情脉脉。其实，无论在东方还是西方，孩子出生到长大成人的被抚养路径差不太多，所遭遇的人、物、事、理虽然有差异，也有许多共同之点，所以从《亲缘格局论》的观点看，海德格尔的那种无助、孤独、绝望的描述是夸张了，至少对于在家族庇护之下的少年儿童是如此。海德格尔出身于贫寒之家，年轻时只能在神学学校寄宿，可能更多的感受是“被抛”，但大多数西方文明社会的孩子可能不会认同这样的感受。这种“被抛”感受可能更多地出现在“长子继承制”盛行的西方中世纪那些被迫出去谋生的“非长子”身上。而在资本主义日益发达的当代社会，由于资本的洪流把一切人都卷入其中，而且加上政治和资本的结盟，“被抛”却是每一个成年人都会深刻感受到的，得而复失、阴差阳错的事情经常性地发生，人们常常感到没法把握自己人生航向，所遭遇的人、物、事、理出自非情愿的情况甚多。于是，如何面对诸多情势的问题，显得比农耕社会更频繁、更重要。

我生而面对，这个“面对”的态度和能力确实就因人而异，同样的遭遇会出现相当大的差别。对于人、物、事、理的“面对”能力也是个性特征非常明显，而且很大程度上是“天生”的。有的人天生就会“来事”，察言观色、面对人的能力特别强；有的人天生就心灵手巧，学习掌握某种器物的技能特别容易；有的人天生就善于处理各种事务，事情的先后缓急总是安排

---

① （德）胡塞尔：《笛卡尔沉思与巴黎演讲》（胡塞尔文集第一卷），张宪译，人民出版社，2008 年。

得有条不紊；有的人天生就善于思辨，对于理性化的东西不仅愿意思考，而且确实能出成效，等等。当然，我们在这里强调的主要不是"天生"的那些"天命之性"，而是后天生成的"气质之性"（朱子语）。但显然，"气质之性"的生成很大程度上是依赖于"天命之性"的。虽然现代科学尚未给出基因特质的合理解释，但是从人们生活中的常识和无数历史事实中作出判断，可以认定"天命之性"在人的亲缘格局生成中的基础地位，而且，这种基础地位就是家族亲缘格局延续之所以可能的根本原因[①]。

在认定"天命之性"在人的亲缘格局生成中的基础地位的同时，我们也承认，面对人、物、事、理的态度和能力与亲缘格局的提升是相生相成的，完全可以通过后天教养来进行改变"气质之性"。王阳明说"事上磨炼"，正是强调了"困知勉行"之后天教养的事实。阳明把《孟子·尽心》的"尽心"三节，即"尽其心者，知其性也。知其性，则知天矣。存其心，养其性，所以事天也。夭寿不贰，修身以俟之，所以立命也"，与《礼记·中庸》的"或安而行之，或利而行之，或勉强而行之，极其成功，一也"相结合，提出三种修养模式：

其一，尽心知性知天是"生知安行"，心之体即性，性之原是天，知天即知天之知，与天为一，尽心即知性而知天。

其二，存心养性事天是"学知利行"，"存心"指未能尽心或者说不能尽心，退而求其次则是"存心"，如果说尽心属于积极进取，那么"存心"属于被动防御，存之既久，不待存而自无不存，然后可以尽，"存心"有一个过程，在此基础上才可以尽。

其三，夭寿不贰、修身以俟是"困知勉行"，也就是说，生死夭寿有定命，此命不依人的意志为转移，既然人不能决定自己的命运，唯一能做的就是一心向善，修身以等待天命的安排。

在阳明看来，儒者根据自己的特点，采用以上不同修养工夫，皆能复归其性善之本体，展现"吾性自足"，达到性与天道的一致。当然，阳明的观点

---

① 近代以来，有明确的客家人谱系传承的在中国革命中涌现出大量的优秀人物，如太平天国诸多将领、曾国藩、陈宝箴、孙中山、毛泽东、叶剑英、陈毅、邓小平等等，决不是偶然的。

是从传统儒家的道德修养角度出发的，落脚点也是道德修养本身。我们所说的“面对事情本身”，那些事情远远多于道德修养的范围，但阳明说的“事上磨炼”完全可以拓展到道德修养之外的事情上。

遭遇往往是被动的，而“面对面”则只能是个体的主动选择，哪怕是消极地“面对面”也是一种“主动选择”的态度。在现象学的视域里，“横看成岭侧成峰”，它总是强调从不同角度、不同侧面去“面对事情本身”，这是对的，但我认为还不够，这是仅仅停留于理性的认识和观察，不是“用心”去面对。而事实上，每一个体在面对当下遭遇的人、物、事、理之时，由于既有的亲缘格局的存在，直观和判断几乎总是先于、至少也是同步于理性的认识、观察。康德和胡塞尔都曾详细论述直观经验和判断力的问题，黑格尔则认为面对一切事物都必须把握其概念。诚然，学习教养有助于理性认识能力的进步，但直观和判断当下事物的能力（“天命之性”占很大成分）并不必然来自于学习教养，特别是面对复杂事物（如经济金融方面之诸多具体情形、事务）时更是如此，如凯恩斯强调的“动物精神（animal spirits）”、熊彼特强调的“企业家创新”，首要的就是直观和判断当下事物的能力。

直观和判断的能力是“用心”去面对的前提，而每一次“用心”面对也都可能增强直观和判断的能力，也即在亲缘格局提升上进了一步。当然，亲缘格局的提升还有若干操作环节，如“无善无恶心之体”“乾坤并建”“理一分殊”“和而不同”等，这些都和直观、判断的能力相关，但是又不能相互替代[①]。从大的方面说，这些操作环节也是“面对面”的哲学方法和路径，统一于亲缘格局提升过程，但毕竟这些环节偏重于哲学态度，不是每一个人都能够或者必须经历的。

---

① “有缘来相认，无缘不入心”，我们生来就具有亲缘格局，而且处于不断生成之中，对于我们遭遇的种种人物事理，会瞬间实现对其有缘、无缘的判断，并通过一系列“操作路径”，实现新的亲缘格局。这种判断力是后续操作之所以可能进行的前提，它的层次之高低，奠基于物质生活水平（这个很重要，即古人说的“仓廪实而知礼节”），但肯定不止于此。奠基因素还有很多，其中有来自家族渊源的，有来自物质财富积累的，有文化教养的，还有纯粹情感、审美感觉差异的，等等。为什么要用亲缘格局来做人的价值评估？因为瞬间的判断可能会改变很多东西，差之毫厘，失以千里，所以世俗意义上的成功和失败很难说明人的真正价值。对人的价值画像要相对准确，必须用存在和时间共同决定的亲缘格局来衡量。有了这样的理解以后，即使这种外界人为的画像并不准确，我们作为自主的理性的个体，也会对自己的价值做出合理的判断，从而至少能维持住平和的心性。

作为有生命力和创造力的个体，在人生途中必然和诸人、物、事、理“面对面”，这就决定了人是概率化生存的动物。以“人”为中心的人、物、事、理的发生和存在，都必然地具有不确定性或可能性。一与多，一是无限（理一）、多是有限（分殊）[①]。作为个体的“我”总是有限、独立、多样化（和而不同）的，而且能够面对面遭遇的肯定是有限的人、物、事、理。因为从无限的“理一”来观察有限的现象，很大程度上要依靠想象力和判断力，所以才形成了证据链与信念度（即“理性信念的可信度”，简称“信念度”）的概率关系[②]（中国古话说的“仁者见仁，智者见智”）。证据链的形成是常规理性思维能力，反映事件发生的客观概率。“无善无恶心之体”则试图摆脱常规理性的束缚，想象力（人与物）由此开始进入，“多”事件（事）由此开始显现，“一”命题（理）由此开始发生，这些是现象学思维能力，反映事件发生的主观概率[③]。信念度取决于现象学思维能力集成的成果，与个体及其家族的亲缘格局[④]密切相关。于是，同样概率发生的事件在不同信念度的人那里得到的是不同的概率关系。这就是具有亲缘格局的个体人生之必然是“非各态历经”过程[⑤]的真相。

“我生而遭遇，我生而面对，故我存在。”这是在儒家“乐生”精神的底蕴之上，融合进了西方哲学和中国古代哲学（易学、佛学和阳明学）的内涵，从存在论或生活论的角度来看亲缘格局的提升过程，避免了以往儒家对于道德修养的极端性重视。很显然，现代社会的人不再相信道德或宗教力量的无限崇高，而更加偏重于从生活理性本身来理解个体生存和发展问题。事实

---

① 这里的一与多的论述源自巴迪欧的哲学。一与多是西方哲学的主要论题之一，我由此想到了它和凯恩斯《论概率》及其经济学的关联。参见本书附录一。

② 这种概率关系是在凯恩斯的《论概率》一书中首先阐发的。详见凯恩斯：《论概率》中译本，湖北科学技术出版社，2017 年。参见第三篇第七节。

③ 即信念度的量化，按胡塞尔的说法，它也是“客观”的，不同于基于心理学的主观概率，也不同于拉姆塞想象中的数学上的主观概率。

④ “天命之性”是其基础，因而“无善无恶心之体”对于现象学思维能力的集成具有根本性的意义。

⑤ 各态历经是一个企图把统计规律性还原为力学规律性的假说，于 1871 年由 L. 玻耳兹曼提出。他认为，一个孤立系统从任一初态出发，经过足够长的时间后将经历一切可能的微观状态。20 世纪初，P. 厄任费斯脱夫妇又提出了准各态历经假说，把上述假说中的“历经”修改为“可以无限接近”。各态历经（ergodic）一词来源于希腊字，原意是由功和路径两部分组成。

上，正是从生活理性本身、从概率化生存的本质来理解生存和发展事实，才更加强化了亲缘格局“日生日成”的逻辑。无论是成败、顺逆之境，都是概率化生存的某种结果，只要以恰当的方式去坦然面对各种遭遇，亲缘格局都可能处于提升的过程之中。这是历史上无数人物经验教训凝结的结果，比以往“成王败寇”的简单逻辑要强得多，也更加符合人性进化的事实。亲缘格局“日生日成”的逻辑是中国传统的“生生之谓易”的当代诠释。“山重水复疑无路，柳暗花明又一村”，对于长期受到乐生、重生的儒家传统思想熏习的中国人来说，人只要活着，就会有新的可能性出现，因此，自杀行为是不被提倡的。而且，自杀行为会被看作是怯懦的表现，是在家族传承的过程中不履行自己责任的表现。“身体发肤，受之父母，不敢毁伤，孝之始也。”（《孝经·开宗明义》）“未知生，焉知死？”（《论语·先进》）“天行健，君子以自强不息”（《易·乾·象传》）“朝闻道，夕死可矣”（《论语·里仁》）君子立于世，理应自强不息，乐生、重生与面对死亡的豁达同时并存，这是儒家的特质。

§4 价值重构之开端——死的必然性

我已经提及，《亲缘格局论》最初的激发点是客家传统的葬礼。孔子说“朝闻道，夕死可矣”，海德格尔说“向死而生”，那是哲学家们的说法。而普通客家人关于死的愿望却很实在、很简单：（在先人身旁的）一个墓穴、（在祖宗祠堂里的）一天法事①。在这里，我们看到了中华古老传统关于人生终极价值的一种理想：哪怕生前贫富差距非常之大，死后的“待遇”大致是平等的，即墓穴的豪华与否是不重要的，关键是要和先人在一起；法事的天数也是不重要的，关键是要有那么一场仪式。

我由此产生的关于亲缘格局的价值认定的设想，也因此而有了哲学和经济学上的意义，主要有：

---

① 如佛家的“道场”，基督教的临终忏悔和祷告。各种文化习俗下的葬礼很不一样，其蕴含的哲学意味当然也大不相同。

1、假使某人的一生一直都处于亲缘格局提升的状态[①]，他的临终的那一刻必将到达亲缘格局的极值；

2、子孙可以继承其财产，但其亲缘格局的继承之“量”相当有限（或者说某人死后的影响力对于后人的荫庇力度是有限的）。尽管如此，其亲缘格局的继承之“质”对于子孙的“天命之性”之生成具有不可忽视的重要性；

3、子孙的亲缘格局绝大部分还是来自于其本身的努力，以及其得自先人的才具、资质方面的遗传，而主要不是财产或声望方面的遗传。

也就是说，每一个体的亲缘格局大体都是其自身价值提升、重构的结果，而不是来自于先人的财产传承。如果这样的价值认定得以为全社会所承认和推广，则“人生而平等”这样的理想就有了基本落实的可能。就此延伸开来的哲学意义是：价值重构的开端就是死的必然性。

经过上述的价值认定设想，我们对黑格尔所特别重视的所谓“哲学的开端”有了更加深入的思考。黑格尔说：

> 开端是逻辑的，因为它应当是在自由地、自为地有的思维元素中，在纯粹的知中造成的。于是开端又是间接的，因为纯知是意识的最后的、绝对的真理。
>
> 开端必须是绝对的，或者说，是抽象的开端；它于是不可以任何东西为前提，必须不以任何东西为中介，也没有根据；不如说它本身倒应当是全部科学的根据。因此，它必须直截了当地是一个直接的东西，或者不如说，只是直接的东西本身。……所以开端就是纯有。
>
> 开端并不是纯无，而是某物要从它那里出来的一个无；所以有便已经包含在开端之中了。所以开端包含有与无两者，是有与无的统一；或者说，开端是（同时是有的）非有和（同时是非有的）有。[②]

如果从纯粹思维逻辑的角度来理解上述段落，黑格尔的“开端”是极为晦涩难懂的，但是将它用于理解我们刚才探讨的价值认定设想，则颇为顺畅而且有意义。在我们的设想中，某人生来是继承着先人的才具、资质等方面

① 这是儒家经典的思想，即“天行健，君子以自强不息。”——《易·象传·乾》。

② 黑格尔:《逻辑学》上册，杨一之译，商务印书馆，2015年，第54、55页。

遗传因子的，但从物质财富方面来看又基本不能继承[①]，这就是“(同时是有的)非有和(同时是非有的)有”。因为每一个体都有死的必然性，这才使这种“(同时是有的)非有和(同时是非有的)有”具有深刻的哲学意义，即我们每个人的人生都是一个开端，但这种开端又不是虚无的，而是纯有与纯无的统一体，是得自先人的遗传因子(或者说其亲缘格局的荫庇)使人免于“从虚无开始”。

黑格尔所谓“逻辑的方法”，实际上非常注重将具体的、历史的内容的融入其逻辑形式之中，而使“逻辑的枯骨”“通过精神，活起来成为内容和含蕴”。他说：

> 《在精神现象学》中，我已经就一个较具体的对象，即意识，提供了这种方法的范例。在这里，那就是意识的诸形态，其中每一形态在实现时，本身也一同消解了，结果就是它自己的否定，——并从而过渡到一个更高的形态。……唯一的事是要认识以下的逻辑命题，即：否定的东西同时也是肯定的，或说，自相矛盾的不消解为零，消解为抽象的无，而是基本上仅仅消解为它的特殊内容的否定；或说，这样一个否定并非全盘否定，而是自行消解的被规定的事情的否定，因而是规定了的否定；于是，在结果中，本质上就包含着结果所从出的东西；……它是一个新的概念，但比先行的概念更高、更丰富；因为它由于成了先行概念的否定或对立物而变得更丰富了，所以它包含着先行的概念，但又比先行概念更多一些，并且是它和它的对立物的统一。——概念的系统，一般就是按照这条途径构成的，——并且是在一个不可遏止的、纯粹的、无求于外的过程中完成的。[②]

以上关于意识诸形态的变化过程以及概念的形成过程的阐释十分精到，如果将它替代为亲缘格局的提升过程，也并无不可。人作为个体亲缘格局的存在，而非仅仅是作为能思维的人或拥有意识、概念的存在，“我”不断地在

---

① 比如资本主义进入稳步发展时期以后，西方企业家乐于做慈善，或者国家收取高额的遗产税，使得企业家们的子孙后代能够直接继承的物质财富非常有限。

② 黑格尔：《逻辑学》上册，杨一之译，商务印书馆，2015年。

生活中遭遇和面对人、物、事、理，“有缘来相认、无缘不入心”，不断地促进自身的成长。这是我所理解的辩证法，鲜活的个体及其家族生活中的辩证法。虽然黑格尔本人对宏大叙事情有独钟，未必会同意这样的“辩证法”，而且很可能会把它当成费希特、谢林那样的“以自我为开端”的哲学来进行批判。然而，在我看来，费希特、谢林的哲学有相当多的真理性，这要从个体出发的哲学立场才能对它们进行同情地理解，如海德格尔对谢林《论人类自由的本质》的解读那样①。

“学习哲学就是学会死亡”，这是历代哲学家们信奉的真谛。在很大程度上可以说，人类的宗教和哲学都在本质上源于对死亡的尊重或者恐惧。海德格尔宣称，是对去世，即对本真的死亡的领会搭起了一座由“非本真的在世”通往“本真在世”的桥梁。“日常生活就是生和死（之间）的存在。”②如王庆节所说：

> 真正的“死”并不是那种停留在人生旅程末端、即将来临而又尚未来临的“终点”，“死”标志一种生存在世之不可能的可能性。在面对死亡之际，一切“现实的东西”都失去了原先的价值，消隐不现。这也就是说，这时不再有任何可供逃避的地方可去。死是任何其他人都无法替代的，因为就其本质而言，死向来说是我自己的死，这种死是人无法逃脱的，而且每时每刻都有可能。在死的问题上，人们总是不知不觉地避讳自己的死，这显现出人类畏死的真相。“死”是逃不脱的，或迟或早，人总是要被“死”的震颤所唤醒。在死神逼近之际，人类反观洞见生存的本质——立足于自身而在世，返回到本真的“能在”上去。③

现在已经无从考证王阳明的“无善无恶心之体”是从何种境遇中、在什么样的思绪下提出来的，但是我们从阳明的生平中，他确实是经历了多次濒临死亡的考验，如被当廷杖打、被刘瑾爪牙追杀、在贵州龙场深山中受毒疫侵袭等，传说中他是在为自己准备的石棺中躺了数天后突然悟道的。《阳明先

① 海德格尔：《谢林论人类自由的本质》，薛华译，中国法制出版社，2009年。
② 海德格尔：《存在与时间》，陈嘉映、王庆节译，生活·读书·新知三联书店，2006年，第233页。
③ 王庆节：《解释学、海德格尔与儒道今释》，中国人民大学出版社，2009年，第73页。

生年谱》中这样记载：

> 先生始悟格物致知。龙场在贵州西北万山丛棘中，蛇虺魍魉，蛊毒瘴疠，与居夷人鴃舌难语，可通语者，皆中土亡命。旧无居，始教之范土架木以居。时瑾憾未已[①]，自计得失荣辱皆能超脱，惟生死一念尚觉未化，乃为石墩自誓曰："吾惟俟命而已！"日夜端居澄默，以求静一；久之，胸中洒洒。而从者皆病，自析薪取水作糜饲之；又恐其怀抑郁，则与歌诗；又不悦，复调越曲，杂以诙笑，始能忘其为疾病夷狄患难也。因念："圣人处此，更有何道？"忽中夜大悟格物致知之旨，寤寐中若有人语之者，不觉呼跃，从者皆惊。始知圣人之道，吾性自足，向之求理于事物者误也。

我想，阳明"龙场悟道"所悟的肯定不仅仅是格物致知之道（理），在数次面对死亡之后，"无善无恶心之体"的基本理念是很有可能因此引发的。我在《亲缘格局论》中将"无善无恶心之体"作为人们开始具备真正的哲学态度的起始，也正是基于把死的必然性作为价值重构之开端这样的考虑之上的。每次严肃地拷问自己关于"死亡"的真相，都有利于"无善无恶心之体"的重新激发。我本人并没有经历过像阳明先生那样的生死大考，但是在面对我母亲和父亲的死亡之后，我的心灵之受到的冲击是巨大的。我已经多次提及，在父亲的葬礼上理解"宙合"之道就是《亲缘格局论》的起点。

虽然前文说到的价值认定之三点设想中，我认为后代对于先人的亲缘格局之直接继承量很有限，但是我还是十分尊重客家人关于祖先会护佑后人以及风水荫庇等传统思想，从科学意义上这并不能作为哲学的成分，但在某种意义上却如同康德的"道德律令"一样，可以作为人们自觉提升亲缘格局的内在的精神动力。虽然现在还无法从科学上得出后代的遗传基因（"天命之性"）也会得自先人后天养成的那些素质（先人的"气质之性"），但至少先人的气质、风度等确实会对后代的精神气质产生深刻影响。当然，这种影响不可极端而言之，所以我称之为"有限世代的亲缘格局传承"（与"无限世代的

---

① 刘瑾，明正德年间宦官，得到朱厚照宠信，飞扬跋扈，无恶不作，是王阳明获罪、当廷受杖刑、被发配贵州的罪魁祸首。正德五年八月二十九日，刘瑾在午门被凌迟处死。

'宙合'之境"相对应)。

"有限世代的亲缘格局传承"可以激发人们自觉提升亲缘格局的内在的精神动力，这在经济学上的意义是非凡的。现代资本主义的实践表明，物质财富的传承机制以及国家重新分配财富的福利机制已经比较完善，如果仅仅考虑物质方面的各种因素，资本主义社会的持久存在是完全可能的。但是柄谷行人等日本学者的研究证明，像福山《历史的终结》[①]那样对资本主义的无限乐观态度是可怀疑的：

> 资本主义货币经济具有自律性的力量。但是，不管它怎样试图颠覆全部生产，最后依然只能是部分的，寄生的。因为有自身所创造不出来的、也无法随意处理的"外部"存在，即土地（广义的自然环境）和劳动力商品的承担者人类。正是在这里，国家和民族发生了关联。资本主义市场经济在有关人和自然的"再生产"上，民族和国家的介入不可或缺。宇野弘藏正是在资本自身无法生产出劳动力商品这一点上，发现了资本主义经济的"极限"。

宇野弘藏的说法很正确，即《资本论》里有经济危机的必然性而没有革命的必然性，革命属于"实践性"的问题。而这个"实践性"不如说应该在康德的意义上来思考，即对抗资本运动的运动是"道德性"的。反抗资本运动所带来的榨取、异化、不平等、环境破坏、女性歧视等的运动是"道德性"

---

① 瑞士《新苏黎世报》2017年3月18日刊载了对弗朗西斯·福山的专访，福山承认他关于资本主义民主政治的预想太乐观了。2005年以后，资本主义国家"走错了方向"。（本文转载自2017年3月23日《参考消息》第10版）

记者问：您撰写《历史的终结》时，世界正处于民主政治看似不可阻挡的胜利前进中。但这一趋势似乎出现了转向。

福山答：是的。这一趋势在2005年前后达到高潮，此后走向了另一方向。

记者问：到目前为止，有一个关键词尚未出现：金融危机。它也助推了民主危机？

福山答：人们确实依旧低估了（2008年金融危机）这一事件对历史进程的重要性。美国的银行危机以及欧洲的债务危机是精英阶层的杰作，也是失败的政治决策带来的后果。危机给普通公民造成严重伤害。而精英阶层则在很大程度上全身而退。因此很多公民对精英圈子的怒火是可以理解的。

记者问：但历史的终结还不会如此快地到来？

福山答：当初我写下《历史的终结》是要指出，我认为长期看，没有哪个替代方案比自由民主制度更出色。历史的终结推迟了，但目前这对很多人来说并非现实。我们现在实际上走错了方向。但历史的发展终将归于自由民主形式。我依旧对此深信不疑。

的实践。[①]

我从《亲缘格局论》的角度来理解上述段落，认为所谓资本主义经济的“极限”正是出自“有限世代的亲缘格局传承”这样的原理，也即：富足的物质生活有可能会使人们失去自觉提升亲缘格局的内在精神动力，生命力的扩张受到限制，创造力的萎缩势所必然。这比宇野弘藏说的“资本自身无法生产出劳动力商品”更进了一步，“有限世代的物质传承”使生命力和创造力受到了资本本身的抑制，但是精神气质、文化修养等亲缘格局要素的传承则有利于生命力和创造力像跑接力赛一样得到充分发挥，从而有可能通达“无限世代的‘宙合’之境”。

柄谷的这句话值得引起我们的高度重视：“资本主义市场经济在有关人和自然的‘再生产’上，民族和国家的介入不可或缺。”至于民族和国家的这种介入是以何种方式，在何种意义上是可行的，需要结合《亲缘格局论》的上述原理再做深入探讨。这里只提及客家人所承续的中华古老传统有可能是中华民族再凝聚、再出发的起点，而这个起点的“意义挖掘机”有可能就在《亲缘格局论》这里[②]。

列维－斯特劳斯认为人类有可能达到一种最理想的状态，即“一直在文化中建立更多的序，并不以社会中的熵的增多为代价”。他乐观地预言：

> 当文化完全承担起制造进步的责任时，社会将从千年的诅咒中解脱出来：以前为了获得进步，社会不得不控制人；从今往后，历史是历史，而社会，置身于历史之外，并超越历史。文化可能会重新拥有这种透明度和内部平衡，保存最完整的所谓的原始社会证明了它与人类的境遇并不是对立的。[③]

① （日）柄谷行人：《跨越性批判——康德与马克思》，赵京华译，中央编译出版社，2011年，第247、252页。

② 客家人在绵延千年的迁徙历史中保存和继承了内容极其丰富的古老中华文化，我深刻地意识到它与《亲缘格局论》以及未来可能实现的谱系化金融、共生共治经济学的关联，《亲缘格局论》第三部将试图做这方面的研究工作。

③ （法）列维－斯特劳斯：《面对现代世界问题的人类学》中译本，中国人民大学出版社，2017年，第79页。

§5 价值重构之必要载体——“父慈子孝”和“家国天下”（兼论《亲缘格局论》与“当代大陆新儒家”之不同）

当代中国哲学界有一个有趣的现象，不少研习西方哲学的人士都不约而同地“回归”到中国传统哲学特别是儒学这里，其中以张祥龙为代表。张祥龙早年研习海德格尔和胡塞尔现象学，深入探讨海德格尔哲学与中国“天道”之联系，现在则对儒学情有独钟。他说：

> 夫子是古今罕有的热思大师，所谓“热思”，相对于事后反思之“冷思”而言，即就于事情而正在发生进行之际而思之，所以‘此思’也必参与‘此事情’的构成，又被此构成而再造就，如此回旋不已，无可把捉、唯变所适而又递次分明，此乃“天命之生生不已”之切身义，“君子而时中”之紧要义。在此沸腾热思之中，夫子明悟到，不可于此生生境域之外去寻任何超越的原则和实体，不管天道、性命还是鬼神、兼爱，来刻舟求剑地规范此人间生命与伦常，而只能以此人间生活的家源头为根本，通过六艺使其生生本性充分开显，于此人道艺化处而得仁道、天道，此所谓“仁者人也，亲亲为大”（《礼记·中庸·章二十》）。
>
> 而此“艺化人道”的关键就是孝悌的引发和扩展。它既根据人类天性，又不离那些根源于此天性的礼乐教化和正治，以便开显出此孝悌里蕴涵的生存时义和时中良能。所以儒家以孝悌为仁德之本，绝非仅是提倡一道德教化的原则，而是因其深明人与世界的本性，去追根溯源、直探元亨而让万川映月、月又映万川的“无极而太极”之《易》举。环顾古今中外所有学说宗教，从未见有至亲至诚而泽人成人之深广灿烂而周行不殆者！

张祥龙此说可以说对儒家的称颂无以复加，而我作为早年研习中国传统思想文化、很晚才开始认真研习西方哲学者，对老祖宗的东西倒也不至于如此推崇。但我认为，张祥龙对“家”和“孝悌”的阐扬，确实是抓到了儒家的根本，而且具有很强的现实意义。他说：

> 儒家的本原生机既不只在心性，亦不只在制度，而是在两者还未分

离的家生活里。家既是人类制度之源（列维·斯特劳斯），亦是人修身达性之所（罗近溪）。修齐治平的发端在格物，即格此亲子家庭之物，由此才有致知、诚意、正心和修齐治平。此乃儒家的独得之秘，表面上平实简单，百姓日用而不知，但里面隐含着极其剧烈的发生机制，乃至因为投入这不确定的生生大潮中而要遭遇的多种可能——危险、偏离、寻回、再生。

张祥龙在此处文中引用的罗近溪[①]的话更加亲切可感，对中国人特有的"家国天下"作了情深意长的解释，值得在此再次引用（《明儒学案·卷三十四·泰州学案·近溪语录》）：

赤子出胎，最初啼叫一声，想其叫时，只是爱恋母亲怀抱。却反映着这个爱根而名为仁，推充这个爱根以来做人，合而言之："仁者人也，亲亲为大。"若做人的常是亲亲，则爱深而其气自和，气和而其容自婉，一些不忍恶人，一些不敢慢人，所以时时中庸。其气象出之自然，其功化成之浑然也。

乃叹孔门《学》(《大学》)、《庸》(《中庸》)，全从《周易》"生生"一语化得出来。盖天命不已，方是生而又生，生而又生，方是父母而己身，己身而子，子而又孙，以至曾（孙）而又玄（孙）也。故父母兄弟子孙，是替天命生生不已，显现个肤皮；天命生生不已，是替孝父母、弟（悌）兄长、慈子孙通透个骨髓。直竖起来，便成上下古今；横亘开去，便作家国天下。孔子谓"仁者人也，亲亲为大"，其将《中庸》《大学》已是一句道尽。孟子谓"人性皆善"，"尧舜之道，孝弟（悌）而已"，其将《中庸》《大学》亦是一句道尽。[②]

虽然我十分欣赏张祥龙和罗近溪等人对中国传统的"家"和"孝悌"的热情称颂之语而大段引用之，但《亲缘格局论》是站在智能时代价值重构的历史链条上来看待"家国天下"的，当然不可能一味推崇以往的思想资源，

① 即明儒罗汝芳，江西南城人，泰州学派代表人物。

② 以上几段文字均引自张祥龙《复见天地心——儒家再临的蕴意与道路》，东方出版社，2014年，第6、7页。

而是要对以往的思想资源进行利用和改造。历史无论是多么令人神往，毕竟终究是历史，回不去，也是无须回去的。

首先，我们要从中西方哲学的底蕴之比较来认识“家国天下”的深厚根基。张祥龙对这个问题是有所认识的，他谈到了海德格尔哲学与中国古代哲学的某种“亲缘”关系，但是海德格尔哲学的西方底蕴（我把它概括为“无性”“无情”）使其无法真正实现与中国哲学的通达：

> 它（缘在，Dsein）可以突破传统西方哲学中“主体”的抽象性，过上某种实际的生活，有了能使用工具、散步和说话的身体，很有语言天赋，而且（如海德格尔后期著作所表现的）还富于艺术品味和诗人灵感。但是，由于它与存在本身的特权联系，它又可以在某种意义上脱离人群的实际生活，而不必为这种脱离负责任。比如它（das Dasein）不必有性别，是中性的；它不必感到饥饿，与睡眠没有什么深刻的关联；也没有童年、老年，等等。尤其是，联系到我们这里的主题，它是无家可言的。它没有妻子或丈夫，也没有父母和子女，更没有祖先与家族，顶多有某种抽象的近邻（das Naehe）。

在很多哲学家看来，海德格尔哲学确实与东方哲学最为接近了，然而，如上所述，海德格尔哲学仍然延续西方基督教传统的“无性”“无情”，因而最终还是“无家可言”的，最终还是沦落到“无家可归”的境地。“语言是存在之家”，这样的说法，在我看来，只是一种隐喻，无法真正解决哲学“以人为本”的终极路径问题。而与此相反，中国人的“家国天下”是在两千多年前就已经解决了灵魂归依（“有家可归”）问题的，因而毫无疑问是真正的哲学[①]。我在前面提到客家人的葬礼以及由此引申出来的对死的必然性的超然（哲学）态度，就是一个显著的例子。

---

① 虽然黑格尔等西方哲学家有很强的优越感，认为中国人没有哲学。但事实上，无论是中国儒家的“家国天下”还是道家的“道生一,一生二,二生三,三生万物”等，都已经达到了很高的哲学境界，只不过我们的先人没有像德国古典哲学那样的抽象思辨或称“逻辑学”体系的哲学形态而已。在我们看来，“道”与“术”的分辨问题在哲学那里也是存在的，如果哲学不是着眼于抽象思辨的“术”本身，而是着眼于解决“人间正道”的方向与路径等“道”的问题，则我们不必拘泥于哲学形态。事实上，西方哲学的形态也是多样化的，且不说希腊哲学的那些残篇如诗的形态，有人说尼采、维特根斯坦的那样的哲学形态所表达的哲学思想不是哲学吗?

第二，张祥龙在其《拒秦兴汉和应对佛教的儒家哲学：从董仲舒到陆象山》一书中说：

> 时间是一个特别根本的哲学问题，时间感不是单纯的心理活动。相比于个人的内时间感受，血缘时间感是更活泼、更原本的，它与广义的存在论问题和其他哲学问题是息息相关的。海德格尔能从荷尔德林的诗里看到纯思想，认为其中最根本者就在于时间感，即对于正在来临的时间的历史性预感。对这种时间感的领会光靠西方的思想还不够，所以他诉诸老子，全文翻译《老子》第十一章，用来解释荷尔德林纯思想的独特性。①

张祥龙还在《孔子的现象学阐释九讲》一书前言中讲：

> 以前人们往往认为孔子思想的纯哲学含义不如后来的孟子、荀子、宋明理学那么强，比如孔子只讲了个‘性相近’，而孟子、荀子专门讨论心性是善是恶，到宋明理学更探讨天理之性、气质之性等等问题，那才是哲学。近代以来到港台新儒家基本都是这么看。我完全不同意这种看法，如果就现象本身谈哲理的话，孔子恰恰是最深刻、最精妙的哲学大师，他的境界是后来的儒家都没有真正达到的，当然这种哲学不限于观念化的哲学，而是更广阔意义上的。②

我基本同意张祥龙的上述看法，但我主要是从灵魂归依、家族传承等主观感受之“共通性”，以及它对于人的价值重构和实现的重要意义，来理解孔子为代表的原始儒家的哲学思想，在这一点上，原始儒家以及承续其传统的宋明理学主要人物的思想是一脉相承、完全一致的，并不能分出高下来。至于张祥龙从所谓原始儒家的时间哲学在董仲舒那里得到的“阐扬”，则完全是出于他自己的逻辑推理，我不能同意。原始儒家的哲学意义最重要的在于对弘扬人的价值的高举高打③，宋明理学的主要人物也正是继承了这一优秀传统，而在思想史上留下了浓墨重彩之笔。从董仲舒开始，儒家一众学子为他们对

---

① 张祥龙：《拒秦兴汉和应对佛教的儒家哲学：从董仲舒到陆象山》，广西师范大学出版社，2012年，第54页。

② 张祥龙：《孔子的现象学阐释九讲》，广西师范大学出版社，2009年。

③ 即孔子“人能弘道，非道弘人”（《论语·卫灵公》）的光辉思想。

政治的依附甚至卖身投靠找到了“合理”的借口，从此一发不可收拾，这正是两千年封建帝制中儒者的最大悲剧，岂能以所谓“时间哲学”来解释之？

第三，中国儒家对死的必然性的超然（哲学）态度是与其对“孝”的极端重视（如葬礼、守陵、丁忧等一系列仪式制度安排）相关联的，但从哲学角度看，“孝”的真正根基还是中国古人乐生、重生的生存哲学底蕴。“未知生，焉知死？”（《论语·先进》）“生生之谓易”（《易传》）“今之所谓孝者，是谓能养。至于犬马，皆有所养，不敬，何以别乎？”《论语·为政》这些儒家经典句子，生动地说明了“孝”不是一种形式上的仪式或制度安排，也不是儒家单纯强调的一种生命情感，而是若干真实的生命情感体验支持之下的维护家族繁衍生息以至于维持“家国天下”的价值体现。在原始儒家看来，生命的情感体验和价值体现是相辅相成的，在事亲（事君）、从兄、处友、仁民、爱物等一系列的生命体验中，真诚的情感融入其中，人的生命价值也由此体现。这一点王阳明在其讲学中十分重视，多次加以强调，如：

孟氏“尧舜之道，孝弟（悌）而已”者，是就人之良知发见得最真切笃厚、不容蔽昧处提省人，于人于事君、处友、仁民、爱物、与凡动静语默闲，皆只是致他那一念事亲、从兄真诚恻怛的良知，即自然无不是道。盖天下之事虽千变万化，至于不可穷诘，而但惟致此事亲、从兄一念真诚恻怛之良知以应之，则更无有遗缺渗漏者，正谓其只有此一个良知故也。事亲、从兄一念良知之外，更无有良知可致得者。（《传习录·答聂文蔚书》）

爱曰：“闻先生如此说，爱已觉有省悟处。但旧说缠于胸中，尚有未脱然者。如事父一事，其间温凊定省之类，有许多节目。不知亦须讲求否？”先生曰：“如何不讲求？只是有个头脑。只是就此心去人欲存天理上讲求。就如求冬温，也只是要尽此心之孝，恐怕有一毫人欲间杂。讲求夏凊，也只是要尽此心之孝，恐怕有一毫人欲间杂。只是讲求得此心。此心若无人欲，纯是天理，是个诚于孝亲的心，冬时自然思量父母的寒，便自要求个温的道理。夏时自然思量父母的热，便自要求个凊的道理。这都是那诚孝的心发出来的条件。却是须有这诚孝的心，然后有这条件发出来。譬之树木，这诚孝的心便是根。许多条件便枝叶。须先有根，然后有枝叶。不是先寻了枝叶，然后去种根。礼记言‘孝子之有深爱者，必有和气。有和气者，必有欲愉色。有愉色者，必有婉容’。须是有个深爱做根，便自然如此。”（摘自《传习录·徐爱录》）

无论近代以来的许多中国学者、政治家如何贬损儒家学术，但真正的儒者确实是真性情，从原始儒家的孔孟到宋明理学的朱熹、王阳明、王夫之等，都“讲求”并延续了这样的真性情。宋明理学的基调就是反对佛家的“无性”“无情”，有人抓住“存天理，灭人欲”这句话说明理学的“无情”，实在是大谬不然。从现代人性宽容的眼光看，“人欲”与真性情固然有一定的关联，但毕竟“人欲”在某些方面（如食、色作为“人之大欲”）接近于“兽欲”，以弘扬“大道”为使命的理学家力图贬低并压抑之，也是可以理解的。我一直认为这主要是他们对自身的心性修养要求，而不是对普通百姓而言的。假如对他们的这句话作“压抑人性”之理解，则肯定要从他们自己的学问中推出难以协调的逻辑矛盾，而且不符合儒家传统的乐生、重生之底蕴。

第四，从现代哲学眼光看，儒家的“父慈子孝”观念特别是将其延伸到“家国天下”，固然体现了人类的某种美好情感，但不是一个能够实现的完整逻辑链条。“父慈”更多地出于人的自然情感，即所谓“舐犊之情”人人有之，大部分动物也是有的，再不济也是出于一种道德义务，为了传宗接代必须呵护幼小生命的成长；但“子孝”则不然，人类并不天然地具有报恩之情。从人类学田野调查得来的很多事例，反而说明，人类在很多场合是要牺牲老年人，成全年轻人的。而“父慈子孝”推而广之到“家国天下”，则更是遭遇了许多现实的困难和矛盾，“自古忠孝两难全”。当然，我们在历史的长河中也看到了先贤们弥合这些逻辑漏洞和现实困难所做的诸多努力，比如在比较稳定的社会环境中，家族伦理和乡规民约对于规范人们的伦理教养起到了较好的作用。这种作用之所以发生的机理，应该属于博弈论中常说的长期博弈或重复博弈，即在长期稳定而且人员流动很少的乡村社会中，对父慈子孝、扶贫济困的倡导乃至对具有“家国天下”情怀和抱负的人的褒扬等等，都会起到正面的激励作用。而且，先贤们还通过组织义仓、祭田、修桥铺路集资捐款等形式，从物质方面也能帮助贫困家庭或学子，或者在乡村基础设施建设方面起到一定作用[①]，但我认为，这些作用不应理想化或扩大化，家族伦理和乡规民约的负面作用也是同时存在的，过于僵硬的家族伦理和乡规民约也会使部分处于弱势地位的群体感到受压抑甚至压迫[②]，所谓“强宗大姓”对于“弱宗小姓”的欺压也是经常发生的。

我在《亲缘格局论》第一部第一章曾经比较详细地说明了这种道德伦理逻辑的不完备所导致的困境和两难冲突对于儒家学说的负面影响。本书将继续从人的价值构成、评估和实现等方面阐述“父慈子孝”之可能性，以及推而广之到“家国天下”的可能性，其前提是跳出儒家传统的原始人类情感或义务的描述，而更多地着眼于人的自觉自愿地将“父慈子孝”和“家国天下”纳入其亲缘格局提升的过程，而且社会也鼓励这些良性的生成机制（即：有限世代的亲缘格局传承和无限世代的“宙合”之境）。这在很大程度上说明，我们期待实现《亲缘格局论》哲学的可操作、工序化、有动能，并以亲缘格局对应数字资产来实现新的货币金融体系的构建，这正是为了避免或弥合儒家传统道德学说的固有的若干缺省环节，也是超越西方哲学家“逻辑圆圈”的必要步骤。

张祥龙们正是在这里遇到了困难，他们试图以情感“回流”的逻辑演绎来实现“父慈子孝”的闭环，并试图以设立特区模式的儒家“社区”来实现旧儒家模式的“家国天下”，我个人认为这是一厢情愿，是更多地出自哲学家自己的逻辑思维习惯而得来的东西。至于像蒋庆这些人意图明显是想走所谓“上行路线”，自上而下倡导甚至强行恢复儒家原有的制度礼仪，则更可能贻害无穷，不可行。这些涉及《亲缘格局论》第三部——客家传统和共生共治经济学的讨论范围，此处不再详论。

---

① 这些是“谱系化金融”的雏形在中国古代的体现，需要进一步深入研究探讨。

② 如陈忠实的《白鹿原》中描述的诸多情形。

§6 价值重构之成果——现实主义和理想主义共存的亲缘格局

黑格尔的所有学术成果可以一言以蔽之，就是对现实性的高度重视①。他在《小逻辑》中说：

> 对表象来说，可能性最初显得是比较丰富、比较广泛的规定，而现实性则显得是比较贫乏、比较狭窄的规定。所以人们便说，一切都是可能的；但并非一切可能的东西因而也是现实的。实际上，即按照思想来说，现实性反而是比较广泛的东西，因为现实性作为具体的思想，把可能性作为一个抽象环节包含到了自身之内。②

作为“在亲缘中正在逐步完善或重塑自己的人”，现实性与可能性始终是并存的（如同尼采所说的“日神”与“酒神”之并存），但我们把“亲缘格局”作为个体价值重构之成果，必须首先把着眼点放在其现实性之上。而且，要对这种时刻在发生的价值重构之成果进行评估，我们也认为，必须根据人们的“行为果实”来进行评估。对此，黑格尔在《小逻辑》中也说得明白：

> 尽管在个别场合中恶劣的外在环境会使良好的打算无法实现，合乎目的的计划在实施时受到阻碍，但一般来说，即使在这里内部与外部的

① 这是我个人的理解。有些学者（如庄振华）认为黑格尔的精髓在于：“整体要求个体向它开放自身，反过来说，任何基于个体这一立足点之上的整体图景都会错失真正的整体。”“精神首先不是主观意识或其客观投射，也不是某个群体的精神氛围，而首先是客观的、真正的整体；世界也不是地理或领土意义上的一个范围，而是生活世界和公共的意义世界。”“精神就是世界，世界也只有作为精神才是真正的世界（在这个意义上说，动物没有世界）。”庄振华：《<精神现象学>义解》，中国人民大学出版社，2019年，第32页。

这些说法是有道理的，但深入一点理解，精神、世界、整体等等，都是基于黑格尔极端的现实主义观念，说到底，那是在一个资本主义巨大“铁笼”笼罩之下（如马克斯·韦伯所言）的整体世界，个体的精神力量是十分有限的。亲缘格局要得到伸展，必须打破现实的“铁笼”，即必须充分主张理想主义的情怀，使其能与现实主义共存。

② （德）黑格尔：《逻辑学：哲学全书·第一部分》（即《小逻辑》）§143，梁志学译，人民出版社，2017年，第258页。

本质统一也依然有效，因此我们必须说人的行为如何，人也就如何，并且可以提出福音书里的一句名言，即“你必须从他们的行为果实认识他们”，去反对那些自恃内在优越性而虚骄撒谎的人们。这句伟大的名言正像最初适应于伦理和宗教方面一样，也进而适用于科学和艺术方面。[①]

正是在这样的逻辑推理之下，黑格尔得出了他的名言：“凡是现实的都是合理的，凡是合理的都是现实的。”也正是在这样的意义下，我们可以称之为“极端的现实主义者”。和一般人认为的黑格尔热衷于抽象的逻辑思辨的印象完全不同，黑格尔在对很多历史和实践中的事物的看法都是采取极端现实主义的观点（在其《法哲学原理》、《历史哲学》等书中随处可见）[②]，而与康德所代表的理想主义划清了界限。但黑格尔本人可能并不会承认他的极端现实主义，因为他以“概念”的获得得到了所谓的“自由”和“解放”。他说：

……这样，概念也就是最难理解的东西，因为概念本身正是这种同一性。但现实的实体本身，即在自己的自为存在中不想让任何东西渗入自身的原因，已经屈服于过渡到被设定的存在的必然性或命运，并且更确切地说，这种屈服也是最难理解的事情。反之，对必然性的思维倒是这些困难的解决；因为思维就是思维在他物中与其自身的结合，就是解放，……这种解放就其自为地存在着而言，叫做自我；就其发展为自己的总体而言，叫做自由精神；就其为感觉而言，叫做爱；就其为享受而言，叫做极乐。——斯宾诺莎实体的伟大直观形象仅仅自在地是有限的

① 黑格尔在此处的“行为”“人”都加了着重号。（德）黑格尔：《逻辑学：哲学全书·第一部分》（即《小逻辑》）§ 140，梁志学译，人民出版社，2017 年，第 253 页。

② 黑格尔的现实主义源自于他对市民社会和政治经济学的通透理解，在这方面，他是马克思当之无愧的导师。因此，我在这里用“极端现实主义”来描述黑格尔哲学的本质，并不是要贬低他，而是承认黑格尔作为伟大哲学家的现实感是了不起的。但黑格尔对国家和资本主义“铁笼”之权力影响力的高度认可，却是我们无法认同的。毕竟我们已经从现代走到了“后现代”。

当代中国之现代性与“后现代性”相互交织，而且我们是站在中华古老文化滋养数千年的土地上，这就是问题的复杂性之所在，我们无法简单地认同任何一个西方哲学家、思想家或经济学家的观点，正是因为问题的复杂性。关于黑格尔、马克思关于市民社会的论述，拟在《亲缘格局论》第三部（客家文化和共生共治经济学）中详加探讨。

自为存在的解放；但概念本身却自为地是必然性的力量和现实的自由。①

这段话被黑格尔搞成了“最难理解的事情”，但是我们从“极端现实主义”的角度来理解它，却很简单。意思就是，面对任何窘境、困境甚至悲惨的境遇，人们都可以通过某种思维的极限点，在概念中得到极大的满足，一切的矛盾都将得以消解，从而获得了“现实性”，从而也就获得了自由。黑格尔举例说：

有道德的人意识到自己的行为的内容是必然的东西，是自在自为地有效的东西，因而很少感到自己的自由受到损害，以致自己的自由反而通过这种意识，才变为现实的和内容充实的自由，而不同于那种作为依然没有内容的单纯可能的自由的任性。一个受到处罚的罪犯可能认为加给他的处罚是一种对他的自由的限制；然而，这处罚实际上并不是一种使他屈服的异己力量，而仅仅是他本身的行为的显现，当他承认这一点时，他就表现为一个自由的人。一般来说，人的最高独立性是认识到自己完全取决于绝对理念，斯宾诺莎把这种意识和态度称为amor intellecctualis Dei〔对于上帝的理智的爱〕。②

即使是罪犯，也能感受到“自己的自由”，从而表现为“一个自由的人”。应该说，黑格尔这种说法在一定程度上是“合理的”，但不可极端而言之，否则就和基督教主张的“打你右脸，连左脸也转过来由他打”没什么区别了，这其实并不是“合理的”现实主义，倒可以称之为如同宗教鸦片一样的“虚幻的”现实主义。我认为，马克思可能就在这样的地方最不满意于黑格尔，理想主义在“思维”这里彻底地熄灭了。马克思评论道：

黑格尔认为，世界上过去发生的一切和现在还在发生的一切，就是

① （德）黑格尔：《逻辑学：哲学全书·第一部分》（即《小逻辑》）§159，梁志学译，人民出版社，2017年，第281页。

② （德）黑格尔：《逻辑学：哲学全书·第一部分》（即《小逻辑》）§158，梁志学译，人民出版社，2017年，第280页。

他自己的思维中发生的一切。……他以为他是在通过思想的运动建设世界；其实，他只是根据自己的绝对方法把所有人们头脑中的思想加以系统的改组和排列而已。[①]

对现实的不满和由此引发的斗争精神是理想主义的根源，这些是黑格尔式的“思维”和“概念”所无法替代和取消的。因此，总体而言，我更倾向于康德式的“理想＋现实”的“两分法”。在我看来，现实性和可能性并不是那么绝对可区分的，现实主义和理想主义并存是我们必须同时采取的看待世间万象的态度。于是，我在《亲缘格局论》中多处采取了“两分法”：比如，在遭遇人、物、事、理时，人们的自然态度和哲学态度都是可以采取的，因人而异，然而，在“无善无恶心之体”之后的若干操作环节并不是自然态度的人们所必须采取的[②]。又如，我们在价值评估机制中，对普通百姓和知识分子、机关职员和政治家、小商人和大商人的现实主义，理想主义标准的要求是不一样的。这虽然使评估标准的一致性遭遇了困难，但并不是不可以解决的。这也并不是排斥一般人的理想主义情怀，而只是在评估时会设置不同的维度和量值予以区分，从而体现价值重构、评估机制的多样性和动态性。

以“两分法”的观点来看待各色人等的业绩实现，比如对历史上的“伟大人物”的看待，我们自然就不能同意黑格尔所谓揭露其心理或其他阴暗层面就是小人物的“嫉妒心”或“学究式的小聪明”的看法。事实上，我们在承认伟大人物的伟大贡献的同时，也要清醒地看到，从亲缘格局的价值评估而言，伟大人物并不是普通人遥不可及的对象，伟大人物之成就是建立在数以千万计的普通人的牺牲奉献的基础之上的，这些成就永远只能在团队组合的意义上来理解，因而就个体亲缘格局而言，伟大人物和普通人之间至多也只是两三倍、四五倍那样的差距[③]。正如开国领袖毛泽东所言：“群众是真正的英雄，而我们自己则往往是幼稚可笑的，不了解这一点，就不能得到起码的

① 《马克思恩格斯全集》第四卷，人民出版社，1958 年，第 143 页。

② 正如“存天理，灭人欲”主要是理学家对自我心性修养的要求一样，并不必然是对普罗大众的要求。

③ 后文将给出具体的亲缘格局评估值的计算方法。

知识。”[①] 历史的事实往往是这样的：伟大人物体会并引导了群众对现实的不满，并用理想主义组织群众，在达到革命目标之后，伟大人物的理想主义转变成了现实主义，群众也开始满足于新的现实。世事变迁之后，群众又对新的现实产生不满，于是又可能出来新的伟大人物，如此周而复始。

“亲缘格局”作为个体价值重构之成果，需要着眼于其现实性。这是从社会学出发的总体要求，因为一个社会总归是要有某些稳定而可靠的价值评估的。而且，由于理想主义的东西带有浓厚的精神成分，这种处于高度模糊的状态，难以实现对它的有效评估。因此，对时刻在发生的价值重构之成果——亲缘格局，我们必须根据人们的“行为果实”来进行评估。但还是要强调，这样的评估机制并不能成为抑制理想主义（在和平稳定时期表现为创造性劳动）的借口。我在《亲缘格局论》第一部中专门辟出一章论“乾坤并建之‘理’”，也正是基于这样的基本认识。如我在该书 4.3.1.2 所说：

> 黑格尔说：“凡是现实的都是合理的，凡是合理的都是现实的。”这一名言和亲缘格局论从表面上看极为相似，但亲缘格局论产生于中国的土地上，当然与“现实即合理”的内涵有非常多的不同。每一个人的“现实”世界就是他的亲缘格局的存在之呈现。但人、物、事、理之“理”不是黑格尔意义上的绝对精神，而是和人、物、事统一于个体的亲缘格局之中的，和往圣先贤以及祖先、父母、亲友的亲缘格局相关联的，反映了社会现实中的常识及其内在规律的“理”。[②]

也就是说，我所说的“理”不再是黑格尔意义上的那种“思维”或“概念”，更不是什么绝对精神，而是人、物、事、理之“理”；“理”没有什么高不可攀的，和与其直接或间接相关联（可直观或思维）的人、物、事一样，都是人们时刻要面对和体会的东西。无论是对现实主义还是理想主义内容的价值评估，都要将“我”所遭遇的人、物、事、理一起纳入。而且，正是因为评估价值的需要，我们才“勉强”对亲缘格局的“日生日成”之过程进行切割。如《亲缘格局论》第一部 4.4 所说：

---

① 《毛泽东选集》第 3 卷《<农村调查的序言和跋>》。

② 陈玉京：《亲缘格局论：面向智能时代的哲学》，经济日报出版社，2018 年。第 67 页。

> 亲缘格局是我从海德格尔哲学与中国传统文化的亲缘中总结提升的概念，后来我又发现皮亚杰的发生认识论和怀特海的摄入论可以将亲缘格局的形成过程有所细化。亲缘就是作为个体的“我”和“我”在生命场域中所遭遇的人、物、事、理的关系，这关系可能是欲望的、利益的、情感的（道德的）、理性的（文化的）乃至灵魂的各个方面的关系。格局是“我”在生命延续的时间里具有层次和境界的结构。每个人终有一死，所以“我”存在的时间是有限的，有的在有限中满足，有的在有限中追求无限，这就使得亲缘格局在存在过程中具有变动不居的性质，但是在某一时间段又具有相对稳定性。
>
> 亲缘格局描述的是作为个体和主体的“我”在某一时间段内具有相对稳定性的那种状态。亲缘格局的相对稳定性使得我们对它的分析成为可能，但是严格来说，人在整个一生中的亲缘格局是绵延的过程，这个过程是完整的、不可分割的，只是为了分析，我们在一个时间点对它硬行切割。参照怀特海的说法，在某一时间之前的所有的人、物、事、理被“我”摄入，并成为一个整体，达到了“满足”的状态。[①]

理想主义对应的总是相对混沌的新的状态，对此，黑格尔并不是不承认，他只是试图将这些混沌状态尽可能地最小化，这也就是他所说的将“内容”引入逻辑的考察之中，于是“成为对象的，将不是事物（die Dinge），而是事情（die Sache），是事物的概念。他说：

> 这里也要记住，有的是大量概念，大量事情。这些“大量”之所以被缩减，一部分如前面所说，由于概念作为思想一般，作为共相，就对浮现于不确定的直观和表象之前的大量个别事物的极度缩写；一部分也由于概念首先它本身是概念，而这个概念只是一个概念，并且是实体性的基础；其次，概念诚然是一个有了规定的概念，它本身的规定性就是表现为内容的那种东西；但概念的规定性却是实体性的统一性的一种形式规定，是作为整体的形式的一个环节，亦是概念本身的一个环节，这个概念

① 陈玉京：《亲缘格局论：面向智能时代的哲学》，经济日报出版社，2018年。第67、68页。

本身乃是有了规定的诸概念的基础。这个概念本身是不能以感性来直观或表象的；它只是思维的对象、产物和内容，是自在自为的事情，是逻各斯（Logos），是存在着的东西的理性，是戴着事物之名的东西的真理；……①

也就是说，黑格尔充分认识到混沌状态的可能性存在，只是不承认或不能承认其“现实性”②。因为承认这些感性的直观或表象与“概念”的平等地位和作用（更别提那些“非理性哲学家”们所坚持的感性或直观“高于理性”的观点了），就必将损害其“逻各斯”哲学的完整性和纯洁性。这是黑格尔作为一个哲学家无论如何都不能做的。所以，我们在这里可以充分地确信，黑格尔不是不想要理想主义，而是不能要理想主义，他总是想方设法地把一切理想主义的“内容”纳入其“逻各斯”哲学体系之中，想方设法把它们消解掉③。因为黑格尔所一直害怕的是：

---

① （德）黑格尔：《逻辑学》上卷“第二版序言”，杨一之译，商务印书馆，2015年，第17页。

② 凡是不能纳入黑格尔“铁笼”一般的逻辑体系的，即被其“非现实”化，这里可知黑格尔所处的时代资本主义体系已经基本成熟，而且黑格尔希望这种资本主义体系更加强大、完整、完备。然而，事实上，黑格尔之后，资本主义确实得到了长足的发展，但是随着这种发展，哲学本身却进入了所谓“非理性”或“实践”哲学的黄金时代（以尼采、克尔凯郭尔、马克思等人为代表），而这种新的哲学在传统西方哲学的眼光里，无疑是哲学衰落的表征。不管怎么样，黑格尔的“绝对精神”显然无法包容现代资本主义发展的全部现实，这是毫无疑问的。如海姆在他的1857年作品《黑格尔和他的时代》中所说：黑格尔的哲学是此前一切哲学的终点。黑格尔的哲学已经被历史驳斥了，尤其是他的法哲学；历史不仅证明了法哲学本身，而且证明了黑格尔的整个哲学都是具有时代条件的，而且会随着时间的推移而失效。但黑格尔哲学的历史性式微同时又是哲学本身普遍衰落的症状。

（德）卡尔·洛维特：《韦伯与马克思》中译本，南京大学出版社，2019年，第145页。

③ 我们说黑格尔是“极端的”现实主义者，但却不是“彻底的”现实主义者，是因为以黑格尔为代表的西方主流哲学家一贯以“精英思维”自居，而且以西方哲学传统为唯一“理性”的思维传统，这在人类思想史上是经不起推敲的。事实上，每一次推动人类进步的思想变革，都是来自于某种“非理性”的思想跃迁。固然，我们不能否认这种跃迁奠基于深入事物本质的理性思考，但“本来的思维”有时却起到了更为关键的作用。固守西方整体性的思维，必然束缚创造力和生命力的充分发挥，这一点从尼采、海德格尔和维特根斯坦以及现代法国哲学那里可以看到反叛的迹象。其实，黑格尔本人对此也是警惕的，他一直强调“理性”低于“精神”的思维层次，而且“精神”和“科学”都有可能会趋于“僵固”（参见其《精神现象学》序言），但是为了建立完整的逻辑体系，黑格尔不得不在“精神”和“科学”中设立一个大大的圆圈，特别是因为其逻辑思维本身的缺乏持久的可操作性，使其所谓科学体系不可避免地走向了“僵固”，至少在现代哲学家那里大多数都认为黑格尔哲学是“僵固”的，而且都认为其哲学是以“抽象”代替了“现实”。这不能不说是哲学史上的一大吊诡。客观地说，黑格尔哲学是包容了“现实世界”的，而且在很多地方都闪现着现实主义的光芒，但由于他同时又极端重视“意义世界”的整体性，而且强调只有注重这种整体性，“现实世界”才有可能是合理的，因此，黑格尔哲学给后代留下了非常刻板的“唯理论”的印象。我在本书中强调其“极端现实主义”，正是为了打破这种印象，但我并不希望像有些人（如国内学者张汝伦、庄振华、卿文光等）那样对黑格尔重新唱起了赞歌。我们即将进入智能时代，已经跨越了“资本主义”黄金时代的整体性，难道还不能超越黑格尔的整体性吗？

我们是在为我们的感触、冲动、热情、利害之情（更不用谈习惯）服务，而不是我们拥有它们，更不是由于它们与我们处于密切的统一中作为手段而服务于我们。

黑格尔认定：

这些气质和精神之类的规定，立刻就对我们表明其为特殊的，而与一般性对立；因为我们在自身中，意识到这种一般性，在这种一般性中，我们有了自由；并且我们认为在那些特殊性中，我们倒是被拘束了，被它们统治了。①

黑格尔对感性的直观或表象看成是“特殊的”，和“一般性”相对立，他所希望的是“立刻”摆脱这些“拘束”人的自由思维的东西，而回到自由的思维领域：

假如我们寄身于感觉、目的、利害中，而在那里感到受限制、不自由，那么我们能够从那里回到自由的地方，就正是本身确定的地方，纯粹抽象的地方，思维的地方。……我们的思维必须依据概念而限制自己，而概念却不应依我们的任意或自由而调整。②

正是出于对其所谓“概念”思维的强烈自信，黑格尔把康德的“自在之物”视为空洞抽象的思想物，认为必须冲破康德对思维规定“作为外在形式”的限制，必须让“逻辑的本性”鼓舞精神、推动精神，并在精神中起作用，而不必满足于“仅仅是附着于内容的、无足轻重的形式”——“范畴”。他说：

这些范畴，当其只是本能地起到推动作用时，它们之进入精神的意识，还是零碎的，因而也是变动不定和混乱不清的，并且它们对精神所提供的现实性，也是这样零碎的、不确定的；纯化这些范畴，从而在它们中把精神中提高到自由与真理，乃是更高的逻辑事业。③

值得注意的是，黑格尔《逻辑学》“第二版序言”的最后提到了“伸缩性”思维态度的问题，但看起来他对这种“伸缩性”持保留态度，认为这种

① （德）黑格尔：《逻辑学》上卷“第二版序言”，杨一之译，商务印书馆，2015 年，第 12 页。
② （德）黑格尔：《逻辑学》上卷“第二版序言”，杨一之译，商务印书馆，2015 年，第 13 页。
③ （德）黑格尔：《逻辑学》上卷“第二版序言”，杨一之译，商务印书馆，2015 年，第 15 页。

思维的教养和训练“只有通过深入、钻研和实现全部发展，才能获得”，否则，一般具有“伸缩性”的青年人和成年人，很容易就会使其“‘本来的思维’（Selbstdenken①）迫不及待地显露自己”②，从而无法像柏拉图时代的听众那样“专心追随问题实质”。从逻辑思维本身的严谨性而言，黑格尔的担心确实不无道理。然而，对于我们在此构筑普通个体“亲缘格局”而言，本来就允许其“本来的思维”尽情地显露它自己，也就不必像哲学家一样始终在乎其“肤浅”还是“深刻”了③。“本来的思维”尽情地展露自己，意味着坦然面对人之“概率化生存”的现实，意味着人之所以为人，是有“天命之性”作为根基的，是始终具有提升“气质之性”（在《亲缘格局论》中，主要表现为现象学思维能力）的自信的。而且，当个体面对事情（die Sache）本身，我们更看重的是其所遭遇的人、物、事、理之全面、丰富，并从事情本身的全面、丰富中来寻找“深刻”的东西，寻找人本身的亲缘格局之价值所在。

在此，我们再次遭遇了上面提到的“两分法”，即，对于从事普通工作的人而言，不必总是强调其思想的深刻性，相反，我们还鼓励其“本来的思维”尽情地显露它自己；对于从事科学探索或哲学研究的人而言，则需要鼓励其思考的深入和原创性；但是，即使纯粹的科学或哲学研究，也不能完全排斥“本来的思维”，有时原创性就来自于“惊险的一跃”（即科学的理想主

① Selbstdenken，似可理解为浅层次的思维，但在人类现实活动中，浅层次的思维也不一定就是“低层次”的思维。在很多需要直观判断和即刻行动的政治、经济、金融、感情、艺术等活动中，“本来的思维”是管用的思维。

② （德）黑格尔：《逻辑学》上卷“第二版序言”，杨一之译，商务印书馆，2015年，第19页。

③ 从苏格拉底到黑格尔，西方哲学家们的“哲学家”意识是非常强的，他们认为“纯粹思维”的需要确实是人的高级需要，是精英阶层所为之事。作为哲学家研究哲学，本身就构成了他自己生命的整体，就不能不“把全部生命都奉献给纯粹的沉思”（亚里士多德语），而且这种纯粹的沉思往往导向的是一个自成体系的逻辑思维结果。这是西方哲学和科学之所以在近代以后得到长足进展的根本原因之一，我们当然不能鄙薄之。但我们站在人类整体发展的眼光来看，又不能不认为，哲学家的哲学眼光有时也是狭隘的，毕竟人类生活除了纯粹的思维，还有无数“本来的思维”。而且，从经济学的视角来看，人的消费习惯和投资能力等等，都往往不是用哲学思维来指导的，人类的很多生存技能、技术革新对于工人们挣钱养家是十分重要的，而且对整个经济的繁荣也是十分重要的。

对这一点，从事哲学研究的人往往缺乏自知之明。20世纪以后，西方思想界对此做了不少反思，也有不少新的成果，如胡塞尔的“范畴直观”、维特根斯坦的“家族相似性”、波兰尼（M. Polanyi）的“个人知识”（personal knowledge）和“意会知识”（tacit knowledge），库恩的“不可通约性”和“顿悟性认知”（the sudden recognition）导致科学范式的革命等。

义之实现，往往得益于奠基于理性之上的非理性思维）。也就是说，对于不同行业和思维兴趣的人们，其价值评估的着眼点和评估标准应该是不一样的，应充分考虑不同人群的理想主义和现实主义的成分，这样才能站在一定的超越的高度来达到不同人群之间的“共通性”。

第三篇　哲学的金融学转向：谱系化金融促进投资现象学走出新的开端

§1 康德“超越论思维”与马克思共产主义思想的“共通性”

我在上一篇谈到，理想主义和现实主义共存是我们在提升亲缘格局过程中价值重构的成果。柄谷行人在其《跨越性批判——康德与马克思》中对康德“超越论思维”的若干论述，有助于我们更好地理解上文提到的理想主义和现实主义共存的必要性。柄谷敏锐地意识到了康德促使“三大批判”之间紧密关联的重要概念——“共通感”，他认为，康德的“共通感”不可能限于对鉴赏判断力的范围。他说：

> 如果鉴赏共通感乃是随着历史发展而变化的社会习惯，那它便不会保证鉴赏判断的普遍性。共通感无论在历史上还是在现实上都是复数的。如果有普遍性，则必须是超越这些复数的共通感。那么，康德因此就不再去要求普遍性了吗？普遍性可以在其他领域找到，因此，我们只满足于艺术上的共通感就可以了吗？不，这样的看法当然是错误的。的确，康德区别了自然科学、道德性和艺术，但他在所有领域都“要求”普遍性。①

柄谷认为，康德在《纯粹理性批判》中引入了“他者”，这个“他者”是作为“物自体”而被谈及的。“物自体”反映的是主观的受动性，即承认“我”与世界、与“他者”都不是我们构造出来的东西，而是在与我们无关的情况下生成的，仅此而已，并没有什么神秘性可言。但是，“物自体”的展开是富有哲学意义的，它激发了“共通感”向“普遍性”转化的可能性，使知性的主观构造行为通过“物自体”这一“他者”的中介产生了某种超越的可能。柄谷说：

> 在《纯粹理性批判》中，康德的确是从一个主观开始论述的。但是，

① 柄谷行人：《跨越性批判——康德与马克思》中译本，中央编译出版社，2011年，第11页。

这并非因为忽视了其他的主观，而是在于他认为与其他主观达成共识或者共同主观性，不会产生普遍性。对于自然科学家康德来说，“先验的综合判断”（一般译作“先天综合判断”）并非易事，同时代的各种各样的假说相互撞击超越，乃是不言自明的事情。与他者达成共识无论怎样的众多也难保证普遍性的确立。共识只在“共通感”中可以实现并得到强化。如果有普遍性存在，那么，必须是超越这种“共通感”的东西。①

柄谷一再提示说，康德的这个“他者”并非神秘的东西，而是“超越论式的他者”。而我理解，柄谷所说的康德的“超越论式的他者”，已经超越了思维和哲学本身，而并不是像胡塞尔那样坚持试图用“超越论的自我”（一般译为“先验自我”）建构一个包含“他者”的“主体间性”的生活世界。正如柄谷所说的：

胡塞尔的现象学在终极上乃是一种唯我论②，由此出发是没有出路的。德里达在《声音与现象》中称胡塞尔的现象学为语音中心主义和西方中心主义的。这种批判不适用于康德。因为如前所述，康德的超越论式的态度始于“强烈的视差”③，与“他者”纠缠在一起。还有，胡塞尔从希腊以后的“西洋”这一场所来寻找根据，而康德则相反是彻底的世界主义的。④

柄谷提出了这样一个观点：胡塞尔虽然从康德那里借用了“超越论”（即“先验”）这个词，但实际上抛弃了康德。因而，胡塞尔的唯我论首先是一种方法论，他认为通过单子和单元的公共化即“主体间性”，“人类主观性的悖论——对世界是主观的同时又是存在于世界中的客观”，就可以得到解决，然而，胡塞尔精心构筑的“他者”，不过是“自我之变形”而已，这种“他者”

① （日）柄谷行人：《跨越性批判——康德与马克思》中译本，中央编译出版社，2011年，第14页。

② 我倒不是那么极端，而只是认为胡塞尔只不过陷于认识论和本体论的思维而不能超越它们，或者说尽一切可能去超越，却始终有认识论和本体论的残余。

③ “强烈的视差”，语出康德《一位视灵者的梦》：“我一向都是仅仅从我的知性立场出发考察普遍的人类知性，而现在，我将自己置于一种他人的、外在理性位置上，从他人的观点出发来考察我的判断以及其最隐秘的动因。两种考察的比较虽然给出了强烈的视差，但它却也是唯一的手段，来防止视觉上的欺骗，并将概念置于它们就人的物类认识能力而言所处的正确位置上。”《康德全集》中文版第6卷，李秋零译，中国人民大学出版社，2007年，第352页。

④ （日）柄谷行人：《跨越性批判——康德与马克思》中译本，中央编译出版社，2011年，第53页。

并不是真正的他者。而柄谷之所以强调康德的“先验”一词应译为“超越论的”，可能就在于这个真正的“他者”的存在，“先验”的说法不足于表现出这个“他者”的存在及其意义。他说：

> 《纯粹理性批判》不仅与主观性的反思性质不同，而且也不同于“客观性”的考察。（类似于笛卡尔、胡塞尔的）超越论的反思终究是一种自我省察，但同时这里引入了“他人的视角”。反过来说，这虽然是非个人式的考察，但又是彻头彻尾的自我省察。①

上述康德意义上的“超越论的自我”已经很接近我所说的“亲缘格局”了，只不过我更加强调“亲缘格局”的自我建构和重构的过程性。在“亲缘格局”这里，“自我”和“他者”（不仅仅是“他人”，而是包含人、物、事、理）永远纠缠在一起，直到生命过程的终点。

柄谷认为，在康德那里以“物自体”出现的“他者”及其“他者性”在达成“普遍性”时起了关键作用。他说：

> 康德通过“物自体”揭示了我们无法事先获得也无法随意内在化的那个他者之他者性。因此，他并不是在慨叹我们只能知道其现象的那种东西。相反，“现象”认识（综合判断）的普遍性只有在这样的他者性为前提的情况下才能成立。②
>
> 总之，我们不能因为理论的、实践的、审美的等等区别而忽视了康德所追究的问题。重要的是，康德的追求普遍性时一定要引入他者，而这个他者不是在共同主观性或共通感上可以与我同化的对象。这个他者并非神，而是超越论式的他者。这个他者并没有带来相对主义，而是只有在此，普遍性才能成为可能。③

在我看来，“他人的视角”这样的说法是不准确的，事实上，“物自体”（本体）作为“主体”的个体，不是某一个简简单单的“他者”之个体存在，而是一个“他者”之个体组成的“系统”，因而它不是某个存在者，而是

---

① （日）柄谷行人：《跨越性批判——康德与马克思》中译本，中央编译出版社，2011年，第19页。
② （日）柄谷行人：《跨越性批判——康德与马克思》中译本，中央编译出版社，2011年，第22页。
③ （日）柄谷行人：《跨越性批判——康德与马克思》中译本，中央编译出版社，2011年，第23页。

“作为存在者为无、作为运动则有”的X。这个X具有某种“超越性”，它作为“主体存在”具有清晰的现实内容，作为“主体非存在”又具有相对混沌的理想色彩，因而也就是理想主义和现实主义共存的成果。柄谷说：

> 他（康德）称，像笛卡尔那样思考“同一性自我的存在”，是“纯粹理性的错误推理”，但实际上，笛卡尔的“同一性自我存在”这一正题与休谟的“同一性自我不在”这一反题，正好构成一个二律背反，为了解决这个二律背反，康德提出了“超越论主观X”。

柄谷在此处插入一个脚注说：

> 康德称之为“超越论谬误推理”者，乃是把“作为存在者为无而作为运动则有”那样的东西（X）视为存在者来处理。但是，由此发生的假象，是由于“主体存在”和“主体非存在”这一二律背反，而自己暴露出其假象性的。所以康德自己虽然称其为“超越论谬误推理”，我则将此作为辩证法的问题来处理。①

在其《跨越性批判——康德与马克思》中，柄谷分别从数学、语言学、人类学、现象学、社会学和伦理学以及政治学等多方面论证了康德“超越论式批判”之意义，在此不再重述。这里引述他所得到的几个重要结论：

> 康德的《纯粹理性批判》看上去批判的仿佛是上一代的形而上学，而实际上批判的是同时代中以民族的形式复兴起来的理性之形而上学的冲动。他认为感性和悟性（一般译为“知性”）通过构思力可以得到综合，反过来说，这意味着综合只能是想象的。卢卡奇说康德未能超越二元论的断裂，其实正相反，康德是在已然确立起来的想象的综合上引入这种断裂的，这便是康德的超越论批判。②
>
> 康德的认识论和美学其“普遍性”是以未来的他者为前提的。同样，为使道德法则成为普遍的，这不单要形式化，还要预想到未来的他者。而这个他者同时也含有过去的他者（死者）的意思。因为，从未来的他者来看，我们乃是死者。

① （日）柄谷行人：《跨越性批判——康德与马克思》中译本，中央编译出版社，2011年，第21页。
② （日）柄谷行人：《跨越性批判——康德与马克思》中译本，中央编译出版社，2011年，第64页。

在这个意义上，康德的“批判”根本上包含着历史的问题。在人生的最后几年，康德从正面思考了有关历史的问题。但这并不意味着他态度的改变。即便这时，他依然采取了一种既理论的又实践的立场。在理论上，历史是无目的的，有的只是错综复杂的关系而已。研究历史的人不应该允许有什么例外。不过，所谓历史的意义和目的并不存在于这个层面上，这属于“实践”的问题。

康德在《判断力批判》中讲述的，即自然史没有目的而可以假定其合目的性，这种观点也可以应用于历史。人类历史没有目的，但可以容许人们假设这里仿佛有目的性。“这个进程并不是由善开始走向恶，而是从坏逐渐地发展到好；对于这一进步，每一个人都受到大自然本身的召唤来尽自己最大的努力做出自己的一份贡献。”①

柄谷说，正是在这样的意义上，康德的道德哲学从根本上是经济的，亦是政治的，因而有的学者把康德称作“德国社会主义的创始者”。“永远都把你的人格中的人性以及每个他人的人格中的人性同时用作目的，而绝不只是用作手段”，这是《实践理性批判》中的一句话，是典型的理想主义和现实主义共存思想的表述。因而，康德的这一道德法则，必然通向伦理社会主义（马克思把它延伸到共产主义——“自由人的联合体”）。柄谷在此处有一个脚注，说明了罗尔斯“社会正义”的思想变化过程，很有意思，可以为《亲缘格局论》导出的“宙合”之道提供一种解释：

当今的伦理学其占优势的是康德否定掉的功利主义。这种伦理学把善视为利益，仿佛可以计算似的。由此，伦理学被还原为经济学了。不用说，这是从肯定资本主义经济的立场出发的。对此，回归到康德的约翰·罗尔斯则提倡“社会正义”。但是，这结果依然是靠基于递增税的财富再分配来消解社会的不平等，充其量不过为福利国家或者社会民主主义提供了原理而已，并没有超越功利主义。在此，缺乏的是“不但以他人为手段同时作为目的来对待”的社会指向。不过，进入20世纪80

① （日）柄谷行人：《跨越性批判——康德与马克思》中译本，中央编译出版社，2011年，第87页。

年代，当罗尔斯开始倡导“康德式构成主义”时，让人感到他发生了某种决定性的变化（《正义论》法文版序言）。罗尔斯否定了以资本主义为前提的社会民主主义式的财富再分配的思考，强调必须改变导致贫富不均而使财富再分配不可或缺的那种体系。即，开始倡导一种以“财产所有的民主制”作为“资本主义的替代方案”。他称此为“自由主义的社会主义”。不过，蒲鲁东和马克思所思考的共产主义（联合）与此并没有很大的差别。而罗尔斯所讲的更为抽象一些，并没有提示任何具体的东西。但是，他这样如此转变思考，可以说是一个很好的现代的例子，即只要是回到康德的思考——不是从幸福和利益而是从“自由”去寻找伦理——就不可避免会达到共产主义（联合）。①

然而，仅仅从社会学或政治学的角度来思考康德与马克思的“共通性”，这是不够的，因为现代社会以货币经济为主导，缺乏对货币经济的透视，则不可能真正把社会现实以及未来走向说清楚。对此，柄谷行人是非常清楚的②。柄谷在《资本论》中发现了与《德意志意识形态》分析方法的根本不同，也即：人们通常认为《资本论》与黑格尔辩证法的相似点并不是重要的，重要的是与康德“跨越式批判”分析方法的相似点。在一定意义上，这种分析方法与弗洛伊德的精神分析方法也是贯通的。他说；

的确，经济危机乃是资本主义经济的痼疾，但同时它也是一种“解决”。就是说，资本主义由此将处理掉自己的问题，而不是因此而崩溃。这可以与后来的弗洛伊德所研究的歇斯底里病相比，他由此开始了自己的精神分析工作。对于患者来说，歇斯底里症状本身乃是一种“解决”，其结果是获得眼下暂时的安宁无事。但是对弗洛伊德而言，重要的不是

---

① （日）柄谷行人：《跨越性批判——康德与马克思》中译本，中央编译出版社，2011 年，第 89 页。

② 实事求是地说，我在构思《亲缘格局论》时并没有看到柄谷行人的书，但在《亲缘格局论》第一部成稿送出版社后，看到了《跨越性批判》，对柄谷同样以“替代性货币”来构思未来社会走向感到震惊。回头再认真阅读该书，发现《跨越性批判》哲学—伦理学—经济学的思路和《亲缘格局论》有很多相似之处，所以在本书中我大段摘录并简单评述柄谷的观点。当然，在柄谷的书中，没有发现任何中国古代哲学的痕迹，而我的《亲缘格局论》则以中国古代哲学的观点和表述为基调，这似可说明，《亲缘格局论》的解释（特别是哲学意味的解释）需要拿出柄谷的书来，而柄谷的书从根本上说和我的书还是有区别的。

> 歇斯底里本身，而是导致此病症的无意识的机制。不管人们是否患病，这个无意识机制都是存在的。同样，对于马克思来说，经济危机已经不是什么导致资本主义经济崩溃的东西，也并非必须去寻找对症治疗的病症。经济危机的重要性在于，它将暴露出平常被隐蔽着的资本主义经济的“真实”面。马克思试图通过经济危机所带来的“强烈的视差”来观察资本主义。
>
> 不用说，马克思在《资本论》中是依据黑格尔的逻辑学来叙述的。在此，资本类似于黑格尔的“精神”。但是，《资本论》不可能是对黑格尔做了唯物论式的颠倒那样的东西。把经济危机视为资本主义固有物的马克思，需要一种与黑格尔完全不同的视角。我称这样的视角为“超越论的”。因为，用康德的语言来说，经济危机乃是对试图超越极限以实现自我扩张的资本/理性的批判。果然如此的话，为了阐明这种资本的本能，超越论式的溯本求源就是不可或缺的了。我说马克思的方法与精神分析相似，原因也在于此。[①]

在柄谷看来，《资本论》论述了资本主义经济所具有的自律性的“力量”，这并非什么经济基础。可以说，阐明这种“力量”之谜，正是马克思一生要解决的课题。我认为，柄谷的看法十分独到，有必要再次引述其观点：

> 人们说《资本论》是历史性的同时也是逻辑性的。然而，我认为这意味着该书既非历史性的，也不是逻辑性的。一方面，《资本论》所叙述的历史与历史唯物主义的历史叙述不同。马克思所关心的，并非如恩格斯和其他人那样，从经济基础出发阐明历史的整体。他要观察的是由货币经济所构筑起来的历史。他发现，资本主义市场经济改变了全世界，其力量的源泉在于资本的自我增殖的本能（拜物教）。在这个意义上，马克思所叙述的历史是“逻辑性”的。因为，他主要是按照经济学的概念构筑起来的。另一方面，《资本论》中的经济学概念又绝非黑格尔那种在逻辑上自我实现的“概念”。在其发展之中总是有历史性的事件先行

① （日）柄谷行人：《跨越性批判——康德与马克思》中译本，中央编译出版社，2011年，第118页。

发展着的。例如，马克思在分析产业资本主义之前，对原始积累进行了长篇的实证考察。从商人资本到产业资本的转化，在形式上是从G—W—G’向G—（Pm+A）—G’的变形。但因此，必然产生生产手段（Pm）和劳动者的分离，即劳动力的商品化。这种转化，作为经济学的概念来看极其简单，但其发生必不可少地要有作为事件的历史过程。①

马克思发现了资本主义货币经济与国家实体（其关键的经济表现就是“信用制度”②）的紧密结合，同时这种结合又使劳动力的商品化成为不可避免的。“社会总资本”的激励和约束机制从根本上决定了“资本雇佣劳动”的基本格局，决定了资本主义的经济结构必然要维护信用制度下资本的自我增殖运动：

> 促进资本的自我增殖运动而削弱“卖出”之危机性的“信用”，强使资本无限地运动下去。总体来看，资本的自我运动如自行车操作那样，为了使“决算”无限地延期必须持续地操作。因为，如果出现了“终结”，信用就会崩溃。当然，也有“决算”的时刻突如其来的情况，这就是经济危机。经济危机即信用的崩溃，它只发生在信用得到充分发展的地方。但是，信用并不是单纯的幻想，也非意识形态。即使可以说货币经济形成了巨大的幻想体系，可这个幻想崩溃的时候，人们发现的“现实性的东西”仍然不是自然物，而是货币。③

在资本自我增殖的货币经济游戏中，重要的已经不再是所谓“经济基础”，而是资本主义货币经济与国家实体（其关键的经济表现就是“信用制

---

① （日）柄谷行人：《跨越性批判——康德与马克思》中译本，中央编译出版社，2011年，第121页。

② 关于信用制度，马克思这样写道：“建立在资本主义生产的对立性质上的资本增殖，只允许现实的自由的发展达到一定的限度，因而，它事实上为生产造成了一种内在的但不断被信用制度打破的束缚和限制。因此，信用制度加速了生产力的物质上的发展和世界市场的形成；使这二者作为新生产形式的物质基础发展到一定的高度，是资本主义生产方式的历史使命。同时，信用加速了这种矛盾的暴力的爆发，即危机，因而加强了旧生产方式的解体的各种因素。”——《资本论》第3卷，《马克思恩格斯全集》中文版第25卷，人民出版社，1972年，第499页。

③ （日）柄谷行人：《跨越性批判——康德与马克思》中译本，中央编译出版社，2011年，第185页。

度”）的紧密结合这样一种机制，而这种机制决定了资本主义经济的景气周期循环，也决定了剩余价值作为“社会总资本”之成果得以被实现。在马克思看来，劳动力（工人）本身的价值实现在这样一种资本主义体系中是没有半点主动性可言的，因而，资本主义经济危机周而复始，无法从根本上摆脱。唯一的办法是废除“私有制”，让无产阶级真正得到解放，才能打破这种资本主义生产方式的循环。

在《跨越式批判》及《世界史的构造》等书中，柄谷提出了一些不同于马克思解决资本主义经济周期问题的路径。很有意味的是，柄谷在《跨越性批判——康德与马克思》一书的最后，提出了“块茎型体系”（一种新的X），促使各类个体在消费者/劳动者的场域中达到“联合的联合”，以抵抗资本—民族—国家对于剩余价值的无穷压榨，甚至可能打破其牢固的连环。柄谷预示了替代货币出现的可能性，用以“废除”劳动价值（马克思已经有这样的说法，参见第三篇 §5 的注释），实现“各尽所能，按需分配”，创造出“可能的共产主义”。

柄谷的“废除”劳动价值①，可以让我们重新理解“按生产要素分配”的理论。这一理论看似对马克思劳动价值理论有所发展，也在一定程度上适应新的形势需要，但仍然存在逻辑不彻底不一贯的问题，而且即使在社会主义条件下，社会实践中生产要素②的占有仍然要受到公权力的干扰，从而造成某种极端不公平分配的结果，劳动（力）价值的真正实现同样受到“社会总资本”的强大约束。而在即将到来的智能时代中，消费、投资和生产可以统一起来考虑，这样就实实在在地出现了一种新的可能，人的价值评估和实现机制有可能得到前所未有的进步，并解决与之相关的分配问题。马克思的价值

① 我理解，柄谷这里所说的并不是真的“废除”劳动价值，而是考虑到了“无产阶级”劳动本身的层次分化，因此，他想要做点什么，使这种分化导致的后果最小化。西方资本主义进入起飞阶段以后，“无产阶级”的层次分化非常明显，而且在20世纪以来的社会主义建设实践中，人们也清楚地看到，“无产阶级”并不是铁板一块，特别是社会主义初级阶段，劳动价值的层次分化是显然的，各个行业、不同层次的“无产阶级”的劳动价值显然是不一样的。而且，在某些资本力量或公权力渗透的地方，这种分化可能还很严重。

② 现在有把数据当成新的生产要素之一的观点，我个人认为基于人的行为和价值的数据作为“生产要素”来理解是偏狭的，而且很容易被引导到歪路上去。“我的数据我做主”是《亲缘格局论》一直强调的主题之一。

理论植根于基督教和自由主义价值观念，即人生而平等。随着人类进步和中国儒学价值观念的融入，这样的价值理论有了进一步升华的可能：人生而平等，首先体现为生命个体亲缘格局起点和终点的平等[①]，而且每一个人在提升亲缘格局的过程中，还留下了与先人、后人相接续的亲缘格局。这样的亲缘格局生成之过程，既有现实内容，又有理想色彩，从而使“人生而平等”得以真正落实。这就意味着，人的休闲和消费同样也在为价值的生成、积累和实现过程做贡献，人（消费、投资和生产的过程）对自身价值的寻求也必然要为新产品的创造做出贡献，因而“生产要素”的定义本身就已经出现了问题。在“废除”劳动价值之时，以“亲缘格局”为基础的数字资产（货币）有希望更好地实现公平公正、有益于人类共同进步的金融资源分配机制，进而使人的价值的生成、积累、实现过程与社会生产、投资、消费过程同步进行。这就是我所理解的哲学的“金融学转向”。从历史的观点看，这种转向在马克思《资本论》和西美尔《货币哲学》那里已经开启了。

§2 马克思、西美尔开启的哲学之金融学转向

德国古典哲学到黑格尔那里似乎走到了尽头，哲学的实践转向从马克思开始，这是没有太多争议的。问题是，马克思开启的哲学转向转到哪里去了？哲学界普遍承认的成功转向是语言学转向，而不是马克思开启的实践转向。

我的理解是，很可能受康德的“理想主义”（建立伦理化社会主义社会）的启发，马克思开启了哲学的实践转向思路，他是在经济生活（具体而言就是资本运动）实现这一转向的。与一般的理解不同，我倾向于认为这实际上是一种金融学的转向，这集中体现在马克思对“抽象劳动”（人类劳动的等同性）与货币、资本关系的论述中：

> 人类劳动的等同性，取得了劳动产品的价值形式；用劳动持续时间来计量的个人劳动，取得了劳动产品的价值量形式；最后，生产者之间

---

① 请参看第二篇第四节关于价值重构的内容。

> 的体现他们的劳动的社会性关系，取得了劳动产品的社会关系的形式。P52
>
> 彼此完全不同的劳动所以能够相等，只是因为它们的实际差别已被抽去，它们已被还原为它们作为人的力量的耗费、作为一般人类劳动的共同性质，而只有交换才能完成这一还原，使极其不同的劳动产品相互处于同等的条件下。P53
>
> 在外在物的表面下，货币实际上掩盖着社会关系。从这个意义上说，每个商品都是一个符号，因为它只有作为在生产它时所耗费的人类劳动的物质外壳，才是价值。P71
>
> 资本是货币，资本是商品；但是实际上，价值在这里表现为具有自己的生命的自动的实体，这个实体不断地改变着自己的形式，也改变着自己的量，而且作为原价值自发地产出新的增长额，即剩余价值，最后自行增殖起来。P137[①]

《资本论》及其手稿就是马克思努力实现哲学之“金融学转向”的结果，只是他并没有得到最终的哲学成果，而基本上停留在经济学和社会哲学。我相信，如果当时马克思不是贫病交加，而是天假以年，而且让他生活无忧的话，马克思这个哲学博士出身而且深入关注社会现实的思想家是完全可以得到完整的哲学成果的[②]。正因为《资本论》并没有完整地进行哲学方面的论述，现代西方哲学对马克思开启的这一重要转向缺乏足够深入的认识，“金融学转向”迟迟无法得到展开。

事实上，马克思在《1857–1858 年经济学手稿》中已经显现出“金融学转向”的明确思路，但是对这部手稿思想内容的深度学术挖掘是近些年才出现的，如日本学者内田弘的“自由时间论”，他认为这部手稿的内在本质是

① 以上引自马克思《资本论》法文版之中译本，中国社会科学出版社，1983 年。

② 我个人理解，如果马克思彻底贯彻他的“金融学转向”的思路，而不是最终陷入了黑格尔那样“哲学圆圈”的话，那么他就会写出资本家、企业家的不同，写出“无产阶级”自身的层次分化，写出金融资本对于这些阶级和阶层分化所起的作用，等等。如此，则后来的马克思主义者对于马克思哲学思想的误解也许会少得多，世界共产主义运动所走的弯路也许会少得多。

将“作为文明的资本概念”与“作为未来社会标识的自由时间概念”结合起来，以展示“在资本发展中，自觉的个体从文明总体中重获自由时间的成长过程”；也即，“作为文明的资本概念的发生史”是“自由时间主体的形成过程”。中国学者吴瑞敏挖掘出了马克思关于“流通时间”的哲学论述：“流通时间不是决定价格的时间……相反，流通时间表现为起限制作用、否定的要素。因为，资本的必然趋势是没有流通时间的流通，而这种趋势又是资本的信用和信用业务的基本规定。”“劳动时间和流通时间的对立，特别是在这里当涉及通货历史等的时候，包含着全部信用学说。”[①] 没有流通时间的流通，而且全部信用学说都在此，这些放在当今数字经济的背景中，我们不得不钦佩马克思的天才设想！这进一步说明“财富和时间”对于马克思本人学术创造的极端重要性！“自由时间”包含了存在与生活圆融一体的丰富内容，从这里再出发，我相信是完全可以走出哲学的“金融学转向”的！[②]

我理解，比马克思稍晚的西美尔（Greog Simmel），很可能观察到了马克思《资本论》中的这一转向（马克思晚期的手稿，西美尔不可能看到），于是写了几大卷的《货币哲学》来回应。西美尔和马克思一样，也有非常深厚的哲学功底，尤其是精通康德哲学。他的学生卢卡奇说这是一部“印象主义”的巨著（说明他没有读懂其老师的书），后来在他写的《理性的毁灭》[③] 一书

---

① 以上转引自吴瑞敏：《财富与时间：<1857–1858 年经济学手稿研究 >》，上海世纪出版集团，2015 年，第 11、273 页。

② 《亲缘格局论》的时间观以中国儒家传统思想信仰为根基，是围绕个体及其家族的生成发展史展开的，并突出了个体在提升亲缘格局的过程中的主体地位。“文质彬彬　然后君子”“天行健 君子以自强不息”，个体主体性表现在两个密不可分的方面，即有限世代的亲缘格局传承与无限世代的“宙合”之境。相比之下，奥古斯丁的时间观是围绕个体的“现在”展开的，现世的一切烦忧最终都要交给上帝来开导，而上帝是“无情”“无性”的，未必能真正实现对现实个体的开导，这是西方思想传统逃不开的魔咒。

马克思的时间观是以实践为导向的，在《资本论》中的主要着力点是社会必要劳动时间与劳动价值的关系，但这种关系是以资本主义社会及其生产方式为基础的。在 1857–1858 年手稿即《政治经济学批判大纲》中，他提到了对资本主义的克服和对作为社会物质财富形式的价值的“废除”：“一旦直接形式的劳动不再是财富的巨大源泉，劳动时间就不再是，而且必然不再是财富的尺度，因而交换价值也不再是使用价值的尺度。”马克思在这里设想的是“后资本主义”的情景，劳动不再由社会所建构，绝大多数个体的劳动变得愉悦而自主，劳动时间逐渐成为个体拥有的“自由时间”。在我看来，“自由时间”包括了劳动和休闲时间，即预示了劳动和休闲时间同样创造价值的可能性。这为《亲缘格局论》基于中国传统思想的时间观的发展提供了丰富的精神养料。

③ （匈）卢卡奇：《理性的毁灭》中译本，山东人民出版社，1997 年。

中无情指责自己的老师。事实上，不仅卢卡奇没有读懂，所有的哲学家和经济学家都没有读懂，有些人看了一些热闹，说西美尔书中描述了很多货币经济中的社会现象，于是就把西美尔归到“社会学家”那里去了（正如很多人把马克思当成社会学家一样）。

我反复阅读西美尔《货币哲学》[①]，发现他搞的确实是哲学，而不是社会学。和马克思从黑格尔哲学出发不一样（马克思的理想主义取自康德），西美尔是从康德哲学出发研究货币经济的，但毕竟康德和黑格尔重叠之处不少，于是西美尔和马克思的很多结论也有类似之处，比如货币经济引起的人的异化，劳动力价值体现等等，但不能说他们是殊途同归。由于西美尔是个衣食无忧的贵族后人，而马克思晚年极为穷困潦倒，两人对于资本主义社会得出不同的结论是不奇怪的。马克思是要通过无产阶级革命推翻资本主义的统治，从而实现没有私有制的“自由人联合体”。西美尔则一直在说明价值实现过程诸环节的复杂性，说明货币经济的多回合、多层次之结构特征。

西美尔把经济价值本身安放在一种按原则确立的世界观中，以便以之为基础对货币的哲学意义进行考量，这样，他首先确立了他的相对主义价值观，将经济价值放在相对主义价值观之中进行考量。而作为经济体系里最活跃最稳定的价值表达体，即货币，它是抽象财富价值的表现。西美尔说：

> ……货币被定义为“抽象财富价值”了。作为一个看得见的东西，货币是从有价值物品本身抽象出来的经济价值的体现，其情形可以跟词语的发音相比：词语的发音虽然是一个声学、生理学事件，但它对我们的全部意义，都仅仅在于它所承载或者表示的内心意象。如果说客体的经济价值由可交换客体所达成的相互关系构成，那么，货币就是这一关系的表达。货币是抽象财富价值的表现，因为这一关系的事实是从经济关系，即事物的可交换性，分化出来的，并与客体相对之下而获得一个概念的——其本身跟一个可见符号交织在一起的——存在。[②]

货币体现了经济客体之间的各种比例关系。通过这样的比例关系，货币

① （德）格奥尔格·西美尔：《货币哲学》，陈戎女译，华夏出版社，2007年。

② （德）西美尔：《货币哲学》，陈戎女译，华夏出版社，2007年。

使这个世界联系更加紧密。而在这个过程中，货币的实体价值并没有起到多大的作用，更确切地说，货币的实体价值处于陷落的境地，而功能价值则上升为主要的价值，用以衡量一切。最终，货币只需要用一个符号来表达。当然，符号货币也会引来一系列问题，比如说政府的无节制印刷货币造成通货膨胀，同时当今世界的货币战争也因为货币的符号化而形成和加剧，但是这些并不阻挡货币的符号化趋势。

> 货币从其实际意义上讲，只是一种工具，一种手段，作为衡量物品价值的尺度，以及作为流通的中介，但是，现实的发展情况并非这样。在目的链中，货币最为倚重最纯粹的工具形式，它是一种制度，个人让自己的活动或者财富流入制度里，以便透过这一中转站实现他的直接努力无法达到的目的，这是货币的工具性表现。只要货币仅仅是工具或手段，它所表现的纯粹潜在的能量，就会凝聚成一个完整的力量和意义的表象，对货币的所有者产生相当于具体力量和意义的有利效果。但是，当我们越是彻底地把力量对准并集中在手段的制作上，时间链中唯有通过这些手段才能实现的最终环节，就会愈加可靠地得到实现。当货币作为手段的重要性增强之时，货币作为手段的价值也随之升高，直至上升到绝对价值的高度，并使目的意识确切地驻留在它的上面。这样，作为手段的货币，愈发成为人们追求的终极目的，并最终发展出了一些极端的事例，比如贪婪与吝啬、挥霍等。

从历史观点看，西美尔的对于货币的上述看法包容性强一些（如货币的抽象财富价值，货币的符号化、功能化，货币作为手段的极端形式引发的后果等等，不仅仅是马克思所抨击的货币“拜物教”），也像康德一样的谨慎。因为当时资本主义社会正处于上升时期的初级阶段，要对它做出完整准确的评判是不容易的。《货币哲学》并没有结论，只是对货币做各种各样的特征描述，所以卢卡奇说它是“印象主义”作品倒也不能说是错的。因为西美尔和胡塞尔是同时代人，个人关系也不错，他们的思想之间是否有交集，并没有切实的证据，但我个人判断，西美尔的“意识流”一样的写作方法应该是受了胡塞尔的描述现象学的影响。

《亲缘格局论》的写作时间已经到了二十一世纪，资本主义及货币经济的特征已经得到了比较充分的显露。但是我读了很多当代有影响的西方哲学家的著作，试图从前人那里找到一些根据（学术界一般认为，这是原创哲学之所能成为一门“学问”的重要前提），却没有发现任何一个哲学家继承了西美尔的路线。这确实是令人困惑而且遗憾的。于是，我只好将自己的思路往前接续到马克思和西美尔那里。这是有危险的，因为毕竟我们的时代和他们所处的时代已经发生了极大的变化。所幸的是，我们中国改革开放四十多年把以往数百年的资本主义社会的很多事都重新演练一遍，对马克思和西美尔所说的事实倒也并不陌生。

哲学的金融学转向是有基础的。因为货币是现代社会无处不在的、人人接受而且深受影响的“阿堵物（俗物）”。如果我们不是把哲学当成那种高不可及的高雅东西，而把货币当成“阿堵物”，我们会发现，原来货币与哲学可能会比任何社会现象与哲学的关系都更紧密、更深刻。问题只在于，货币经济如何能和哲学本身结合起来，而不是像西美尔那样搞得“两张皮”。在我看来，唯一的办法就是把人本身的价值用货币来计量，这在以往的世纪是不可想象的，而且极容易被当作把人当“物”来看待，那是马克思极为不满的劳动力卖价，以及当时还极为兴盛的黑奴交易。而事实上，到了二十一世纪的今天，我们有可能把人的价值的很多层面都计量出来，而不仅仅是把人当成“物”那样来计量，这是必须重视的一个新的事实。

在现代生活中，我们需要跟各种各样的人、物、事、理打交道，这些因素需要浓缩成为包罗万象的符号以用于筹划和考量，从而确保“用上了全面广泛的实际细节”进行操作而得出的结果，以便使其结果可以视为适用于一切细节。因此，在数字资产（货币）与亲缘格局价值相对应的操作中，有一个重要的哲学抽象问题必须解决，那就是“非存在者的存在性”。如果不解决这一问题，我们就有可能把亲缘格局的评估和实现复杂化、零碎化，从而无法理解它对个体及其家族而言始终是一个整体。

如柄谷行人所说，康德的“三大批判”都指向同一个目标——建立伦理化社会（社会主义），而且康德的伦理是个体与他者（未来的他者和过去的他者）相融合的主体性的展现。

实际上，共产主义必须是把他者用作手段同时也用作目的的社会。这样的社会，通过改变那种使“不能把他者单纯用作手段，还要同时用作目的”的社会难以实现的社会系统，才能建立起来。换言之，正是在这里，才可以产生出“资本主义之扬弃”这一理念。①

而马克思所说的“人是一切社会关系的总和”，按照柄谷的理解，则是受到施蒂纳《唯一者及其所有物》的启发。柄谷是这样理解的：

> 我的本质只能是这种一切社会关系的总体。但是，“人”这一想象的观念，却会消除一切社会关系。同时，我将是与被这些关系所规定的“本质”不同的“实存”。在消极的意义上，我的“实存”便是“无”。但正是这种实存有可能对被给予的诸种关系性提出异议。这正是施蒂纳所说的“唯一者”。……正如施蒂纳将所有关系放到引号中而抽取出“这一个我”的绝对性那样，马克思抽取出了任何意志或者观念——尤其是人的观念都无法抹消掉的关系之绝对性。在《资本论》中，他始终贯彻了这种认识。即，把个人仅作为置身于一切关系中的东西来看待的彻底的视角（自然史的立场）。②

柄谷所理解的康德和马克思的哲学，强调了由“物自体”思维引发的对于“非存在者”的存在性（即上文所说的“关系之绝对性”）的思考。我认为，柄谷的这种思考具有重要意义，它再次说明了“亲缘格局”之作为人的价值存在的必然性以及思维它的可能性。亲缘格局就是意识、自我、人格的集中体现，它具有“非存在者”的存在性。货币同样具有“非存在者”的存在性，如同西美尔在《货币哲学》中所说：“这就是货币的哲学意义，即货币是一般存在表达形式在实践的世界之中最明确的形式，最清晰的实在。以此为依据，事物互相从对方获得各自的意义，并在关系的相互性中飘摇，营造出自己的存在和显在。”货币渗透在经济活动的链条中，支撑着经济活动链的连续性，而且其本身在这一链条中彰显了价值。“随着对交换手段和价值

① 柄谷行人（日）：《跨越性批判——康德与马克思》中译本，中央编译出版社，2011年，第89页。

② 柄谷行人（日）：《跨越性批判——康德与马克思》中译本，中央编译出版社，2011年，第134页。

尺度不断增长的需要，货币日益从等价关系之中的一个环节变成了等价关系的表达，并因此越来越独立于其实体价值。尽管如此，货币还是未能把实体价值的最后一点残余摆脱掉。”[①]我正是在这种“非存在者”的存在性上寻找到货币与亲缘格局之价值的相互对应的。在即将到来的智能时代，数字资产（货币）作为最为抽象的金融产品，如果真的实现了其与亲缘格局价值的对应，将有可能把货币的实体价值的“最后一点残余”摆脱掉。

“非存在者”的存在性是哲学的“金融学转向”必须突破的思维点，除康德和马克思的哲学外，对于这个点的突破必须奠基于现象学。胡塞尔的现象学对意识、自我、人格等都有深刻的洞见，他彻底改变了人们自然而然的思维态度。我近些年认真研读了胡塞尔的若干本原著，并翻阅了相关权威作者的二手解读。我感到，在我年轻时候就研习的中国传统儒家哲学[②]的基础上，《亲缘格局论》把胡塞尔研究的“对象”（与“我”关涉的万事万物）集中到了“我”本身，而现象学“面向事情本身”的研究方法则仍然保留，这样就有助于清除我所认为的胡塞尔挥之不去的“认识论残余”，更有助于实现儒家心性论的超越。“我”所遭遇的人、物、事、理都被摆在了一个平面上，也有助于实现对以往各种“规范之理”的还原，并在同一过程中不断涌现“自得之理”，从而渐次打开人们的思维视域和人生境域，使亲缘格局的呈现越来越清晰、越来越立体化。

顺便提及，“非存在者”的存在性对于理解数字资产（货币）的革命性是非常重要的，有些人在研究区块链数字金融时往往采取简单化的自然态度，说什么“人即货币”。如果只是口头上说说倒也无妨，但作为学术探讨是很不严肃的。“人即货币”，这是过于通俗的说法，从哲学角度来看，应该从“非存在者的存在性”出发，把货币与人的实体功能和价值都消解掉，使数字资

---

① （德）西美尔：《货币哲学》，陈戎女译，华夏出版社，2007年，第85、119页。

② 儒家的“修身齐家治国平天下”在宋明理学那里得到了哲学上的提升，以朱子学、阳明学以及王夫之的学问最为显著。“无善无恶心之体”“乾坤并建”“理一分殊”和“和而不同”，这些儒家专用术语在这几位先哲那里都具有了明显的哲学意味，亲缘格局论是站在这些先哲的肩膀上才能生发出来的。更为重要的是，儒家先哲们都强调“知行合一”，他们自身的亲缘格局因为长期践行儒家哲学而提升到了很高的高度。如先贤颜回赞叹其老师孔子所言：“仰之弥高，钻之弥坚，瞻之在前，忽焉在后”。虽不能至，我辈心向往之！

产和亲缘格局相对应。简单地说"人即货币"，会产生很多逻辑矛盾，而且从历史观点看，和奴隶买卖、资本主义劳动力的买卖无法区分开来。

如我一直在倡导的："亲缘格局"及"宙合"可以用数字资产（货币）来对应，进而很可能出现一种新型的共同体——马克思将它称为"自由人的联合体"——因比特币的产生而重新激发的"谱系化金融"来连结的人的价值实现之共同体。为什么说是重新激发？因为我们自古以来就有重视人本身价值的哲学，只不过没有直接归本到货币金融这个现实源头而已。在《亲缘格局论》哲学操作性的若干环节，谱系化金融都可以接入，针对不同层次、不同分工和职业、不同趣味的人有相应的接入端口。这是我们在哲学之"金融学转向"过程中要深入研究的，容我慢慢道来。

§3 哲学寻找新共识机制的活动"具像"和"量化"的可能性

理查德·罗蒂是"出污泥而不染"的当代哲学家的典型，其代表作是《哲学和自然之镜》[①]。罗蒂本来是美国学院派哲学的追随者，但从维特根斯坦和海德格尔那里找到了彻底摆脱分析哲学、语言哲学乃至整个西方哲学传统的武器。在罗蒂看来，维特根斯坦的前后期哲学的趣味差异体现了语言哲学发展的两个基本阶段：一是建设性的阶段，它试图以语言（逻辑空间）取代心灵和经验的方式，保持哲学这门学科的纯洁性和第一性；二是批判性和"治疗性"的阶段，它试图一劳永逸地解决哲学问题，从而终结了哲学这一学科本身（就其学科性而言）。而对海德格尔，他表示充满了对晚年海德格尔的敬重，也就是对其"语道人生"和"诗意人生"的敬重，哲学异化成了诗与语言的艺术。

罗蒂对哲学的绝望情绪遭到了当代西方学院派哲学的围攻，但无论是罗蒂还是赞同他的人、围攻他的人都找不到哲学真正的出路在哪里。作为哲学家，却说哲学无处可去，这本身就是反讽。与之相对照，《亲缘格局论》则把

① （美）理查德·罗蒂：《哲学和自然之镜》中译本，商务印书馆，2003年。

哲学当成面向智能时代寻找新共识机制的一种活动，尽管它不是唯一的活动，也不一定是“最高级的”那一种，但毕竟是必不可少的那一种。

《亲缘格局论》从根本上抛弃了以往康德哲学传下来的“表象论”，而将“表象”代之以对人、物、事、理的遭遇，进而影响了个体亲缘格局的提升——这么一种不断反身重构的过程，或者叫哲学活动。“我”与人、物、事、理的遭遇可能是单向的，也可能是组合的，因人、因情境而异。如面对同一人，我和你的态度和方式方法有可能会完全不同。这样的“行为”与“活动”情景之复杂程度，与康德式的“表象”确实不可同日而语，即使是胡塞尔的“现象”也不一定能比。“面对面”遭遇人、物、事、理的活动之后，“有缘来相认、无缘不入心”，这也不是单纯的认识活动，而是类似于中国传统哲学的“体验式思维”活动。这种体验不是一次性完成的，无论是“有缘来相认”还是“无缘不入心”的东西都不是绝对的，因为它们很可能在人生的另一个阶段中呈现出别的形态，类似于弗洛伊德的潜意识那样。接下来的“无善无恶心之体”“乾坤并建”“理一分殊”和“和而不同”诸环节，这些也不是认识活动，而是不断循环往复的哲学操作过程。在这样一些哲学活动和哲学操作中，个体和群体在“交互活动”中产生理性、非理性的各种交往，进而产生新的共识机制，以维持日常生活和工作的正常进行。

在以往的时代，共识机制的形成或多或少是必须借助于“强力”的，诸如宗教信仰[①]、思想教育、文化宣传等都起到一定的作用。进入资本主义社会以后，货币经济对于价值共识机制的形成产生了巨大的推动作用，钱能通神、钱体现一切价值，这在当代社会是不言而喻的。正如西美尔《货币哲学》中所说，货币泯灭了一切个体性（因为一切价值都用钱来衡量），然而又在某些方面充分发挥了个性（因为人必须靠自己的劳动产品来交换其他人的劳动产品，在机器大生产之外还有大量个性化产品空间）。但是，以货币经济为主导的价值共识机制造成了事实上的贫富分化越来越严重（导致个性价值的坚守越来越困难），而且不断诱发金融危机，这也是尽人皆知的。

① 世界各大宗教，特别是基督教，在其历史发展过程中，有很多布道者努力让人们去信仰它们，当然也不可否认，很多历史事实都说明了“强力”支持下的非自由信仰，如“十字军东征”、宗教裁判所等等。

《亲缘格局论》倡导的那些哲学活动和哲学操作的结果，有可能造成的是多层次、多结构的共识机制，它不同于以往金字塔式的共识机制，而是由各种行为、意识支撑而组成的拓扑结构。如“我是中国人”这样一种共识，以往它是建立在比较强烈的民族主义特别是大汉民族意识之上的，南宋抗元、明末抗清和民国抗日战争的历史都表明，单一的民族主义意识在面对强敌入侵的时候并不是那么坚不可摧。改革开放四十多年后，中国经济取得了巨大进步，中国人的自信恢复了，“我是中国人”包含了“道路自信、文化自信、制度自信、理论自信”的丰富内容。而当年美国建国初期，“我是美国人”那样的共识，则不仅仅只有民族主义意识（事实上当时的美利坚民族意识是很薄弱的），而更多的是对于美国这么一个国家整体利益的认同，对于宗教自由和政治自由的信念，以及他们每一个体有可能因为回归英国殖民地而遭遇利益损失的恐惧等，这些共识（托马斯·潘恩称之为“常识”）使美国的独立战争的胜利成为可能。同样的，《亲缘格局论》共识机制的形成也是基于价值多元化之上的多个路径而取得的一致倾向，殊途而同归，并不强求具体行为和活动过程的一致。这样一种共识机制的形成借助于区块链数字资产（货币）的积累可能最为便利。如果哲学成为这样一种寻找新的共识机制的活动，则哲学的实践转向（在智能时代，是“金融学转向”）就有了坚实的基础。哲学的学和用，在此将得到真正的统一，这是中国哲学家一贯追求的体用不二、体用一源。

当代哲学界普遍承认的成功转向是语言学转向，而不是马克思开启的实践转向（含有“金融学转向”的内容）。和马克思的思路类似，西美尔通过大部头的《货币哲学》阐述了哲学之“金融学转向”的若干思路，现在读来还颇有启发性。然而，毕竟现在已经到了二十一世纪，互联网信息技术的巨大进步使“金融学转向”的哲学有了操作的可能。在我看来，面向智能时代的哲学是可操作、工序化、有动能的，哲学成为一种寻求新共识机制的活动。对此，当代美国盛行的语言哲学和分析哲学提供了一些可用的工具。如罗伯特·布兰顿在其《使之清晰》一书中提到的“计分”法就是一例。

布兰顿说，计分的构想最初来自另一个美国哲学家刘易斯，后者用棒球比赛计分的形式探讨了对话分数在对话进程中的变化。布兰顿的借用是用来解释一组社会实践必须呈现什么样的结构才能具有声称或断言的意义。布兰顿认为，我们是实质上参与到“给出与寻求理由”的实践活动当中的存在者。他说：

> 当我们相互要求给予解释的时候，我们就在彼此之间为一切所作所为担负起责任。我们让自己为理由所打动，这就是说，让自己“以更好的论证约束力”赢得支持。凡是我们运用概念，凡是我们服从推理性思想的语义规则和规范的时候，我们就活动在“理由空间当中”，也正是在这个空间当中，理由才算是理由。①

布兰顿指出，棒球比赛与“给出与寻求理由”的活动之间存在着这样的关键区别：后者的计分是视角性（perspectival）的，也就是说，“没有两个个体拥有完全相同的信念或承认完全相同的承诺。分数不仅是为（for）每个对话者计算，而且是由（by）每个对话者计算的。”（Brandom，Making It Explicit，P185）“说话者—解释者”是一个对子，每个解释者在评估说话者的断言时会考虑到说话者没有考虑到的条件和后果，解释者的推论和说话者的推论是不对等的。也就是说，我们永远不能预先得知分数，分数只有在具体的实践过程中才能确定。布兰顿在这个对子的计分之外，还设计了某些“道义分”，这是由不同对话者的承诺和资格共同构成的。据说，布兰顿的学生还设计了程序来统计这样的计分，效果还不错。

我看到语言哲学的这个成果还是比较兴奋的，看起来美国哲学的未来还不像罗蒂所说的那样灰暗。当然，我要做的不是语言分析，我的路子还是马克思和西美尔所开启的“金融学转向”之路。个体亲缘格局与个体行为之间就是一个交互性的反身重构过程，把它放在布兰顿的语境中，就是“说话者—解释者”的一个对子。加上个体与祖先、往圣先贤之间产生的某些“道义分”，正好就是布兰顿的计分法所涵盖的。我们在此所计的分都是针对个体及其家族的，每一个体及其家族是同一个账户。我们利用这个账户可以很方

① （德）哈贝马斯：《从康德到黑格尔：罗伯特·布兰顿的语用学语言哲学》，韩东晖译。

便地进行数字资产（货币）的体系之中。

分析实用主义的批评者指出，布兰顿的路线显然是一条相当狭窄的思路，因为它忽视了这一事实："给出与寻求理由"的推论性实践必须落实在一个更为宽广和更为基础的实践语境中。这样的批评是有道理的，因为"说话者—解释者"的对子不可能涵盖所有语言行为，特别是所谓"整体性语境"中的语言行为，但我认为，布兰顿毕竟趟出了一条可操作、工序化、有动能的哲学路径。我所说的"金融学转向"思路有同样的问题，但因为在现代互联网万物互联的场景中，数字资产（货币）的高度通用性（因其高度抽象）以及强烈的解构性（即对历史意义上的"人与货币"之实体功能与价值的解构），可能比起布兰顿的语言分析来，未来的实践前景是不可同日而语的。

比如，在区块链技术所产生的共识机制中，我们有可能找到金融、技术与哲学的结合点，取得比以往任何一种政治、经济、金融的共识机制都更加包容、更加凸显人的自身价值的共识机制，从而使谱系化金融成为哲学的"金融学转向"的一大成果。简述如下（技术问题请读者参看相关网络文章）：

POW、POS、DPOS，BFT-DPOS（EOS 用的）是共识机制，这些机制是决定谁能生产区块，并拿走区块奖励和手续费。

POW 叫工作量证明机制，任何人都可以购买矿机，加入竞争挖矿，这是没有行政门槛的，只有资金门槛，可以使用技术优势、组织能力来增加竞争优势。

POS 叫股权权益证明，是依据持币量和持币币龄来衡量谁能生产区块，任何人都可以购买币加入挖矿，持有币量是唯一的竞争优势。

POW、POS 在初期确实造就了一些"屌丝逆袭"的故事，但很快这些人就成了新的资本大佬，就像法国大革命成功了的那批人一样，而本质上这个社会并未产生任何改变，真正的社会变革只能是渐进取得的。

另外，DPOS 是在 POS 机制上加入一个"行政门槛"，通过社区选举投票的方式来决定谁能生产区块，成功选举后，再按币量来排序生产区块。选举是有数量上的上限规定，比如比特股（BitShares）是 101 个区块生产者，EOS

是21个。

BFT-DPOS是在DPOS的机制上，再加入一个生产区块的顺序，即规定所有区块生产者必须按照特定的顺序来生产区块，同时删除了按币量来竞争生产区块。

基于区块链技术，通过使用非对称加密技术以及公平的工作量证明机制，创建了所有节点都协商并认可方案的通讯协议，这套共识协议的出现，使得拜占庭将军问题得到完美的解决。拜占庭容错共识机制BFT，是为极为有限的“去中心化”设计的。

在我2015年以来所倡导的“颐养币”中，具有以上各种共识和价值生成机制的优点，但避免了它们的诸多弊端：

1、颐养币是由个体及其家族行为为基础的亲缘格局来对应的数字资产。初期技术达不到的时候，可以注重某些行为（如跑步、骑自行车、自驾车旅行、学习培训、特定消费等）来生成这些资产，但长远看，每一个体及其家族是同一个账户（可生成母子账户），加密打包各种行为数据。建立个体本人及其家族长者两层授权体制，涉及重大决策时需要家族长者同时授权。和目前所有利用大数据的公司行为不同的是，每一个体的账户所有权只属于该个体本人及其家族长者，“我的数据我做主。”不经过本人账户及本人授权的任何数据使用，都是不可能产生任何体现个体价值的数字资产的。（如果未来进行立法，不经过本人账户及本人或家族长者授权的任何数据使用是非法的。）

2、颐养币从个体出发，可以衍生到各种团队，如创业团队、公司等。数字资产在这些团队中会产生叠加效应甚至乘数效应。但是这些经过叠加而成的团队数字资产只具有在金融机构中融资的质押功能，而不能直接用于消费环节。

3、颐养币对于某一个体来说，必然会达到顶峰值，在我看来，一般人假如在500分平均值的话，达到顶峰的那一个体也不过就是2000、3000的样子，不可能再多了，这就从根本上解决了个体贪婪和所谓“首富”身价的问题。

4、个体本来只能在整体中发挥作用，而且只有在整体中才能生成和体现其价值。这是从古以来就存在的亲缘格局事实，但是在资本主义生产方式之中的个体有可能达到数千万倍于常人的估值，这是资本生成机制造成的幻觉。事实上，我们虽然强调个体及其家族亲缘格局（价值）生成和积累的过程，但任何不经过坚持不懈的个体奋斗过程而产生的所谓价值都是可疑的。

5、比特币及其诸多变种（特别是当代中国有些年轻人制造的诸多“空气币”）①，由于没能认识到人自身的价值形成，仍然沉迷于物质世界，这就使得他们不可能摆脱资本的控制，最终仍然会成为人的贪欲的牺牲品。这很可能与中本聪的设计初衷是相背离的。

6、颐养币最终造就的是价值二元世界，我们不否认一切固有的资本（资产）形态，而且也欢迎一切竞争性的数字资产（货币）加入二元世界。

在即将到来的智能时代，由于诸如“颐养币”这样的数字资产（货币）的推行，哲学作为寻找新共识机制的活动，在现实世界中第一次有了“具像”和“量化”的可能性。“具像”和“量化”的哲学活动将推动“面向事情本身”的人的价值的数字化，而且这种数字化和哲学活动是相互生成、相互促进的。

§4 谱系化金融对一体化金融的纠偏：从“依他救济”到“依自救赎”

《中庸》有言：“天命之谓性，率性之谓道，修道之谓教。”这句话相当精辟地阐释了儒家对于人生和人性的基本理解。相比基督教的“依他”救赎（即来自“上帝之城”的救赎）和佛教的修行（人生苦行）而言，儒家充满了对人生的自信和对人性的乐观情绪。“天命之谓性”，是承认个体亲缘格局的天生的（来自家族传承的、遗传基因的）差异性，而且把人生当成一种家族使命的传承来理解和承担；“率性之谓道”，是按照“天命之性”来坦然面对人生的各种平与不平的际遇，同时又把不断提升亲缘格局当成自己“求道”

① 技术派相信区块链本身的威力，而我则一直倡导区块链数字资产（货币）是对应亲缘格局的，我们可以不要权威，但绝不可以不要感情和亲情。区块链数字资产（货币）有可能让我们逃出资本魔爪，还原到真实的人的世界。如果不能改变资本扭曲人性的事实，不能逃离大起大落的资本吸血游戏，要区块链数字货币何用？无非是增加一种或几种割韭菜玩法而已，技术派们良心何安？至于说什么“无币”区块链，倒不如说是“无脑”区块链，丢失了区块链核心激励机制，中本聪是绝不会收这样的徒弟的。

的理想选择；“修道之谓教”，是要按照儒家传统的人文教化来不断修正自己“求道”的现实路径。总之，依自不依他，是儒家思想传统的精髓，儒家学子一直坚信家族传承和人文教化的力量，而同时，对于社会经济和金融方面的“救济”并不在意，对西方式的灵魂“救赎”的必要性也不以为意。从现代观点看，这是一种优、劣势都十分明显的传统。

以上关于儒家思想传统的说明，并不意味着，中国传统中必然缺乏“救济”的观念。从大的方面说，有遇到天灾人祸时来自政府的“救济”，如法律对罪恶行为的制裁，如“开仓赈粮”等；从小的方面说，有贫困不堪时来自家族或宗族的“救济”，如对贫困学子的资助，对贫寒之家的粮食接济等，但这些都是临时性的“救济”，中国的古话“救急不救穷”就是这个意思。而在西方基督教传统中，“救济”是常事，因为他们有上帝子民皆是人间兄弟的观念，只要身在基督教团体中，时常得到“救济”是完全可能的。佛教的团体“救济”意识也是比较强的，对信众的“救济”也是他们一贯的传统。儒家观念上则更主张“依自不依他”（哪怕遇到困难时也主要靠家族力量渡过难关），社会方面的“依他救济”缺乏一贯性和连续性，这也许是中国人在近代以前被称为“一盘散沙”的重要原因。

基督教“依他救济”的传统契合了西方长子继承制的惯例，从而使其受到了西方社会民众的普遍欢迎和认同。在我看来，这一传统是西方中世纪晚期以后金融机构和市场蓬勃兴起的一个重要原因，当然，也很可能是“无产阶级革命”理念得以兴起的原因之一①。马克斯·韦伯的《新教伦理和资本主

① 西欧普遍施行长子继承制，这在很大的层面上导致很多非长子困顿不堪、时不时濒临破产，必须寻求来自家族外的“救济”。当然，“救济”方式是多种多样的，这在西欧历史上产生的影响颇为深刻。据历史记载，“十字军东征”中的很多骑士都是因为没有家族财产可继承而穷困潦倒的人。农奴的非长子被迫到庄园之外的城市中去做一些零活，渐渐成为了区别于城市自由民和农奴的“第三种人”，这些人越来越多地集聚，成为一股不可忽视的力量。后来，城市管理者规定，任何人，不管他以前是否农奴，只要在城市居住满一年零一天，即可获得市民所享有的自由权利。这些人是后来如“巴黎公社”那样的革命时的主力军，也是马克思所说的“无产阶级”的重要来源之一。近代以后西方殖民主义兴盛，这些“无产阶级”也找到了发财致富之路，真正的“无产阶级”就越来越少了，革命性自然也就越来越低了。而中国最初的“无产阶级”，则是一些农村富余劳动力到城市做些小买卖、打零工或做学徒，近代以后有些是在工厂或矿山做工，无论哪一种，他们在农村实际上还是有土地保障的（实在没有土地的，也可以在地主家做长工，时间长了也可以挣得一些积蓄，置办自己的田产），历史渊源显然和西方不一样。

义精神》《经济与社会》和其他著作中谈到了很多合伙制企业的形成，提供了长子与非长子之间合伙做生意，以及同一宗教教派的信众之合作的案例。合伙制企业和金融机构相互促进，信用机制得到空前增强，法律案例得到广泛充实，这些都是所谓“新教伦理”支撑的“资本主义精神”的重要组成部分。

如上述，基督教的“依他救济”传统促进了原始资本主义金融的繁荣，这是一方面，而另一方面，“依他救济”的力量是来自民族国家的，对外扩张和战争的需要催生了以国家信用为基础的现代金融体系。特别是随着资本主义的发展进程，以英格兰银行为代表的央行模式的兴起，以及后来以美联储为代表的全球性主导货币体系的确立，金融一体化逐渐成为世界经济一体化的支柱，美元成为全球经济的血液。这是一种以暴力维持的“依他救济”，很大程度上是基督教“依他救济”的一种异化模式。

金融谱系化的可能性植根于人的本性，而同时人性的弱点也植根于金融一体化之中。这里涉及金融的本质特征：一方面，金融是对人生未来时间价值的贴现；另一方面，金融是对不确定性和风险事件的规避。金融一体化之所以在过去几个世纪中顺风顺水，主要是因为在资本主义经济进程中，上述两个本质特征都显得非常突出：资本主义经济的动力源泉就是资本，而最大、最充盈的资本来自于国家信用支持的金融机构及若干财团。因而，金融一体化实质上是个体对于资本的依附，经济活动对于金融机构及财团的依附，是个体信用对于国家信用的依附。这种依附本身是无可厚非的[①]，但是随着所谓金融机构专业化（“官僚化”和金融经理化）日趋明显，金融一体化伴生的“资本权力”越来越掌握在各个层级的金融经理手中，金融经理的个人及小集团利益的考虑渐渐占了上风。道德风险的加剧不可避免，金融的本质逐渐被扭曲了。

西方理性化传统和一体化金融紧密结合，其最重要的体现是精细化管理十分到位的金融市场和金融机构，这在十九世纪前后已经发展成熟了，经过两次世界大战的洗礼，在当代的发展更加成熟，但它们还会制造麻烦吗？关

① 不管怎么样，经济活动都要持续，比较人类早期的经济金融体系，资本主义的这个体系算是不错的选择，至少对于西方国家本身而言是如此。

于一体化金融充分扩张的后果，大家可以参看华莱士写的《美国货币体系：一个内部人眼中的金融机构、市场和货币政策》①。这里只是简述一二。

金融产品是精细化管理的核心。精细化管理的目标本来应该是减少成本、降低风险，但是金融经理们利用了金融产品和通道的复杂性，在金融产品的“精细化”上做足了文章。2008年金融危机的实质是金融产品过于复杂，相关金融机构不负责任。金融危机之后，多德·弗兰克法案提出了不少应对之策，主要有：对金融机构“大而不能倒”的打破，要求金融机构自行承担责任而不是最终由纳税人买单，美联储有权强制威胁金融稳定的机构将其特定的资产或持股剥离，联邦存款保险公司有权解散具有系统重要性的金融机构等。这些法令有可能让金融机构收住他们贪婪的手，但是否能收住金融经理们贪婪的心呢？从历史和现实来看，这是不可能的。

细致梳理此次“次贷危机”的过程，我们不难发现其中隐藏的资本和权力的利益勾结，既广且深。在次级抵押贷款的发放以及相关衍生品的加工过程中，充满着谎言和欺骗。在号称实行最彻底的“三权分立”、对金融系统监管极其细致而严格的美国，金融机构用各种穿越监管底线与红线措施，诱使大批穷人蜂拥购房的大规模欺诈行为，持续多年没有被监管者发现，或没有监管者问津，这真是不可思议。合乎逻辑的推理，只能说监管者与被监管者本来就是蛇鼠一窝。所谓“牛栏关猫”，往往不是猫的狡猾，而是监管者的愚蠢，抑或就是沆瀣一气，监管者公然对金融犯罪或者道德风险实施庇护。

美国政府机关与金融机构之间，存在着密切的政治关联，同样一批人，在美国政府和金融部门之间可以进行通畅的双向流动，这就是所谓的政府与金融领域之间的“旋转门”。金融大亨们通过“旋转门”，可以随时在商人和政府部长间切换自己的身份。高盛、摩根大通等金融机构的高管，一直兼具规则制定者、政府指挥者、金融运作者等多重身份。监管者和被监管者的身份轻易即可转换，既是裁判又是运动员，因此所谓的严厉监管往往只是形同虚设。官员们通常在任时就为离任后设计好了退路，有意无意地与大公司接

---

① （美）威廉·华莱士：《美国货币体系：一个内部人眼中的金融机构、市场和货币政策》中译本，格致出版社，2017年。

近，致使制订的公共政策偏向大公司。“次贷危机”发生后，券商是美国政府救市的主要获益者，而制定该计划的财长保尔森和其手下，均是来自华尔街券商的“精英”[①]。而引发“次贷危机”的最大源头——“房利美”（Fannie Mae）和“房地美”（Freddie Mac），即所谓“两房”住房抵押贷款公司，更是官商合营的奇美拉怪物，它们既缺乏政府机构的政治和官僚体制约束，也缺乏独立金融机构的监管约束和资本金要求[②]。

对历次金融危机的教训进行总结，在当代新的金融体系发展的基础之上，也许我们可以达到一种新的救赎，即“依自救赎”。柄谷行人的研究提出，在资本主义发展过程中，形成了资本、民族、国家的高度结盟，进而形成了“3+X”框架：资本 + 民族 + 国家 +X。“块茎型体系”（一种新的 X），将促使各类个体在消费者 / 劳动者的场域中达到“联合的联合”，以抵抗资本—民族—国家对于剩余价值的无穷压榨，甚至可能打破其牢固的连环。“谱系化金融”的概念，与柄谷的《跨越性批判》中的这一理念有相当多的契合点。人生的缺憾需要填补，人性的弱点需要克服，这些都需要谱系化金融范式——传统的“依他救济”加上当代的“依自救赎”来实现。显然，儒家传统欠缺这样系统性的实现路径。儒家的心性哲学是自我充实的，但是现实中的个体毕竟是生活在一个家庭和社会网络中，如果没有足够的“救济”或“救赎”路径的支持，对于“非圣人”而言，心性的平和不免沦于空谈。在我看来，在当代数字经济的大潮中，谱系化金融使“依他救济”传统将可能得到“依自救赎”的强烈支持，特别是区块链数字资产（货币）因个体的生命过程本

---

① 《南方周末》的一篇评论尖锐地指出：救市由保尔森来指挥，实在是滑天下之大稽。次贷创新产品出笼，高盛是主要黑手，高盛是领军券商，而保尔森当时又是高盛的领军人物。对于当时美国的金融危机，保尔森罪责难逃。现在各方面已有共识，金融机构负债率过高是这次金融危机的主要原因之一。2004 年 4 月 28 日，在以高盛为首的五大券商的压力之下，美国证交会取消了对券商买卖证券业务负债的限制，而当时高盛主持工作的主要负责人恰恰就是保尔森。

高攀、江涌：《从美国金融危机看金融资本对治权主权的渗透和干预》blog.tianya.cn 2016–12–12

② “两房”的每一个毛孔里都是政治，因其拥有数十亿的现金流，“两房”可以确保那些监管它们的众议员和参议员们获得慷慨的竞选捐赠。“两房”的高管们也大都是职业政客，大多数是民主党人，而非专业的金融家。“两房”的管理层和华盛顿政治圈之间的纽带既广泛又紧密。“两房”的总部就在华盛顿特区，把总部设在此的第三大非政府金融机构恐怕就是当地的一个信用合作社了。（美）约翰 · S · 戈登《伟大的博弈》（第三版）中译本，中信出版集团，2019 年。

身而得到积累，“依自救赎”有了现实可行的操作路径。

§5 中产者的亲缘格局[①]将用数字资产（货币）来整合

美国、意大利的左翼政治理论家哈特和奈格里对中产阶级做了一个新的定义，我觉得有参考价值：“中产阶级是一种通过创造性劳动和开放性网络连接成的阶级”[②]。中产者、亲缘格局、创造性劳动和开放性网络这些名词聚拢在一起，就构成了中国当代正在形成的中产阶级的若干显著特征。

中产者是拥有一定的家庭和个人资产、解决了基本生存需要的人群，他们考虑问题的着眼点是其资产的可持续性、增殖性以及代际传承，另外还有一定的受教育水平和精神追求。中产者的理想是“三代培养一个贵族”，他们为了后代提升社会地位而不遗余力，而一般意义上的“中间阶层”很多人并不具有这样的理想。一般社会学意义上的中间阶层被认为是社会的稳定力量，他们改变社会现状的意愿不强烈，保守色彩比较浓厚。中产者是中间阶层的一部分，当然也具有这样的特征，但是他们之看重资产代际传承和后代未来地位的提升又决定了他们不能仅仅满足于维持现状，特别是中国社会正处于急剧转型期，则更是如此。也就是说，中产者的亲缘格局总是充满不确定性，虽然他们总是在不断地寻求更多的确定性。当代中国机会多多，寻求确定性的努力是值得赞赏的，然而要注意尽量避免一些常见的陷阱。如：

1、消费信贷：鼓励中产者对物的占有，使他们在物的占有中填补了生活的空虚感，也使他们不断地以挣钱为第一要务，还银行的钱成了生活的唯一目标。因为在占有物之后那种享受的快感是不能再失去的。

2、投资理财：股票、P2P、信托、理财产品等，金融经理们设计了诸多的“坑”，凡是承诺高额回报的都要对之有所警惕。毕竟，所有的收益都来自于真实项目的投资回报，而真实项目的成功概率总是非常有限的。

3、兴趣和收藏：广告、微信朋友圈、饭局上的狂轰滥炸，督促中产者务

① 陈玉京：《中产者的亲缘格局》微信公众号，始于2016年6月15日，2015年股灾发生一周年后。

② （美）迈克尔·哈特、（意）安东尼奥·奈格里著《大同世界》中译本，中国人民大学出版社，2016年。

必培养起自己的某种兴趣，如买包包、跑步、瑜伽、养宠物等等，甚至读书、听书也成为一种时尚。当然，有能力收藏的人更是让人羡慕。

4、聚会和聊天：有数不清的时间花在了聚会和聊天上，几乎没有人觉得这是浪费时间，相反，哪怕落下一场，都会觉得是丧失了某个机会。中产者热衷于打听各种小道消息，培养各种不知道有没有用的人脉关系，到真的需要派用场的时候却发现，愿意搭把手的人实在是少之又少，等等。

“亲缘格局”这个词很可能就是为中产者量身定做的，因为他们着眼于资产的未来，着眼于家庭稳定和家族传承，所以他们比其他人群更加需要维护亲缘、放大格局，仅仅从字面上意思也可以看出中产者与亲缘格局确实有不解之“亲缘”。亲缘格局中包含着人、物、事、理。每个人作为一个主体——“我”，时刻遭遇“我”的世界中的人和物，人和人、人和物、物和物是实体与实体之间的关系，其关系之维持以及其中维持之道就是事、理。从现象学的观点看，人、物、事、理在“我”的视域里可以放在同一个平面上，彼此之间的“亲缘”使它们中的一部分在“我”的格局里不断地积淀下来，使个体的亲缘格局在特定的时间和空间里不断演化或提升，因此，我们作为时间有限的存在个体，在基本生活得以满足的前提下，需要注重以创造性劳动为核心的“投资机会”。如果暂时没有这样的机会，则要把时间更多地放在亲情、爱情、友情等若干亲缘关系的维护之中。哪怕做一些公益，也是有利于后半生取得他人支持或为后人“积德”的[①]。

个体亲缘格局的不断提升是创造性劳动得以可能的前提，同时，当代创造性劳动的涌现也在不断丰富着中产者亲缘格局的内涵。曾几何时，技术上的发明创造和文学艺术的创造性才能是极少数人拥有的，因为绝大多数创造总是在知识积累的基础上产生的，少数知识精英灵光闪现是创造性劳动出现的主要原因。而开放性网络极大地促进了知识的传播，互联网的普及促使知识成了普罗大众拥有的普遍权利，正因为如此，创造性劳动在最近一些年得到了快速增长，它和开放性网络的连接使中产者的亲缘格局也拓展出巨大的

① 在我的“颐养币”设计中，以上这几项都是可以生成、积累数字资产（货币）的。

空间。当然，互联网的知识趋同化也带来了新的问题，浅阅读盛行，个体深层次思维的机会在不知不觉间受到了压制，如果个体没有充分的自觉，往往会满足于浅层知识的汲取而导致创造性劳动的质量大打折扣，也就是人们常说的，“伪精英”在世面上流行，对极少数真正有高度创造性思维的个体造成了被群体压制的局面。本节前文所说的这些陷阱，实际上就是把我们带入沟渠的“伪精英”们在试图主导我们的思维。最主要的一点就是以物填充你的一切时间和空间，甚至各种各样的心灵鸡汤也是异化了的填充物。

在《亲缘格局论》中，我强调面对面地对待我们所遭遇的一切人、物、事、理，这只是第一步。对于这些人、物、事、理，“有缘来相认，无缘不入心”，很大程度上是靠你的天资和教育背景，接下来的几步操作才是关键的：“无善无恶心之体”，放空一切，拒绝自觉不自觉地被“物化”；“乾坤并建”，在承认并遵循一些“规范之理”的同时，要由“自得之理”来主导自己的思维；“理一分殊”，是要你掌握尽可能多的观察和分析角度（分殊之理的来源），争取比较成功地接近那个“理一”；“和而不同”，是要以博大的胸怀接纳和自己不同的意见，在平和的环境中生活成长。

因此，不要太在乎所谓的机会，在现代社会里属于自己的时间和空间可能更为重要，做真实的自己，合理利用劳动与休闲时间创造价值，提升个体及家族的亲缘格局，那样的话，生命过程才会完整，而且，在我所设想的谱系化金融新体系中，也许你是最早受益的那一批人。金融的本质正在随着银行业即将发生的剧变而产生深刻的变化，谱系化金融将取代一体化金融，成为未来金融的主要形态，金融将成为伴随个体与其家族的生命历程及其相关事业发展的价值生成、积累和交换的过程。生命价值的主要表现形式是亲缘格局，其对应的是个体及其家族的资产综合形态，在智能时代很有可能用数字资产（货币）来整合，如此，则有可能数字资产（货币）的生成、积累和交换将成为金融本身和金融机构的主要业务。如此理想社会值得期待，大家一起努力！

§6 凯恩斯“理性信念的可信度”和投资现象学的开端

“理性信念的可信度”对于凯恩斯《论概率》的整个论题极为重要，它不能直接从对事物本身的认知中产生，而只是作为论证过程的一个结果，也就是说，只能来自于断言某种逻辑关系存在的次级命题。

概率论述的是通过论证获得的结果之不同程度，即，它们有的是确定的，有的则不确定。确定性和可能性是对一个命题的理性信念的不同程度的描述。[①]（《论概率》P3）

在实际推理过程中，我们并不依赖确定性，并不想当然地认定某一推理不成立（仅仅因为它依赖于不确定的说法）。（我们中国话所说的“八九不离十”，实际生活中的理性就是如此）

学院逻辑的许多分支（如三段论、理想的几何空间）往往是确定的，但很多其他的理论仅仅是“合理的”，即它们只要求一定的权重而不是假装为确定的。一般来说，形而上学、科学和行为学里大部分理论都建立在我们的“理性信念”之上。在或大或小的程度上，它们是无定论的。因此，用哲学的观点来考察这些知识分支，研究概率就显得很有必要了。

给定构成我们终极前提的知识体系，这一理论告诉我们什么样的信念可以更加“合理”（不管它是确定的还是可能的），以及它们如何可以从我们直接了解的有效的论证得出。这涉及体现我们直接认识体系的命题和我们寻求间接认识的命题之间的单纯逻辑关系。我们选择什么样的特定命题作为我们论证的前提，这很显然是依赖于每个人的独特的主观因素。然而，那些（逻辑）关系（其他命题赖以支持这些前提的关系，赋予我们某种可能的信念的关系）则是客观的、有逻辑性的。

我们的前提由任何一个命题 h 集合组成，我们的结论由任何一个命题 a

---

① （英）凯恩斯:《论概率》英文版，以下标页码的同该书。A Treatise on Probability，John Maynard Keynes，Published by MacMillan and Co.，London，1921.

集合组成，那么，如果h的知识能把程度 α 方面的a中的理性信念解释为“合理的”，我们就说a和h之间在程度 α 方面有着概率关系。这可以写作a/h=α，α 即“理性信念的可信度”（the degree of rational belief）（《论概率》P4）

反思一下，我们通过这些表述所传达的信息并不完全是主观的。达尔文提供有效的论据让我们接受他的自然选择理论。当我们讨论到这一点时，并不仅仅意味着我们是从心理上倾向于同意他的观点。可以确定的是，我们也想要传达这样的信念：在认为达尔文的理论“有可能”这一点上，我们的行为是理性的。我们相信达尔文的证据和结论之间有某些“真实客观”（虽然只是某种程度上的“真实客观”）的关系。这种关系和三段论推理一样是确定的，它是“独立于”我们信念这一单纯事实的。事实上，我们主张正确地认知这样的逻辑关系：这一关系，处在我们根据假设而知道的一个命题集合（我们称之为“论据”）与那些根据论据的权重而得出的命题集合（我们称之为“结论”）之间。这属于命题集合之间的“客观”关系的那种类型（这种类型的关系，在我们下断言时已经正确地感知到了，而且我们也要求读者必须注意它）。（《论概率》P8）

凯恩斯的大意是说，逻辑上“精确地形式化”是人类最隐秘也最强烈的渴望，很容易走得太远。虽然概率的定义并不容易获得，但不要着急去获得其精确性。无论它的精确性如何，它总比那些从正常的思维渠道高蹈云端的高度抽象的“实体”“本体”之类，要容易理解得多。

> p/h=α，命题p和命题集合h有 α 程度的概率关系，断言这一概率关系存在的命题是q。命题p是“初级命题”，命题q是“次级命题”。初级命题p的理性信念程度产生于与其相关的次级命题q的确定性，即对于p/h=α 这一概率关系的确定性所拥有的“知识”。任何程度的理性信念只能来源于确定性知识，尽管这一知识可能只是一个次级命题，但次级命题q却关乎“理性信念的可信度”α。（《论概率》P11）

这样的话很拗口，大意是说，次级命题是为初级命题奠基的。初级命题

p 的基础打得牢不牢，全看次级命题 q 拥有的确定性知识的多少，以及这种确定性知识对于理性信念的证伪或证实作用之大小。

凯恩斯说，我们并不是总是能明确地指出一个命题与另一个命题之间到底是什么样的逻辑关系，但他倾向于相信这种逻辑关系总是存在的。$p/h=\alpha$，h 是一个命题集合，它可能包括 p 或者 q。但要有一个必要条件，即 h 中所有命题都是“已知”的。他的假设是，所有知识都是以一种严格的方式获得的，它们“直接”思考被认知的对象而获得，而不是混杂了那些通过“论证”而认知、或者思考它们之间的逻辑关系而认知的东西。也就是说，它们直接与某种确定的理性信念相对应，而不是仅仅对应某一“理性信念的可信度”。关于“模糊认识”，凯恩斯表示要存而不论，以免把一个本来就棘手的问题更加复杂化。

关于概率的主观性问题，凯恩斯说：

> 我们知道什么东西和我们把理性信念归于什么样的概率，这些相对于个体意义而言，确实是主观的。但给定一些实体条件，比如我们拥有的主观力量和提供给我们的境况，给定为论证建立基础和我们有能力感知的各种逻辑关系，由此实体条件，通过这些“前提”而论证得出结论，对我们来说就“合理”了，也即，（这一论证过程）既是客观的，也是有逻辑的。我们的逻辑关注的是通过一系列前提的“有限”实体中某些种类的步骤得出结论。（《论概率》P13—19）

其大意是，无论个体如何多样化，只要前提是一样的，论证过程是一样的，结论应该也是一样的，这就是客观的、有逻辑的。凯恩斯在此和传统逻辑的立场是一致的。问题是，在此“给定的”“前提”是如此之多，从某一前提出发，果真能得出一致的结论吗？因此，凯恩斯不会纠缠于理论本身，而是更注重于实践中的判断和行动，即注重无论概率是 0 或 1 的结果，而是（0，1）中无数概率之分布。

以上是凯恩斯《论概率》一书中关于逻辑与概率的主要观点，我们可借用其“理性信念的可信度”作为投资现象学的基本概念，也可说作为其开端。投资的信心和勇气都来自于这种“理性信念”的确定性之程度。视之为“理性”，实际上通常也是包含着若干“非理性”因素的，这些“非理性”因素主要得自于投资者的“直观能力”。但我们仍然要视之为“理性”（事实上是“有限理性”，但资本主义世界的投资者认为它是“无限理性”），这种“理性”主要得自于资本主义的投资和信贷支撑体系：只要投资人能够提供合适的抵押品或者说服其他投资人提供抵押品，银行和其他投资机构就会给予足够的资金来实现投资人的项目，而且只要投资项目实现了，就一定能够（在全社会意义上）实现利润的增长。

投资是唯一主动的变量，投资决定储蓄，投资的多少决定利润率的高低，这些是凯恩斯理论有别于新古典主义理论的核心要点。具体地说，有以下几点：

1、国民经济的运动过程，不能由一般均衡体系进行描述，而必须由处于一维的历史时间中的不确定的过程加以描述；

2、真正决定投资项目与投资量的不是作为资金成本的现行利率，而是预期收益，凯恩斯认为预期收益之预期实际上是出于“理性信念的可信度”（信念度）的大小，而此信念度的确立更多地依赖于投资者的“动物精神”（当然，这并不排斥所有投资者都是相信资本主义的“铁笼”原则上是有效的）；

3 投资的利率弹性低，不是一种特例，而是常态。不是利率决定投资量，相反，投资需求的大小，决定借贷利率的高低。“流动性陷阱”和“灵活偏好”，是经济萧条时期的一般情况，而不是引起萧条的偶然情况。

4、投资决定储蓄，不仅是乘数效应的结果，也是由于投资的变动能引起收入分配比例变化的结果；不是利润率高、储蓄率高，导致投资增加，相反，是投资项目越多，投资量越大，利润率就越高。

凯恩斯理论扭转了新古典理论注重储蓄（即减少消费）的偏向，比较客观地反映了现代资本主义投资驱动的进程，揭示了现代资本主义经济“泡沫性增长”的实质，从而更加全面地展示了资本主义一体化金融的核心要义。资本主义国家的政治、金融和法律体系为一体化金融奠基，这是自十六世纪以来就一直在渐渐演变直至定型的事实。

投资预期及其实现[①]是利润增长的根源，这是凯恩斯主义的精髓所在。凯恩斯难以容忍资本闲置或者单纯套利的行径，所以他一贯强调要不断削薄“纯资本”的利息率。投资预期收益就等于投资预期决定的资本边际效率减去“纯资本”的利息率。而资本边际效率则显然是由与此投资项目相关的“理性信念的可信度”决定的。

理性信念的可信度，这一“可信度”之所以是可以计量的、“可信”的，就是因为它时刻处于现代资本主义体系的“铁笼”笼罩之下，资本主义宗教、政治、金融、法律诸体系经过了数百年的积累、修改、补充，可以说已经到了比较完善的地步，任何人想要摒弃或修改它都是不容易做到的事。因此，如果一直在现代资本主义条件下，投资现象学以这一“可信度”作为开端是可行的。然而，资本主义毕竟是一个开放的体系，而且之前有了苏联的社会主义，现在又有了中国特色社会主义的竞争性介入，资本主义的“铁笼”出现了被撕开的征兆。

新古典主义是把资本主义“铁笼”里的一切都当作必然的（也即，“理性信念的可信度”等于1），而在此前提之下来讨论经济运行机制、资源分配机制、资源配置效率等问题。凯恩斯同样是把资本主义“铁笼”里的一切都当作必然的，但是他把“铁笼”当成了可以开“天窗”的，特别是政府有责任使其成为可以维修的。在“铁笼”基本不变的前提之下，凯恩斯加进了投资者的“非理性”因素，而把“理性信念的可信度”变成了大于0小于1的（而

① 关于投资预期及其实现，可参考樊纲的《现代三大经济理论体系的比较与综合》第72页：

投资者的预期之所以能够推动经济增长或者引起经济波动，是因为投资者作为资本主义的主要代理人，他们掌握着定价权和收入分配权。投资者预期的变化，一般来说，可以通过两种渠道影响分配。一个是所谓“利润加价”。后凯恩斯主义者指出，在现代资本主义条件下，价格实际上是由企业主按照利润加价的原则决定的，而作为企业主的投资者也掌握着定价权。当投资者预期未来经济的盈利前景为好时，定价时加到成本上去的利润率就高，价格也就高；普遍的价格提高使工人的实际工资降低，同时使资本家的利润收入事实上提高，投资的源泉也就扩大了。反之反是。

另一个渠道是信贷膨胀。投资者预期投资的未来收益率较高，便导致投资活跃，投资需求扩大。这一方面引起信贷膨胀，货币即支付手段（私人支付手段）增加，另一方面作为社会总体的私人收入增加，同时导致原材料和日常消费需求增加。这两方面的作用使得价格水平上涨即通货膨胀，在一定的货币工资水平上，价格的提高，导致实际工资的下降，从而雇佣工人人数增加，生产扩大，经济渐趋繁荣。在资本主义经济中，资本家拥有信贷的优先权，只有他们能够通过这种办法提高利润收入，而工人则不能以同样的办法行事。因此，作为资本家的投资者一般来说都能实现其预期所催生的投资项目。

作为投资的现实结果则要么是0，要么是1）。而我们现在所要做的则是，重新审视“理性信念的可信度”是怎么形成的，以及它是否适合于作为投资现象学（投资学的当代版本）的开端。

首先，现代资本主义深受基督教新教的浸染，投资者的最高信念是根源于上帝的，他们对“上帝创造”的那套资本主义信仰体系深信不疑，赚钱是上帝赋予的“天职”。韦伯将它作为“铁笼”，虽然含有贬义，但同样也是对上帝赋予“天职”这事深信不疑。而在现代世俗社会中，特别是两次世界大战之后，新教的信条受到了很大的挑战。西方投资者对上帝的真诚信仰开始流于形式，而更多地出于“赚钱本身的目的”在赚钱（这也是西方社会整体走向虚无主义的根源之一）。而在二十世纪八十年代以后逐渐介入资本主义经济金融体系的中国、印度以及其他新兴市场国家，逐步把原有民族的价值观与西方投资者的价值观融合起来。

其次，中国原有价值观是“重义轻利”，至少也是“义利统一”的。在与西方价值观融合的过程中，不可避免地受到了金钱至上的价值观的影响，但还不至于发生根本性的改变。我在2016年提出了《亲缘格局论》，正是应对这种变化的一个思想反映。个体及其家族亲缘格局的提升，永远是中华民族特别是以客家人为代表的汉民族的信念，我们的“理性信念的可信度”因此应基于这种信念。固然，我们要学习西方的政治、金融和法律体系的内容，但是真正融入到我们中华民族血液中的这一信念（个体及其家族亲缘格局的提升）才是最根本的。

第三，个体及其家族的亲缘格局，在当代互联网信息技术的支撑下，已经成为可计量的东西，我们可以将其转换成可交易的数字资产。如果这一设想得以实现，凯恩斯所说的“理性信念的可信度”就变成了真正可计量的，而不再仅仅是模糊的概率关系的描述。那样的话，投资现象学的开端也就比黑格尔精神现象学（“无”与“有”）以及胡塞尔现象学（“明见性”）的开端更加清晰明了，《亲缘格局论》有可能成为具像化、工序化、可计量、可操作的哲学。

凯恩斯关注的主要是众多投资者的行为所造成的宏观经济后果，这使得他的“投资现象学”[①]没有在个体层面上加以展开。在即将到来的智能时代，我们更加关注的是个体及其家族的经济金融行为。个体（包括个人、家族和企业法人）生命演化历程中离不开经济金融行为，而经济金融行为中最值得关注的是投资现象学的主导地位。当代较为发达的国家中，温饱问题已经基本解决，个体及其家族的消费行为也更多地体现为投资行为，消费与投资的融合显然已经成为现实。且不说对个人教育和素质成长所做的投资，且不说个体及其家族的创业及展业投资，单说在资本市场上的投资行为，就是现代社会每一个中产者抵御通货膨胀的必要手段。“显而易见，即便为了对付温和的通货膨胀，我们也必须着手制定策略，以维持我们的实际购买力，否则，我们的生活水平注定要日益下降。”而且，“最重要的是投资实际上非常有趣。与投资界的芸芸众生进行较量，并因此获得资产增值的回报，岂不快哉？”[②]由此看来，现代社会的大多数经济金融行为，如今都已经可以纳入到投资现象学理论之中进行综合和演绎。因而，投资现象学也就自然而然地成了谱系化金融的核心。

投资现象学是谱系化金融的核心，正如投资学是一体化金融的核心一样。如果按照凯恩斯的理论来理解的话，它们有一个共同的开端，即“理性信念的可信度”。只不过，《亲缘格局论》奠基的谱系化金融的基本观点是，“理性信念的可信度”作为投资现象学的开端，植根于个体亲缘格局形成过程中“理一分殊”的思维结构和行为结构，也即植根于人的生命力和创造力的呈现。这与资本主义“铁笼”所决定的“理性信念的可信度”大不相同。说白了，西方经济学家对资本主义“铁笼”这样的“绝对精神”无条件地相信，但是作为真实的投资者，在真实的投资实践中，他们是否那么崇信，就很难说了。正因为如此，凯恩斯肯定了投资实践中的“非理性因素”，应该说是尊重现实的。我们沿着投资现象学这条路线展开凯恩斯经济金融理论的“微观基础”，也许可以得到更加可靠的理论成果。凯恩斯理论暴露了资本主义

① 从其对“理性信念的可信度”的论述对于投资现象学的重要性而言，我们把凯恩斯视为投资现象学的鼻祖也是可以的。

② （美）伯顿·G. 马尔基尔：《漫步华尔街》中译本，机械工业出版社，2019年，第7页。

传统的两个悖论：1. 充分就业要求消费倾向和投资诱导同时到位，而这是不可能实现的。凯恩斯倡导引入国家政策加以刺激，但是国家政策也是有个人利益的人制定的，因而不可避免具有某种偏向，这反而会因其不公正而导致某些个体丧失投资信心。2. 投资者往往出于积累财富的目标而冒险投资，但是成功者的财富会因为货币利息率过低甚至为负（为了维持正的资本边际效率，货币利息率不断下降是凯恩斯竭力倡导的）而无法保持，这也会损害投资信心。

我在《亲缘格局论》中所说的投资现象学着眼于解决这些悖论，把投资收益放在更宽广的视野中，把它作为智能时代人的基本需求，不仅仅是物质财富的增加，更重要的是提升亲缘格局，这比物质财富更有利于有限世代的家族传承，并有可能进入无限世代的宙合之境。投资现象学的路线大体如此：

《亲缘格局论》→概率化生存的理念→个体（包括个人、家族和企业法人）生命演化历程中的经济行为→“理性信念的可信度”→投资现象学的展开以及若干具体内容→谱系化金融的确立

谱系化金融的确立，将使金融体系、市场机制、企业家精神等发生一些深刻的变化，这些变化与投资现象学的展开是同时出现的。现提出若干要点如下：

1、谱系化金融使数字资产成为企业家（和其他创造性劳动者）才能的标识，而不仅仅看其拥有的财富之多少；

2、谱系化金融使资本市场不再成为金融经理们“自弹自唱”“群魔乱舞”的场所，不光是在暴涨暴跌的波动中赚钱的游戏，而大大增强了其筛选企业和企业家的功能；

3、谱系化金融重新确立了劳动与资本的角色定位，不是谁雇佣谁的事，而只是一种互相促进的过程，它们的匹配与渗透归根到底是为了人本身的亲缘格局的提升；

4、谱系化金融肯定了企业及市场参与者的异质性（如不同圈层的艺术品设计、制作，不同圈层的教育、培训、养老服务等），并提出了相应的数字资产评估及实现途径，企业权利分配及金融资源配置将因此变得更加公平合理；

5、谱系化金融很大程度上是“自金融”模式，它决定了产权与交易过程在企业（市场）公平与效率实现中的同等重要性，以往因所有权、产权与剩余控制权而产生的交易成本将大大缩减，交易过程的操作者与交易者的亲缘格局特质将更加凸显，等等。

第四篇　数字资产（货币）将导致货币经济理论创新和谱系化金融结构之涌现

§1 凯恩斯《通论》与《货币论》的联结点：资本资产“自己的利息率”

凯恩斯在其《就业利息与货币通论》(简称《通论》) 序言中说：

> 在我开始写作《货币论》时，我所遵循的还是传统的路线，把货币看作是供求理论之外的一种力量。但在完成这本书之后，我的思想又有了新的进展，倾向于把《货币论》推广为社会总产量理论。[①]

《凯恩斯传》[②]的作者哈罗德说，不认真通读《货币论》，要准确理解《通论》是不可能的。从《货币论》到《通论》，最重要的联接点是什么，应该是投资与储蓄之缺口，而这一缺口之形成机理的关节点又在于资本资产的利息率与资本边际效率的比较。由于货币的种种特性，它充当了拥有“唯一重要的利息率”的那一种资本资产（主要在《通论》第十七章得到了论述）。也即，凯恩斯在此找到了作为一个整体的货币经济与一般商品经济的最为根本的区别：利息率连通了商品市场、金融市场与劳动市场，从而使投资、融资成为经济体系的主导者。

《货币论》中说：

> 货币变化对各种物价水准的最后影响即使终究是均一的，这一点对于许多目的来说也仍然不及始变性那样重要。我们的确可以承认，英国和法国的相对物价水准的现有状况和没有拿破仑战争的干扰发生时的情形可能并不会相差多远。然而这可能仅仅是一个例子，说明了一个一般的命题。也就是说，即使是历史上最大的灾变，其影响到时候也会消散；

① （英）约翰·梅纳德·凯恩斯：《就业利息和货币通论》(重译本)，高鸿业译，商务印书馆，2006年。

② （英）R.F. 哈罗德：《凯恩斯传》中译本，商务印书馆，1997年。

或者说，这些影响至少也会成为无法辨认的水滴，消失在后继事件的大洋中。但无论如何，在某些最富实际意义的货币现象的探讨中，最为有关的是短期后果，例如一切有关信用与营业活动的探讨更是这样。……货币变化不会以同一方式、同一程度或在同一时间对所有的物价发生影响这一点，正是这种变化之所以重要的原因。不同物价水准的动态之间的分离正是所产生的社会扰动的试金石和尺度。①

凯恩斯注重货币变化的"短期后果"，因此，他不赞同过于迷信"物价指数"。他认为有两个重要原因影响了"物价指数"的可信度。

其一，以货币形式存在的购买力发生增减并设法在实际购买中体现自身时，如果进入或退出市场，这种增加或减少（视情况而定）并不会在不同的购买者之间均匀而成比例的分布。一般来说，它会集中在某几类特别的购买者手中。比如在战争所引起的通货膨胀下，就会集中在政府手中。在信用繁荣的情形下，就可能集中在向银行借款的人手中，诸如此类的情形，不一一列举。因此，直接的效果是发生在对于主要受影响的购买者最有利害关系的货物上。这种情形无疑会造成物价变动的分布。

其二，有许多种定期的货币契约、货币关税和货币担保存在，这就构成了另一个原因，使货币体系下的相对价值（即价格）即使在相当长的时期内也不能自由变动。对于短期观察说来，这一类型中最重要的因素当然就是工资。工资在短时期内不能迅速地随着批发物价本位或贸易本位变化，而在长期内又能具有本身的趋势；诚然，各种物价水准不能互相联系地一致变化，其实际解释绝大部分可能就存在于这一点之中。②

凯恩斯对于现金交易本位和现金余额本位之于物价、货币数量的影响并不是很在意，他真正在意的是货币的购买力本位和劳动支配力本位，对应于他的计量方法，就是货币工资率和货币"自己的利息率"。他解释其原因是：

因为货币的劳动支配力和货币的购买力都是基本概念。在这种意义

① （英）约翰·梅纳德·凯恩斯：《货币论》上卷，何瑞英译，商务印书馆，1997年，第80页。

② （英）约翰·梅纳德·凯恩斯：《货币论》上卷，何瑞英译，商务印书馆，1997年，第78、79页。

下，以其他类型的支出为基础的物价水准都不是基本概念。人类的劳作和人类的消费是使经济交往能取得任何意义的最后事项。所有其他形式的支出唯有迟早和生产者的劳作或消费者的支出发生某种关系才能具有意义。①

因此，他主张抛弃从货币总量出发而不问用途的传统方法，转为从社会的报酬或货币收入流量以及其所分成的两部分出发，即，第一是生产消费品与投资者所得到的部分，第二是对于消费品与储蓄所支出的部分。

其产出恒等式是：$\pi O=PR+PC$（其中，$O=R+C$，C 是投资品产出，R 是消费品产出，O 是总产出。$PC=I$，$PR=E$，E 是生产要素“正常”所得，$Q=I-S$ 是“意外”所得或损失。

则企业的均衡条件是：$\pi O=E+Q$

家庭的均衡条件是：$E=PR+S$

由此推出：$P=(E-S)/R$

如果我们将正常收入再分开，写成从消费品生产中所得到的收入是 E'，从投资品生产中所得到的收入是 I'，则有：

$$P=E'/R+(I'-S)/R$$

而凯恩斯假设，生产的物质单位对于消费品和投资品是一样的，所以消费品的单位生产成本 E'/R 与总产出的单位成本 E/O 是一样的。综上，得出他所谓的货币价值的两个基本方程式：

$$P=(E/O)+(I'-S)/R$$

$$\pi=(E/O)+(I-S)/O$$

其中，P（消费品物价水平）和 π（物价总水平）之所以会有所不同，主要原因是：新投资品的价值与其生产成本有差异（即 $I'\neq I$），以及/或者实际总产出（O）与实际消费品产出（R）有差异。换言之，新投资品价值相对于其生产成本的变化以及产出构成发生变动，都会带来相对价格的变化。于是，基本方程式使凯恩斯可以把市场协调与相对价格水平的波动关联起来。

① （英）约翰·梅纳德·凯恩斯：《货币论》上卷，何瑞英译，商务印书馆，1997年，第112页。

值得注意的是，凯恩斯关于“意外”所得或损失（统称为“利润”）的定义 Q。它也可分解为消费品生产中的利润 $Q1$，以及投资品上的利润 $Q2$。其中，$Q1=I'-S$，$Q2=(I-S)-(I'-S)$。

由上可知，所谓“意外”利润（或损失）来源于储蓄与投资之间的关键缺口（也即维克塞尔所说的市场利率与自然利率出现了不一致）。凯恩斯用“寡妇的油罐子”这样的比喻来解释作为一个整体的企业家体系中利润的来源就是企业投资与储蓄之间的缺口，即单个企业家的投资或消费是受到鼓励的，因为他的投资或消费就会是另一个企业家利润的来源。相反，如果某一企业家企图用缩减投资或消费来弥补他经营上的利润损失，则另一企业家就会受损，从而，作为一个整体而言的企业家体系就会像“达奈德的水槽”，再怎么增加储蓄，也无法使“水”增多。

然而，无论是维克塞尔的自然利率还是凯恩斯的“寡妇的油罐子”的说法，都显得比较粗糙，凯恩斯在哈耶克、斯拉法等人的激发下，在《通论》中大大改进了这一论述。他想出了商品和货币“自己的利息率”、资本边际效率和流动性偏好等新概念，试图对企业投资的动力和利润的来源做出完整的解释。

他说，在《货币论》中他定义了“所称的唯一利率，我把它叫做自然利率”，但这样“来表述自然利率是一个错误”（《通论》第十七章第六节），实际上有很多不同的自然利率，每一个分别对应一个就业水平。凯恩斯说，“在某种条件下，经济体制可以在没有达到充分就业前就能达到均衡”，因此，没有哪一个利率“自然地”专属于维克塞尔的自然利率（虽然相对于充分就业可能存在一个“最优利率”，但这一利率并不比其他利率具有天然的优越性）。凯恩斯在此批评和自我批评的基础上，分析了货币利息率作为“唯一重要利息率”的种种特性：契约是固定的和货币工资通常相对稳定这两点，对货币具有很高的流动性溢价起了重大的作用。低的持有成本也起了重要的作用，因为在这里起主要作用的是流动性溢价与持有成本的差额。再者，货币的生产弹性一定是最小的，因而作为计算工资品的价值标准也最有刚性。“一种用它来计量工资预期最具有黏性的商品，不可能不是其生产弹性最低的商品，也不可能不是其持有成本超过流动性溢价的最小数额的商品。”由于拥有如此这般的特性，货币是最适合充当与资本边际效率[①]相比较的那一种资产。

凯恩斯以维克塞尔的资本理论和斯拉法的商品利率理论为基础，把任何为投资而持有的资本资产的“自己的利息率”分解成实际收益q，维持成本c，流动性溢价l三项，即在给定时期持有的某一资本资产的“自己的利息率”是q-c+l，如果再加上该商品自己的预期升值a，则以货币计算的利息率是r=q-c+l+a。这样的利息率是用货币价格统一加以衡量的，因此，同样以货币计算的资本边际效率与这一利息率r是可以比较的。“新生产出来的那些资产，其正常供给价格必须小于其需求价格；而这些资产又是那些边际效率大于（在它们正常的供给价格的基础上）利息率r的资产（利息率与资本边际效率这二者，都用同样的价值标准来衡量，不论这一标准是什么）。”当这些资产的存量增加时，它们的边际效率超于下降，但开始时的边际效率至少要等于利息率r。因此，除非r也同时下降，否则新增这样的资产不再有利可图。如果所有资产的资本边际效率都小于利息率r，那么，资本资产的进一步生产就将会停止。凯恩斯的结论是：“设消费倾向不变，当所有资产的自己的利息率的最大者等于所有资本的边际效率（用自己的利息率的最大的资产作计算单位）的最大者时，再增加投资量是不可能的。”

不仅如此，既然各自的收益是预期可计量的，则商品、资本资产之间的可替代性也是可以期待的。这为我们进一步拓展资本资产的范围和种类也提供了空间，同时，也从根本上突破了传统经济学关于货币利率和货币工资率的应用范围，让人们充分意识到金融市场在货币经济中的重要作用。由此可见，凯恩斯跨出的这一步意义相当大。当然，这一章也是整个《通论》最难懂的。在数字资产的世界里，如何确定以人为中心的个体价值升值（即亲缘格局提升之计量化）空间，进而采取合适的激励办法来促进人们自觉地“投

---

① 资本边际效率的定义是：这样一种折现率，它可以使在资本资产的存续期内，由其产生的报酬所支付的一系列年金之现值，恰好与其供给价格相等。换言之，资本边际效率描述的是某种资本资产的预期或期望的收益与其当前的重置成本的关系。资本边际效率确定了一个“可投资”的范围，当它随着资本资产存量的增加而下降到一定程度时，进一步新增投资将无利可图。

资”自己、家人、亲友或创业，凯恩斯《通论》的第十七章给出了很有意思的启示。

§2 有内在缺陷的货币资本主义和即将无疾而终的资本家

凯恩斯的金融哲学建立在他对货币资本主义的深刻了解之上，在他的《通论》以及其他著作中，有许多关于他对资本主义运作机理、其优越性及内在缺陷的论述，概括起来，大致有以下主要观点：

1、货币资本主义经济是内在不稳定的（这一点海曼·明斯基进行了大的扩展）；

2、非自愿失业是常态，而长久的失业会导致个体的道德堕落和政治的不稳定；

3、经济运作中的不确定性、对大部分未来状况的无知、投资和投机并行的冒险行为、企业家的“动物精神”；

4、经济热一点永远比冷着要好得多，因此政府要采取措施鼓励投资，甚至直接参与公共事业的投资，最好是让经济永远处在接近繁荣的状态，还要尽量避免繁荣之后的萧条；

5、资本主义社会虽然不那么好，也并不坏，它对于个性自由的宽容，对非“强制同一”的个体之间的自然协同机制，是充满诱惑也是充满挑战的，总比那些让人整齐划一的社会强。

在第一次世界大战之后才成熟起来的凯恩斯，对于其父辈的维多利亚时代的光辉还记忆犹新，但是他并不伤感它一去不复返，而是想办法要让资本主义社会的内在缺陷得到克服，他对未来的资本主义社会充满憧憬，认为只要始终保持资本主义经济的“接近繁荣状态”，资本不再稀缺的时代将很快到来，到时候“食利者会安乐死”（或把它翻译成“资本家无疾而终”）。

明斯基对凯恩斯的第一个观点作了深度扩展，即：货币资本主义是有内在缺陷的；政府准备时刻出手的承诺对于金融体系避免出现最坏的结果至关重要。他写了两本书《约翰·梅纳德·凯恩斯》和《稳定不稳定的经济》[①]。明斯基说，凯恩斯主义者（Keynesian）对于凯恩斯著作的简化和理论模型化产生了不可理喻的后果，他们忽略了凯恩斯《通论》中最为关键的内容："没有不确定性的凯恩斯，就像没有了王子称号的哈姆雷特。""一旦无处不在的不确定性被作为研究的焦点，那些被用来理所当然地决定经济和政策结果的（凯恩斯主义者的）模型就显得古怪了。"（Preface by Robert J.Barberay）[②]。明斯基所扩展的凯恩斯理论是一个"投资的融资理论和经济周期的投资理论"。在货币资本主义经济中，投资一般都不是用资本家自己的钱，而是由企业家进行融资，而融资方式的选择所导致的结果大不相同。当外部融资增长时，金融的脆弱性会增加。然而，只要一切运作良好，外部融资的杠杆力量会增加利润。在经济状况良好的阶段，这会鼓励企业进行更大比例的杠杆融资：从还本付息，到只能还息，直至转向庞氏骗局式的融资。于是，在这个时期的资产折现能力降低，从而导致安全边际降低。在创造收入和获得收入之间产生了越来越多的债务层级，于是金融关系变得更加复杂。如果一个债务人违约，将会导致违约的多米尼骨牌效应，金融危机就是这样产生的。金融危机不一定会导致严重的经济衰退，但是金融系统中的过度负债是永远存在的。最严重的结果就是"金融简化（financial simplification）"，也即我们通常所说的，裸泳者浮出水面，债务链条全部断裂，只剩下资本所有权（资本公积）。

明斯基和凯恩斯一样，对资本主义的未来还是有信心的，他们都觉得：寻求经济本身的绝对均衡是无益的，而要寻求经济学的变革以及经济政策的改进。在对经济学进行了十几年的较深入研究之后，我也赞同这些英美经济学家的基本态度，对经济社会问题的解决要以渐进的方式来进行，从来都不要轻言颠覆，至于暴力革命或战争更是要尽量避免。在对付货币资本主义的内在缺陷方面，我不敢说已经找到了解决问题的金钥匙，但毕竟已经有了一些基本的思路。我的想法是，凯恩斯在《通论》中应和了斯拉法的思路（其

---

① （美）海曼·明斯基：《稳定不稳定的经济》，清华大学出版社，2015 年。前一本书《约翰·梅纳德·凯恩斯》也有中译本，但翻译不忍卒读，建议读英文原版。

② Hyman P.Minsky，JOHN MAYNARD KEYNES，Columbia University，1975.

实根源于李嘉图），寻找一个“不变价值尺度”，即对收益率（商品或资产“自己的利息率”）进行综合衡量，也许能找到这样的不变价值尺度。也许这个“不变价值尺度”就在以个体及其家族的亲缘格局为基础的数字资产（货币）这里。因为现在有智能时代的大数据、区块链等技术，我们可以把相关的行为、价格、数量等方面的数据都打包计算，从而得出数字资产（货币）“自己的利息率”。

凯恩斯在《通论》中用商品和货币“自己的利息率”描述的是现实的货币经济，可以说，他的理论著作即使是最抽象的《论概率》也是面对现实社会的。在真实经济中，涉及生产、投资、消费等行为的重要决策通常是在不确定（“非各态历经”）的环境中做出的，而且现实中的任何人都要时刻面临这样的决策。作为《通论》描述的重点，所有现实世界的企业家经济中，货币契约的普遍使用是其基本特征之一。

货币契约的使用总是令古典经济学家左右为难。为了保持逻辑上的一致，古典经济学家必须把现代经济中货币契约的普遍使用视为“非理性”的，因为这些契约把一段时间内的名义支付固定住了，这种做法会妨碍那些经济决策者们追求自身真实收入的“最大化”。主流经济学家通常用非经济的原因来解释货币契约的存在，例如社会习俗、看不见的手等，既限制了价格信号，也限制了资源在长期最优化调整的社会制度。

然而，对凯恩斯和后凯恩斯主义者来说，当经济活动跨越很长一段持续期时，绑定契约债务的“名义值”是应对“真实值”之不确定性的合理方法。在货币契约的基础上组织生产和交换，购买者只要能够拥有或获得足够的流动性以支付到期的契约债务，那么就无须担心不确定的未来可能发生的任何事情。因此，“流动性”意味着能够在以货币为中介的、契约性的、企业家管理的市场经济中存活下来。另一方面，当大量契约性货币债务不能偿还时就会破产。破产的“威胁”是可计量的、可预见的，这种“威胁”可以让生意人都好好地在投资、融资前就做好盘算，时刻把“流动性”放在第一重要的位置。

凯恩斯的《通论》强调，流动性的支持并不是某一家企业或其管理者的事，而是全社会的事，特别是金融市场和金融系统的事，这是一个“企业家体系”主导的资本运动过程。在企业家体系中，货币和流动性意味着在当前有支出计划的主体无须为了实现需求而在此前或现在赚取收入。所有这些购买主体需要的是能够支付“到期”货币债务的流动性。这意味着只要经济中存在未被使用的资源，那么，我们通常将之与可再生的固定资本品和流动资本品联系起来的投资支出，就不再仅仅局限于当前收入或以前的节余（注意：这些收入和节余也是必要的，金融机构会考虑其投资、融资的“杠杆率”）。在一个具有货币创造功能的银行体系中，投资可以是仅仅基于其未来期望的（并不一定是可实现的）货币现金收入的外生支付（《通论》第十七章）。在这些期望现金收入的基础上，银行愿意向企业家提供额外的流动资本贷款，从而向其提供足够的流动性，这样，企业家就可以支付在生产过程中雇用工人、购买投入品所产生的契约性债务。

不可否认，货币资本主义的原理及其现实设计是颇为“完美”的，在以上简单描述的资本运动过程中，更是有基于商品和货币“自己的利息率”以及“资本边际效率”而设计出来的无数的金融产品，从而保证了企业家愿意接受的价格、时间、流量与存量的匹配等等，一切看起来都是那么精准、到位。哪怕是某些企业家和银行犯了错误，只要不是“群体性错误”，那么一定会有无比强大的金融市场来支持流动性。即使再不济，也会有央行做“最后贷款人”。在凯恩斯看来，有了这样强大的金融市场和央行支持企业家做事，投资总是可以进行的，投资热一点永远比冷着好，人们永远也没有必要丧失信心。对于个体的企业家而言，唯一的“威胁”只有破产，而且根据西方社会的破产法，一般来说，企业家是可以东山再起的。

然而，在我看来，货币资本主义可能最大的内在缺陷正在于此，破产法正是滋生道德风险的温床。因为，一般来说，企业家们都能够计算出流动性的一部分，这促使他们冒险跳入流动性的海洋，只要能带动其他人也跳入，自己肯定就有率先退出的机会，再不济，即使不幸地成了最后一个“裸泳者”，也还有央行和破产法的保护。如果只是一个两个这样的“裸泳者”倒也无所谓，怕就怕在某一个时点上，大量“裸泳者”都出现在沙滩上，金融市场和央行的救济行为就必然会损害大多数无辜民众的利益了，毕竟，钱不是大风刮过来的，央行纵然有印钱的本事，但不可能无度地印出来，国家信用也有用到头的时候。

这就要回到我这几年一直在倡导的老话题，即前文提及的国家信用与个体信用的相互支撑的问题。长久以来，国家信用的支撑点放在“一体化金融”之上，国家发行纸币，以国债或黄金作为其后盾，以央行的基准利率、公开市场操作、准备金率等措施调节商业银行的借贷行为。如果在以往一体化金融体系的基础上，逐渐加入谱系化金融的元素，直到国家信用与个体信用逐步成为相互支撑的东西，则我们理想中的二元世界就形成了。

资本渗透不到的地方正是个体及其家族信用发挥其效应的地方，只有当个体及其家族信用大行其道之时，也许才能真正出现凯恩斯所说的“资本家无疾而终”。

§3 新货币经济学的理论构想及其可行性

新货币经济学一般用“BHF”来描述，是由三个经济学家的名字首个字母组成的，即费希尔·布莱克（Fischer Black，1970）、尤金·法马（Eugene Fama，1980）、罗伯特·霍尔（Robert Hall，1982a）。新货币经济学主要的代表文章有《无货币世界的银行和利息》（布莱克，1970）、《金融理论中的银行》（法马，1980）、《美国与英联邦的货币趋势》（霍尔，1982a）、《货币需求的法律限制理论以及货币政策的作用》（华莱士，1983）、《货币稳定的自由竞争理论》（格林菲尔德和伊格尔，1983）、《新货币经济学的发展》（考问和克罗茨内，1987）和专著《新货币经济学的探讨》（考文和克罗茨内，1994）等一系列文献，集中阐述了新货币经济学的观点主张和发展历史。

新货币经济学的理论主要着眼于解决所谓“哈恩难题”。经济学家哈恩（Frank Hahn）针对帕廷金等人的瓦尔拉斯均衡的货币经济体系，提出了一个令人尴尬的问题：为什么没有内在价值的纸币与商品和劳务相交换的过程中会具有正的价值？哈恩在1965年指出，瓦尔拉斯—希克斯—帕廷金体系有一个涉及其存在性的基本问题，即货币经济模型是否存在均衡状态？进一步说，有什么能保证这样的一个经济体中，所有均衡状态都是货币交易而不是物物交换呢？在物物交换中，货币的价格是零。既然个人对货币的需求源自效用函数中的真实货币余额，那么真实货币余额为零时会出现什么情况呢？然而，确实存在使真实货币余额等于零的两种情况，而且这两种情况走了两个极端：一是商品的货币价格为正，但个人名义货币余额为零；二是个人的名义货币余额为正，但商品的货币价格无穷大。这可以合理地推出，第二种情况下的货币毫无价值，也就不存在货币需求。因此，存在一种并非重要的非货币的均衡状态。只有假设虽然货币毫无价值但仍然存在对名义货币余额的需求，在这样一种很值得怀疑的前提下才能证明，存在一个货币价格为正的均衡状态。如果不能确定货币具有正的价格，就不能保证帕廷金的均衡是一种货币均衡而不是一种物物交换的均衡。哈恩对瓦尔拉斯—希克斯—帕廷金体系的这个反诘就是著名的“哈恩难题”。

新货币经济学的主要论点是：现有的货币、金融体系并非是自然演进的，而是法律限制或政府管制的必然结果。在自由放任的竞争性市场条件下，不一定存在集记账功能和交换手段两大职能于一身的货币，货币现有的两大职能将由不同的物质分别承担，市场中以货币为媒介的交换最终将被“精密的物物交换”所取代。在新货币经济学的框架下，不存在相对价格与物价水平决定相分离的问题，这实质上是通过“取消货币”而达成改造后的货币理论与传统的价值理论相统一。此外，由于“取消货币”，自然也就回避了“哈恩难题”。鉴于新货币经济学提出了“取消货币”的观点，它又被称作“没有货币的金融学”。有的学者（考文和克罗茨内，1994）将新货币经济学的特点归纳为七大命题，但其核心只用三条就可以把握：一是货币与金融机构从政府颁布的法规或法律限制中获得其理论与实践的特殊地位；二是因信息与交易服务成本下降而从中获益的各种不同法规将产生根本不同的金融与货币方面的计划安排；三是货币作为记账媒介的功能可能会与作为交易媒介的职能分离。新货币经济学之所以称为“新”，是因为它一反传统理论先接受货币的存在，然后再研究货币作用的思维惯性，出人意料地提出“取消货币会如何”

的问题，如果不看它的推导过程，但就其结论而言，的确是令人惊异的。

新货币经济学最重要的是对记账单位的表述：一个合适的商品篮子被选择充当记账单位以后，全部商品的价格都由记账单位来标价，此时，没有货币充当交易媒介进行流通，货币的记账单位和交易媒介职能是分离的。记账单位可以是被选为“价值标准”（mumeraire）的单一物质商品，也可以是被选定的复合商品篮子，以使由其记账的价格相对稳定。货币职能的分离意味着记账单位的选择是任意的，但它仍然是中性的。记账单位在金融系统中所扮演的角色近似于物质世界中的重量和长度的测量单位，但是并不特别代表支付承诺最终可以偿还单位的储备资产。然而，交易媒介自身有许多而且是可以变化的，这些媒介的记账单位价值可能会随着市场条件而变化。他们不必局限于银行等金融机构的名义价值固定的负债，而是可以包括诸如股权为基础的资产组合份额的可流通转让的债权。所有的交易媒介都有一个通过市场竞争所决定的收益率。在这样一个竞争的、无管制的且不断发生技术进步的金融环境中，存在多种可供选择的交易媒介，那么将不再有明确的货币供给这一概念，实行传统的货币政策的前提条件将不复存在。伴随着记账单位、交易媒介和清算媒介的进一步演化，金融中介机构的职能以及它们的布局（金融市场）也将随之改变。

现实中成功的例子是智利发展单位（UF），智利发展单位是在智利通货膨胀远比现在高很多的情况下创造的，并且一直沿用至今。在智利，人们进行买卖交易和签订长期合同时，不光使用他们的货币（比索），也使用智利发展单位。智利发展单位有些像货币，因为有一些贸易是通过它来完成的，但实际上并没有智利发展单位的硬币或纸币形式。智利发展单位是一个度量单位，就像米或克，但它在购买力上具有稳定的价值。智利发展单位的稳定性以及比索的不稳定性，使得发展单位和比索之间的比价不断变化。智利发展单位实际上是以这个比价描述的，它由政府的统计学家们以消费价格指数为基础经过计算而得到的，所以发展单位拥有稳定的价值。

新货币经济学将对传统的货币理论进行深刻的修正（考文和克罗茨内，1994），一个重要的例子是对于凯恩斯流动性偏好理论的修正。凯恩斯从流动性偏好心理法则出发，认为利息不是储蓄（等待时间）的报酬，而是在特定时期内放弃流动性的报酬。一项资产，如果其名义价值不变，而且能够直接用作支付手段，则称这项资产具有流动性。货币是最具有流动性的资产，它不存在货币收益，但是它提供了一个等于短期利率的流动性报酬，流动性报酬增加暗示了利率的增加。因此，凯恩斯指出，利息率是一种比例，其分母是一特定量的货币，其分子是在一定时期中，放弃这些货币控制权换取债券所能得到的报酬。他甚至认为货币的利息率是产生一切的根源，并且利息率的不断下降将阻止不能产生利润的资产投资，即人们对货币流动性的偏好最终会使经济陷入"流动性陷阱"。

凯恩斯集中地讨论了资本真实利息率下降以及货币流动性报酬存在的情况下，均衡调节受到阻碍的情形。假设存在一个粘性的货币利息率。由于货币资产的利息率下降得最慢，资本真实利息率的下降使货币利息率和非货币资产利息率之间产生了矛盾，导致个人抛出其他资产而持有货币。如果货币的边际流动性收益对持有的真实余额变化反应迟钝，原有的均衡将不再恢复。货币利息率下降得最慢，这暗示持有货币的利息率将高于持有资本的利息率。进一步说，持有货币的利息率粘性表明了贷款的名义利息率也是粘性的。真实利息率将高于资本边际效率。除非向下调节真实余额的收益率，调节了真实余额的收益率也就调节了真实利息率，即最终使资本的边际效率大于真实利息率，否则新的投资将不会发生。由于上述原因，资本边际效率的负面冲击将降低资本投资。除非利息率同步下降（事实上有个限度），不然就会到达生产这些资本不再有利可图之点，这一点就是"流动性陷阱"。当没有任何一种资产的资本边际效率大到足够等于利息率时，资本资产的进一步生产将会停止。然而，货币流动性报酬缓慢下降阻止了贷款利息率的降低。凯恩斯也承认，由于未来的不确定性，货币持有的主要目的就是应付不确定性，支付契约规定的必要支出，或者寻找新的投资机会，所以在那一点人们的流动性偏好增加了，但是资本边际效率的下降是"流动性陷阱"存在的主要原因。[①]

① 约翰·梅纳德·凯恩斯：《就业利息和货币通论》（重译本），高鸿业译，商务印书馆，2006年。

新货币经济学认为，如果交易媒介产生“弹性的货币收益”，前面所讨论的凯恩斯“流动性陷阱”问题将不会发生。此外，资本收益率变化也导致了交易媒介的货币收益率发生变化。所有资产货币收益的存在给了价格系统额外的自由度。竞争性收益最大化中介能够调节货币收益使交易媒介的货币收益率与经济中其他领域中的收益率保持一致。如果所有的交易媒介都产生“弹性的货币收益”，产生货币收益的交易媒介的实际收益率由于费雪效应将保持不变，从而避免了通货膨胀和通货紧缩的影响。此外，新货币经济学还指出，在金融资产交易媒介使用的条件下，由于 IS–LM 分析遇到了与数量理论同样的问题，所以 IS–LM 分析也将不成立。金融资产的交易媒介造成了货币和实际部分的一体化，使得 IS–LM 分析中商品市场的超额需求独立地定义货币市场的超额需求的情况将不复存在，LM 曲线也就没有存在的可能性。LM 的消失导致了 IS–LM 分析的不存在。

以上是关于新货币经济学主要观点的描述。我觉得最关键的是所谓“交易媒介”的“弹性货币收益”，它代替了凯恩斯所谓的资本资产的“自己的利息率”，从而有可能实现若干交易媒介收益率（即有效激励）的统一，从而使以亲缘格局（人本身的价值）为基础的数字资产（货币）得到大众的普遍认可。数字资产（货币）因其代际传承的有限性（上一辈的数字资产不仅仅是惠及自己的子孙），基本上抛弃了传统货币及其所标志的资产价值的储藏特性，从而使数字资产（货币）之“弹性货币收益”（人生“现世现报”，即在现世是可积累、可转赠的）对于人生“向上”“向善”的激励更加到位。而且，从货币经济的宏观效应看，“流动性陷阱”的消失，以及金融中介机构贪婪本性的逐渐消失（现世现报，以及代际传承的有限性），投资和信贷的主导者将根据相应主体的数字资产的大数据来考察投资的数量、规模、时间等，宏观经济的波动性将大为改观。

§4 李嘉图寻求终生的“不变价值尺度”也许就在亲缘格局这里

李嘉图是对经济事实进行抽象的高手，虽然他的抽象有时很过分，被人称为“李嘉图恶习”，但是从今天越来越虚拟化的经济金融现象面前，人们似乎有必要重新思考李嘉图所做“抽象”之努力的意义。

李嘉图的单一谷物模型是基本适合当时的经济生产环境的。十八世纪的英国，工人只能取得能够满足自己必需生存条件的工资，不管他是为工厂打工还是为农场主打工，都是为了养家糊口。因此，李嘉图把整个经济系统抽象化为只有农场主和工人两类人的谷物模型，谷物利润和谷物资财的比率就是投在谷物生产中的资本的利润率。经济增长导致人口增加（工人人数的增加），必然需要越来越多的土地投入运营，由于土地不是同样肥沃的，优良土地的级差收益不断增加，而农场主之间的竞争就把平均地租抬高了。每人的平均产量（减去平均地租）逐年减少，而工人工资必须保持在最低生活费用的水平之上，无法再削减，所以利润率呈下降趋势。罗宾逊在《现代经济学导论》中指出，“谷物模型的美妙处在于用物质形式来测度决定利润率的种种量值，排除了价格与利润率相互依赖所产生的复杂情形。”① 然而，经济事实毕竟不是抽象模型，当李嘉图试图把单一谷物模型一般化时，越来越多样化的工业生产及其产品几乎不可能被纳入到单一模型之中，利润率和商品相对价格关系的复杂情形是无法避免的。李嘉图的思路不同于其他的古典经济学家，他始终着眼于分配的合理性和各方社会关系所体现的价值内涵，这是他的高明之处，也为马克思所深深赞同，但是“不变价值尺度”到底是什么，他终其一生也没有得到答案。

马克思综合了斯密和李嘉图关于劳动价值论的内涵表述，在他的“社会必要劳动时间”里，既有某商品“可交换或可支配的劳动量”（着重于社会关系），也有“生产某商品所需要的劳动量”（着重于技术关系以及工人工资水平），而且他认为工人工资的确定不仅仅是在生活费用的最低点，它还受社会

① （英）琼·罗宾逊，约翰·伊特韦尔：《现代经济学导论》中译本，商务出版社，1982 年。

认为“必需的”“历史和道德的因素”的影响。但是，马克思的劳动价值论仍然定位在具体商品的生产和交换上，这就使得他仍然面临在价值与生产价格之间难以解决的难题，即所谓“价值向生产价格转型”问题。一般而言，生产价格加平均利润等于生产价格，这是具体商品生产中的技术关系，同时又叠加了要实现平均利润的社会关系，而社会关系是价值交换的基本环境所在。由于经济全球化的迅猛发展，具体商品的生产和交换日益纷繁复杂，而且商品生产和交换日益受制于资本主义货币经济这个整体环境[①]，虽然后来斯拉法提出了一种解决马克思转型问题的思路，最后还是因为和西方经济学无法兼容而不了了之（即，所谓“剑桥资本争论”无果而终）。

按照西方经济学的传统，异质商品价格量的“加总”是可以通过货币本身来实现的，凯恩斯以货币工资率和就业量的函数来实现总供给和总需求的计量，就是一个被普遍接受的思路。虽然凯恩斯始终关注就业的人道主义情怀值得赞赏，但他的经济学只能解决短期问题（按他自己的话来说“从长期看，我们都死了”）。从战后资本主义经济发展的历史看，短期经济政策固然有时会奏效，但却会造成许多新的经济问题，“按下葫芦起来瓢”是常有的事。在我国改革开放40多年中，热衷于凯恩斯思路解决经济问题的一干政策制定者们，也越来越感觉到诸多政策之间打架和效应递减的困扰。更大的问题在于，我们是社会主义国家，短期经济政策的解决思路如果只是着重于一时的财富增长，而不顾及财富分配的公平正义，这实际上已经偏离了马克思“以人为本”（即所谓抽象劳动所体现的人的价值）的基本路线。

马克思哲学中有一个他本人念念不忘的主题，但在苏联式的“马克思主义”者那里经常被遗忘，那就是人的“个性的自由发展”。这种“自由发展”建立在最终拥有“自由时间”的基础上。马克思在《1857–1858年经济学手稿》中说：

一旦直接的劳动不再是一般财富发展的条件，劳动时间就不再是，

① 经济全球化和资本主义货币经济相互促进，使商品、劳务、资本市场前所未有地融合为一体，一体化金融的力量十分强大，资产价格的波动成为全球市场的风向标，任何一个跨国企业（以及与其关联的上下游企业）的商品生产和交换都深深受制于资本市场。马克思时代的“价格转型问题”很显然已经必须在新的时代背景下来理解了。

而且必然不再是财富的尺度，因而交换价值也不再是使用价值的尺度。群众的剩余劳动不再是一般财富发展的条件，同样，少数人的非劳动不再是人类头脑的一般能力发展的条件。于是，以交换为基础的生产便会崩溃，直接的物质生产过程本身也就摆脱了贫困和对立的形式。个性得到自由发展，因此，并不是为了剩余劳动而缩减必要劳动时间，而是直接把必要劳动时间缩减到最低限度，那时，与此相适应，由于给所有的人腾出了时间和创造了手段，个人会在艺术、科学等方面得到发展。

直接的劳动时间本身不可能像从资产阶级经济学的观点出发看到的那样永远同自由时间处于抽象对立中，这是不言而喻的。劳动不可能像傅立叶所希望的那样成为游戏，——不过，他能宣布最终目的不是把分配，而是把生产方式本身提到更高的形式，这依然是他的一大功绩。自由时间——不论是闲暇时间还是从事较高级活动的时间——自然要把占有它的人变为另一主体，于是他作为另一主体又加入直接生产过程。①

当今时代，自由时间的充分发挥作用，建立在创造性劳动和开放性网络相融合的新的经济环境的基础上，这将有可能有效地解决货币经济与实物经济的两分法，以及价值和资本理论的内在逻辑不一致。《亲缘格局论》有可能为价值和资本理论提供一种新的解决思路，即完全是从人作为个体本身来探讨经济总量问题的思路。这就是前文提到的“不变价值尺度”的解决思路：P=（1+r）AP+wV（注意，P、A、V 都是矩阵表达式，A 表示投入的技术系数矩阵，P 表示价格的列向量，V 是劳动和休闲价值的列向量，r 是市场利率，w 是工资率）。这个公式把技术（行为）、劳动与资本的数量和价格都考虑进来了。在 A 向量大致稳定时，假如向量 P 用计算机算出来对应一定的数字资产，然后直接与市场上的经济主体对应起来，并以数字货币来实现交易，则（劳动和休闲）价值的列向量 V 的决定就变得清晰了。

在这一公式中，V 向量的内涵与工业时代相比已经有了很大的变化，它将涵盖人的各种技艺、才能的展现，要在数字资产（货币）运行的环境中才

① 《马克思恩格斯全集》第 31 卷，人民出版社，1988 年，第 92、108 页。

可以得到比较准确的计量。我们可能会觉得人与人之间千差万别，异质“人”的“加总”确实是一个难题。而事实上，如果用技术手段实现了数字资产的定量化，我们就会发现：个体亲缘格局的差异比我们想象的要小得多，而且各个时代间的差异也是不大的。粗略一点的说法是：人的一生亲缘格局对应的数字资产如果按分数来计量，有可能在500—1000分之间，芸芸众生的分数一般在500—600分之间，极少量的富豪、政治家或学者有可能达到2000-3000分的顶点，而如果按人口平均，分数有可能在600分左右。假如以这个600分的数字资产为基准设定一个价值尺度Q，则很有可能它就是李嘉图寻求终生的那个东西。按照《亲缘格局论》所引述的“理一分殊”的道理，人与人之间的层次和类型的差异是可以确定的，而且有了当代数字技术的帮助，也许并不复杂。

行文至此，我想起了明清时期中国南方的“土客之争”。所谓“土人”，实际上是先期到达的汉人（也有一部分是客家人），而后来到达的是客家人。“土客之争”的原因和后果很复杂，这里不详述。有一点是很有意思的，在广东省发生的“土客之争”，很重要的一个原因是后来到达的客家人在耕读传家的“读”方面十分突出，考取功名的人渐渐占据了相当大的份额，引起当地“土人”的强烈不满（因为分到每个省的功名数量有限，功名资源非常稀缺）。按理来说，客家人因为来得晚，所占土地都非常贫瘠，在农业生产和经济条件方面是完全处于下风的，然而，这些中原所谓“士家大族”的后人们不知道是因为基因优良，还是由于十分注重读书进取，或是因为更加团结，有时候全村全族都支持一个读书人考功名，反正结果是考得好。这个故事生动地说明了亲缘格局作为“不变价值尺度”的可能性。当然，还要说明一点，《亲缘格局论》本身，一个重要源泉就是我本人的客家血脉。

§5 古典经济学所依赖的“三大公理”在数字资产世界中有望回归

古典经济学依赖于三大公理的设立：（商品）总替代公理、货币中性公理和各态历经公理。对于这三大公理，西方经济学各个流派各有所取，从根本上说，是因为他们对于“理性”的理解之不同。而凯恩斯在古典主义的理性、经验主义（实用主义）的理性之外选择了其金融哲学的立足点。

古典主义的理性假定是，决策之初，有关于未来结果的知识要么是完美的，要么至少也是非常可靠的。因此，决策制定者可以进行必要的计算以做出“有效率的”和“理性的”选择。这一类型的理论假定包括以下内容：包括瓦尔拉斯一般均衡模型在内的旧古典完全确定模型，假定代理人拥有理性预期的新古典和新凯恩斯主义模型，假定代理人在短期已经确切“知道”未来结果。

经验主义（实用主义）的理性假定是，短期内，代理人对于有关现实的知识非常不完全，甚至完全没有任何信息。原因是对人类能力的一些限制（即对人类计算能力的限制）使代理人不能充分利用（收集和分析）历史的时间序列数据（信息）来获得所有未来经济变量的短期可靠的知识。非瓦尔拉斯均衡反映的就是这样一种理论假定。

经验主义（实用主义）的模型主观上把模型定位在短期。代理人可能形成主观概率期望。在短期，这些“主观概率”期望并不需要与假定不可改变的现实之“客观概率”一致。因此，今天的决策者可能做出关于不确定（即概率风险）未来的错误短期决策，但他们这些代理人会“吸取教训”，从而使主观概念或决策权重更接近于对既定外部现实的准确描述（这是一种贝叶斯式的概率分析）。而那些主观概率不向客观概率收敛的代理人将会不断地犯系统性预测错误。市场体现出某种形式的达尔文自然选择进程，那些不断犯错误的人会被市场淘汰。在长期，只剩下那些不犯系统性错误的人。①

宣称“自由市场是有效率的”理论通常是基于达尔文主义故事的一些变

① （英）保罗·戴维森：《约翰·梅纳德·凯恩斯》中译本，华夏出版社，2009年，第116页。

量。所有经济资产的长期“固有”实际价值都由设定的系统实际参数来决定，这些参数并不会受任何人的蓄意行为的影响。对于成功的代理人，即使他们在短期不知道自己是否做出了最优的选择，但在长期，这些做出有效选择的理性代理人的主观期望不断向预定的、不可改变的现实收敛。在我看来，这是一种典型的黑格尔式的“辩证法”所导致的所谓历史理性。不仅是瓦尔拉斯和非瓦尔拉斯均衡主义者，新旧古典经济学家、许多奥地利经济学家、旧凯恩斯主义（新古典综合派）和新凯恩斯主义者都或明或暗地分享了这种对预定“现实”的基本信仰。

虽然凯恩斯在其《论概率》一书中反复论证“客观概率”①的存在，但他倾向于认为它在大多数情况下是不可计量的，而更多地依赖于对某一事件的“理性信念的可信度”以及事件之间的概率关系。人们不知道凯恩斯的《论概率》是否在为他的经济理论作哲学奠基，但从客观效果上看，他确实在其革命性的经济理论中应用了这种概率论。“凯恩斯革命”的基本信条就是概率性风险不同于不确定性，对后者来说，从历史数据中计算出的概率在指导经济的未来情况时并不可靠。概率性风险②的特征则表现为例行的、可重复的经济决策，它在推测不可改变的（各态历经的）现实时是合理的。

然而，凯恩斯坚持认为，构成投资、财富积累、融资等重要决策基础的

---

① 凯恩斯认为，概率是一种我们“认识到”的“真正客观”的关系，从我们的认识和推理能力来说，概率是主观的，然而，任何具有类似认识和推理能力的人都会领悟到同样的概率关系，得到同样的结论，因此，概率关系又是“独一无二和客观的”，所有事后结论所提供的证据不会改变概率本身，只会改变我们判断这个概率时所具有信念度，换句话说，概率是逻辑关系，它不需要任何“事实”证据的支持，但“理性信念的可信度”（the degree of rational belief）会受到他以往经验（在我看来，那实际上是个体的亲缘格局）的影响。凯恩斯和拉姆塞的区别在于，拉姆塞认为概率是完全个体化的（个体经历某一事件），但是可计量的；凯恩斯则认为个体与个体之间如果具有同样的信念度（这是有可能的，如我在本书中提到的资本主义制度和法律支持下的“铁笼”使大多数企业家在投资时都感受到了它，因而对于某一项具体投资而言具有同一的信念是可能的），则概率就是客观的，但它无法计量出来。而正是因为凯恩斯相信概率的“客观性”，个体经济行为的加总才有了客观的基础，这是宏观经济学之所以成立的基础。从哲学上说，凯恩斯的说法更要深刻一些，他实际上是否认了归纳法达到终极真理的可能性，真理是表现出来的，是人们认识到的，而不是“被发现的”，但同时，他又强调人的认识是可以沟通的，真理具有“客观性”。这可能与凯恩斯的哲学爱好（他与维特根斯坦是密友）和从事经济金融的实际工作相关，也与他的维多利亚黄金时代的成长背景相关。而拉姆塞是个年轻的“天才”，考虑问题更多着眼于数学本身。

② 弗兰克·奈克论述了风险与不确定性的区分，概率性风险就是可计量的“风险”，如同赫伯特·西蒙的“有限理性”，应该也是“可计量的”，但不确定性是无法计量的。

是包括“极度不确定的”非例行事件在内的“长期期望的状态”，因此，他抛弃了各态历经公理。在这些领域，代理人应对的是一个不确定的、非概率性的、创造性的外部经济现实，决策所需要的信息永远都是不完整的、片断的。特别是面向未来的投资行为更是如此，只有真正的企业家才能做出果断的决策，因为他们具有某种“动物精神”。作为一种理论上的计量，概率可能是（0，1）之间的任何数，但是作为实践中的决策，要么是0，要么是1（参见下节）。这就是理论与实践的根本区别，而在经济实践特别是金融实践中，这样的决策机会随处可见。

正是由于凯恩斯对于概率性风险的拒斥，他进一步强调了充满不确定性的投资在金融实践和有效需求之实现中的主导地位，因此，在他看来，充分就业不论在短期还是在长期都是不能确保实现的。凯恩斯论证，在一个以货币为中介的企业家经济中，未来是不确定的（因此不能可靠地预测），货币（以及其他流动性资产）作为价值储藏的工具，其价格也总是不确定的，因此总是“非中性”的。实质上，凯恩斯把经济体系看作是从一个不可改变的过去到无法从统计上预测的未来之间移动的过程。这表明，凯恩斯放弃了各态历经公理和货币中性公理。

至于总替代公理所宣称的各类消费品之间、不同类型工人的劳动之间以及劳动与休闲之间的可替代性，我的观点与保罗·戴维森①（以上段落是其观点）有所不同，凯恩斯并没有抛弃这一公理，而是保留了其中一大部分内容。凯恩斯基本同意“工资等于劳动力的边际产出”这样的古典经济学假设，他还假设了货币工资率这样的计量工具，说明他是基本上认同古典学派（以及马克思）观点的，也即劳动创造财富，不同类型劳动之间是存在可替代性的。凯恩斯甚至走得更远，他以维克塞尔的资本理论和斯拉法的商品利率理论为基础，把任何为投资而持有的商品的“自己的利息率”分解成实际收益q，维持成本c，流动性溢价l三项，即在给定时期持有的某一商品的“自己的利息率”是q−c+l，并把它们用货币价格统一加以衡量，以期得到关于资本边际效

① （英）保罗·戴维森：《约翰·梅纳德·凯恩斯》中译本，华夏出版社，2009年。

率的可计量值。既然各自的收益是预期可计量的，则商品（资产）之间的可替代性也是可以期待的。

凯恩斯经济学和古典经济学相比较，已经有了很大的飞跃，主要在于凯恩斯对不均衡、信息不对称、不确定性很强的真实市场的揭示：

1、劳动、商品与投资三大市场存在着“虚假”均衡，经常需要政府直接消费或投资的支持才能达到某些时点的真实均衡；

2、企业家与银行、政府之间的信息及货币权力的不对称，使得企业家的投资行为存在着严重的不确定性，很大程度上只能依靠“动物精神”来支持投资的信心；

3、消费者与企业中的工人对经济没有“主动”贡献，他们只是为了养家糊口在消费、在挣工资。这种视消费者和普通工人为“群氓”或“群盲”的精英意识是西方经济学共有的特性。

我们要做的就是在“凯恩斯革命”的基础上继续朝前走，对于我所设想的智能时代的数字资产世界而言，真正具有革命性意义的有以下几点：

1、消费者和生产者的有机融合；

2、企业组织中人人都是“企业家”；

3、没有中央来发行数字货币（央行只是数字货币管理者、协调者）；

4、商业银行投资、贷款依据上述 1、2 点生成的数字资产状况而定；

5、劳动与休闲的正效应显现，没有所谓“负效应”，人的全部价值都在生产和生活中得到体现；

6、可计量的数字资产（货币）实现个体及其家族价值（亲缘格局）的生成、积累和交易；

7、流动性偏好的弱化甚至消失，凯恩斯所谓“流动性陷阱”也趋于消失；

8、商业银行的“记账”功能弱化甚至消失，而其业务更多地注重“人”本身的价值发现；

9、消费趋于“佛系”，人们满足于消费本身的“温饱”水平，相比较而言，投资积极性大为提高而且很可能始终保持投资的热情。

以上数点中，最重要的是对于劳动与休闲之间的可替代性的质疑。事实上，凯恩斯在其《就业利息和货币通论》中对于所谓“劳动负效应”的说法也是持怀疑态度的，只不过他没有特别明确地论述这一点。而韦伯在其《新教伦理与资本主义精神》[①]中，明确指出，持新教信仰的工人和资本家都是抱着极大的虔诚来对待劳动的，根本不存在“劳动负效应”这样的东西。而我的《亲缘格局论》则从中国传统儒家的信仰出发，更进一步，说明劳动和休闲都是生命价值的体现，既没有“劳动负效应”，也没有“休闲负效应”，而是倾向于它们都是产生“正效应”的，如同古代中国人的典型生活方式“晴耕雨读”，以及客家人的闲暇时间串门“吃茶”习俗，还有读书人的“琴棋书画”等，都说明了休闲和劳动一样，都是能体现和积累生命价值的。

从这样的基本价值观念出发，数字资产世界将会呈现出与现有物质资产世界的根本区别。以亲缘格局为基础的数字资产价值所转换成的价值储藏和交易工具——数字货币将更多地体现为中性、平和的色彩，而不会有像现存货币体系那样的激烈波动性。而在这样的“平和”的谱系化金融的数字世界的作用之下，社会生活的各个方面也将更多地体现出各态历经的色彩，多了几分平和、安宁，同时，喜欢冒险的人们可以更多地去游戏、体育等活动中得到其心性的满足。总的来说，古典经济学的“三大公理”的数字资产世界中呈现出回归的态势。

如萨伊所说的“供给创造它自己的需求”、J.S. 穆勒主张的对不可避免的停滞状态“泰然处之”、凯恩斯所倡导的资本家的“安乐死”和低利率，都是不同时代对于“平和”的谱系化金融的呼吁。智能时代相关于生命力和创造力的物质财富增长的边际效应趋近于零，土地、房产和粮食等已经可以满足人类需要，此时，我们更多地比拼的是财富以外的数字资产的增长，即相关于生命力和创造力的亲缘格局的提升。我们现在要做的就是，用谱系化金融来引导财富的合理流动，靠价值评估及其实现体系的改变、生活方式的改变、更多精神产品的供给等，促进生命力和创造力的同频共振。此时，虽然土地、

① （德）马克斯·韦伯：《新教伦理与资本主义精神》，于晓等译，生活·读书·新知三联书店，1987年。

房产等仍然占人类所积累财富的绝大部分，但是它们的价值评估和实现却越来越依托于以亲缘格局为基础的数字资产价值的实现。

§6 谱系化金融堪比蜂群“涌现”结构，且有可能胜于它

凯文·凯利《失控》一书[①]对蜂群的“涌现”结构作了很好的阐述：1911 年在《作为有机体的蚁群》中，古典学派生态学家和昆虫学家威廉·莫顿·惠勒断言，无论从哪个重要且科学的层面上来看，昆虫群体都不仅仅是类似于有机体，它就是一个有机体。他写道：“就像一个细胞或者一个人，它表现为一个一元整体，在空间中保持自己的特性以抗拒解体……既不是一种物事，也不是一个概念，而是一种持续的波涌或进程。”“蜂群思维”的神奇在于，没有一只蜜蜂（或蚂蚁）在控制它，但是有一只看不见的手，一只从大量愚钝的成员中涌现出来的手，控制着整个群体。它的神奇还在于，量变引起质变。要想从单个虫子的机体过渡到集群机体，只需要增加虫子的数量，使大量的虫子聚集在一起，使它们相互交流。等到某一阶段，当复杂度达到某一程度时，“集群”就会从“虫子”中涌现出来。虫子的固有属性就蕴含了集群，蕴含了这种神奇。这里有一个活系统的普遍规律：低层级的存在无法推断出高层级的复杂性。不管是计算机还是大脑，也不管是哪一种方法——数学、物理或哲学——如果不实际地运行它，就无法揭示融于个体部分的涌现模式。只有实际存在的蜂群才能揭示单个蜜蜂体内是否融合蜂群特性。理论家们是这样说的：要想洞悉一个系统所蕴藏的涌现结构，最快捷、最直接也是唯一可靠的方法就是运行它。

动物世界的涌现结构是很神奇的，但是从我在《亲缘格局论》中所描述的个体亲缘格局出发融合到“宙合”之境，说明人类也许更高一筹。古往今来有许多从个体亲缘格局出发融合到“宙合”之境的路径，但真正好的路径恐怕并不多。在我看来，在我国不同的历史阶段，比较好的路径大概有如下几条：儒家倡导的礼仪，诗，改革开放的技术引进和现代化进程，再往后也

---

① （美）凯文·凯利《失控：全人类的最终命运和结局》中译本，新星出版社，2010 年。

许就是谱系化金融了。在西方对应的是：希腊悲剧，基督教，近代工业和资本运动，再往后的一体化金融产生了巨大的“凝结”效应（金融资本对创新的扼杀）。谱系化金融在西方世界能否展开，我不敢肯定，当然，也不能否定。

儒家倡导的礼仪基于“孝悌”二字，即人类对亲属血缘关系的情感依赖。周公制礼作乐，突出了这种情感依赖在形成稳定社会秩序中的作用。千百年来，礼仪教化通过激发个体对亲缘格局中血缘情感的重视和依赖，促进了个体家庭到宗族社会的形成过程，特别是乡绅自治的传统，使人们自觉在乡村各个群落中约束自己和展开合作，使武力统治无法触及的各个区域呈现祥和局面，一再抵御了社会动乱和朝代更替带来的混乱。从《诗经》的诗三百“思无邪”到唐诗宋词的普及，也是一个典型的个体到群体的涌现结构触发的过程。中国的诗很好地联结了士大夫和民众的情感，使两者在很长的历史阶段中处于良性互动之中，对中国人的亲缘格局之平和、提升起到了重要作用。中国自1978年以来改革开放激发的是中国人长期文明发展中缺失的一面，即因为对诗书礼仪的过分爱好而缺乏对科学技术和发财致富的整体性兴趣，从星星点点的技术引进、吸收、形成生产力到国家各级政府支持下的大规模引进、改造、开发，形成了人类有史以来最大规模、最快速的文明交汇之过程。而接下来更值得欣喜、值得关注的是谱系化金融的涌现。

进入二十一世纪，金融谱系化的进程正在加快。有三个显著的标志性事件值得记录：1、2008年以美国为中心的全球金融危机蔓延；2、比特币为代表的数字货币横空出世；3、中国支付宝为代表的新型互联网金融的兴起。平台化、区域化、集群化以及与之相关的数字化的金融范式渐入主流，金融谱系化的特征日渐明显。实际上，它是古老金融形态和模式的一种高层次的回归。谱系化金融很可能在中国的发展速度最快，前景最广阔。在我看来，以中国古老文化为基底的《亲缘格局论》表明，谱系化金融是和中国人的心性气质和文化传统很接近的[①]，而且互联网金融在中国的迅速展开，已经为谱系

---

① 其中最值得重视的是中国古代的谱系化金融之萌芽，即在乡绅的主持下，通过宗族的力量组织祭田、族田，用于祭祀、扶贫济困、修桥铺路以及资助贫困学子就学和考取功名等，这些都可以理解为一种中国特色的谱系化金融。

化金融的展开打下了很好的基础。

希腊悲剧对西方人思想和精神的冲击、复生和创造力的迸发产生了巨大的影响，但这种影响并不是在当时的希腊发生的，而是迟至十八、十九世纪的德国浪漫主义潮流以及尼采的《悲剧的诞生》才真正完成。莱辛、歌德、席勒、荷尔德林和康德、尼采这些伟大的诗人和哲学家的名字都是和希腊悲剧紧紧联结在一起的。同样，基督教开始也是沉闷的、压抑的精神，它对西方人思想解放和创造精神的激发也是迟至十六、十七世纪，即马克斯·韦伯所说的“新教伦理”对资本主义精神产生的深远影响，此时的历史条件之具备是基于中世纪晚期以来的前资本主义的发展。近代工业和资本运动从点到面到形成巨大的洪流，主要基于三个重要基础：1、西方因航海和贸易需要形成的工匠和实验传统；2、西方自十六世纪以来逐渐增强的科学理性的传统；3、希腊时期至中世纪晚期一直存在的航海冒险投资和贸易结算需要导致的金融业务传统。而西方一体化金融的发展起始于因战争筹款而发行国债的需要，后来是殖民扩张连带资本扩张的需要，“战争基因”问题导致了一体化金融的诸多弊病，这些弊病随着西方资本主义扩张的进程，同样也传染了很多非西方国家，使资本—民族—国家三位一体的金融资本主导的帝国主义思想文化传遍全球。资本和权力的结盟是资本主义发展史上最重要的事件，它比“剩余价值”论和“新教伦理”论对于资本主义动力源泉的解释更加重要。它一方面极大地扩展了资本主义市场的边界，使资本主义国家内部的劳资对立得以缓和，另一方面则极大地鼓励了资本主义管理者们的冒险和自利行为，使金融危机的发生成了痼疾。

二十世纪初，随着资本主义进程加速，资本主义生产和金融市场日趋复杂，资本家和企业家的分野越来越明显了。马克思当年指出过，大大小小的资本家的企业之间的竞争是资本主义发展的重要动力之一，当时资本家和企业家在人们的观念中基本上还是一回事，但是到了凯恩斯的《通论》里，资本家和企业家的区别已经很明显了。凯恩斯把经商办企业、搞投资当成了“非人”的事业，用“动物精神”来形容这些企业家的行为特征，而对于纯粹的资本家，凯恩斯则多次表示鄙夷的态度，认为他们是食利阶层，随着资本数量日益增多，利息率的降低是不可避免也是值得鼓励的事。

学过经济学史的人都知道，熊彼特是最为注重企业家创新精神的学者，可以说他的整个学术成就都是围绕对企业家创新这个主题来完成的。他在三大卷《经济分析史》中不时提到企业家的创新和技术进步的贡献，而且他对企业家在创业、决策和管理企业中付出的艰辛感同身受。他说：

> 根本性的原因是，企业家的利得并不是永久性的报酬，而只有当——采用奈特—多布理论使用的语言——企业家在变化不定的情况下做出的决定证明是成功的时候才出现，与所运用的资本的多少没有确定的关系。换句话说，企业家的利得，虽然像技术性失业那样总是存在，但和技术性失业一样也产生于一连串的事件，而每一事件都是独特的，因而其本身并不引起永久性的利得或失业。除处于零的水平外，并没有一种机制来使得这种“个别的、暂时的”利得均等。[①]

这段话说得有点学术，大意是：企业家总是面临不确定性的困扰，没有人许诺他们永久性的报酬，失败是正常现象，而且每一个人的失败之原因、结果都不一样，总结经验教训都很难！

从《亲缘格局论》的角度看，企业家追求的人生价值之表征是和非企业家差得很远的，也许不能仅仅是薪水的报酬来衡量，如果只是拿高的固定薪水，恐怕只能称之为经理人，经理人和企业家还是很不一样。企业家有远大的抱负，他们的抱负就是创办一个不一样的企业，要么是行业产品领先，要么是规模最大，要么是服务水平一流，要么是百年老店等等，这种抱负是他们最强大的精神动力。为了实现这样的抱负，他们要忍辱负重（在我国，有所谓“阎王好见，小鬼难缠”，企业家遭遇的困扰更是数不胜数），要时时刻刻把企业创新和管理放在脑子里，要不断提升自己各方面的素质，等等。社会和历史总是以成败论英雄，而企业家的胜败如兵家之常事，兵无常势、水无常形，特别是经济制度和政策的变化、企业人事的变动、企业之间的激烈竞争以及资本家的贪婪等等，总是让企业家“行百里者半九十”，成功者总

---

① 熊彼特：《经济分析史》第三卷，商务出版社，2009年。

是极少数，企业家的自我评价、自我激励必须是杠杠的！而且，最要命的是，企业家即使取得了一定的成就，那也是他自己的，他的亲缘格局之提升到了什么样的境界，也只有少部分才能为他的亲人、后人所分享，他们的亲人、后人顶多成为"资本家"，成为食利阶层的一员。

综上，《亲缘格局论》的主张比较适合于对企业家的评估，也比较适合于他们自我激励、自我评价。说到底，企业家是为了自己活出境界、活得痛快而奋斗的，企业家作为创新的个体谁都无法替代。当然，企业家的亲缘格局也是可以流传的，只不过是为全社会所分享，这绝不仅仅是对他们所领导的企业创造的财富的分享，更重要的是对企业家创新精神的分享。全社会无论是从物质财富还是精神财富的创造和传承的角度，都应该大力倡导对企业家精神的褒奖，同时鼓励企业家不断提升自己的亲缘格局。

当然，对于其他类型的创造性劳动者，同样值得褒奖，也要用谱系化金融来进行激励和约束。在智能时代，谱系化金融将伴随"诸众"（the Multitude）提升亲缘格局的努力过程涌现出来。谱系化金融与亲缘格局的提升当然不是一一对应的，只能说谱系化金融达到理想状态时，将会贯穿渗透于亲缘格局的全过程。比如金融用于扩大人生的各种际遇（教育、旅游、到大公司工作、创业等），将有助于使个体遭遇的人物事理更加全面多样；比如金融用于支持一些富于创造力的个体在一段时间内"放空身心"（"无善无恶心之体"得以显现之重要前提），使他们得以全力投入到基础科学或发明创造之中；比如金融用于支持传统文化的继承（"乾坤并建"得以实现的重要前提），使整个社会处于有益于个体经历"乾坤并建"的良好氛围之中；比如金融用于支持思想自由、言论自由环境（"理一分殊"得以实现的重要前提），使整个社会处于有益于个体充分体味"理一分殊"的良好氛围之中；比如金融用于支持和谐社区、文明生态环境的建设（"和而不同"实现的重要前提），使整个社会都处于尊重知识、尊重人才、尊重创造的良好氛围之中，等等。

《亲缘格局论》造就的是可操作、工序化、有动能的哲学，着力点在谱系化金融范式的构建。如果未来金融业的形态果真会如此发展，一体化金融将会逐渐萎缩，则美国“老白男”们的重要基础就要被掏空了。假以时日，中美以及世界人民的“人民战争”的汪洋大海自然会淹没西方社会的“老白男”精英们。但愿我不是在这里异想天开吧。

结语　《亲缘格局论》的核心主题：从《太极图》之阴阳鱼到“无善无恶心之体”

这些评述前文（第三篇）我从柄谷行人的书中摘引了大量关于康德“物自体”的评述，具有相当大的启发性，但未必完全符合康德的本意。我理解，康德的“物自体”（或译为“物自身”，Dinge an sichselbst）并没有特别严格的意义表述，大概应包括三个方面的内容：1、作为自然物（认识对象）的“物自体”；2、作为主体（人）的“物自体”，可理解为因主体而“立”的本体，与此本体相对立的是“现相”（Phanomen）。；3、作为“自在之物”（即所谓灵魂、自由和上帝，有时称为“先验客体”，此时是消极意义上的本体之弱化，已经成为知识对象的才称“客体”）。宽泛意义上的物自体对应的是一般的、宽泛意义上的现象（Erscheinung）。第三篇提到，（第二种意义的）“物自体”的展开是富有哲学意义的，它激发了“共通感”向“普遍性”转化的可能性，从而实现“共通感”的超越，实现个体与他者相融合的主体性。康德的实践理性正是从这里起步的，通向的是康德式的伦理社会主义。

在我的思想框架里，《亲缘格局论》的研究对象限于因主体而“立”的本体及其相关的“现相”（Phanomen）[①]，也即着重于研究康德意义中的第二种“物自体”及其相关的主体、本体与“现相”概念。从康德到胡塞尔的西方哲学研究路线是宽泛意义上的那些内容（即“现象”Erscheinung），他们把自然与社会无所不包的内容作为研究对象。而《亲缘格局论》则试图化繁为简，只把纳入个体及其家族亲缘格局的人、物、事、理作为研究对象。

康德对第二种意义上的“物自体”在《纯粹理性批判》中有许多论述，特别是第二版序言中有许多处，我认为可以直接作为“亲缘格局”概念的注解，当然，也只能称之为发展中的理解或“诠释学”的理解。

康德固守认识和思维的界限，但实际上，智能时代的到来，将有可能导

① 即被规定了的与“我”相关的现象，也即与“无限”之“一”相对的“有限”之“多”，如我所说的人、物、事、理之遭遇，遭遇之时就是被规定之时，有缘来相认、无缘不入心。

致如亲缘格局、自由这样一些“作为自在之物的物”，成为可以“认识或体验”的，而不仅仅是“思维”的对象。将它们作为“认识或体验”的对象，将有助于它们从“思维”的某些死结中挣脱开来。比如亲缘格局，抽象地理解是：“亲在之缘”与“（有亲缘）之在”（即“我”在当时所遭遇的人、物、事、理）融入以往的亲缘格局之中，不断地反身重构而得到“新”的亲缘格局。无论如何，这种抽象的说法也只是一个说法（思维的局限性）而已，但是利用当代金融科技的手段，也许就可以把“亲在之缘”与“（有亲缘）之在”都做出一些定性和定量的描述，从而深化“认识或体验”，而不仅仅是“思维”。

康德《纯粹理性批判》（邓晓芒译本）第二版序这个注释十分重要，但一般研究者忽略了它。如果用“亲缘格局”概念来对应它，这个注释变得更加容易理解了：

> 唯心论尽可以就形而上学的根本目的而言仍然被看作是无辜的（事实上它并非如此），然而哲学和普遍人类理性的丑闻仍然存在：即，不得不仅仅在信仰上假定在我们之外的物（我们毕竟从它们那里为我们的内感官获得了认识本身的全部材料）的存有，并且，如果有人忽然想到要怀疑这种存有，我们没有任何足够的证据能够反驳他。

对于定理“对我自己的存有的单纯的、但经验性地被规定了的意识证明在我之外的空间中诸对象的存有”的证明：

> 我意识到我的存有是在时间中被规定了的。一切时间规定都以知觉中某种持存的东西为前提。但这种持存的东西不可能是某种在我里面的东西，因为恰好我在时间中的存有通过这种持存的东西才能被首次规定下来。所以对这种持存之物的知觉只有通过外在于我的一个物，而不是通过外在于我的一个物的单纯表象，才是可能的。因此，对我的存有在时间中的规定只有通过我在我之外知觉到有现实物的实存才是可能的。

于是，在时间中的意识与对这个时间规定的可能性的意识就必然联结起来了：所以，它也就与作为时间规定的条件的外在于我的实存必然联结起来了；就是说，对我自己的存有的意识同时就是对我之外的他物之存有的直接意识。(B274—275)

(康德说第三到第六行要修改为)但这一持存之物不可能是我心中的一个直观。因为我能在我心中遇到的有关我的存有的一切规定根据都是表象，并且作为表象，它们本身就需要一个与它们区别开来的持存之物，在与该物的关系中这些表象的变化、因而表象在其中变化的那个时间中的我的存有才能得到规定。①

不过我是通过内部经验而意识到我在时间中的存有（因而也意识到它在时间中的可规定性）的，这一点是比意识到我的表象要更多些，它倒是等同于对我的存有的经验性的意识，这个意识只有通过与某种和我的实存结合着的外在于我的东西发生关系才能得到规定。②因此对我的在时间中的存有的意识是与对在我之外的某物的关系的意识结合为一体的，所以它是经验而不是虚构，是感觉而不是想象力，它把外部的东西和我的内感官不可分割地连结起来；因为外感官本身已经是直观和某种外在于我的现实之物的关系了，而它的与想象不同的实在性仅仅是建立在它作为内部经验本身的可能性条件而与内部经验不可分割地结合在一起之上，这就是这里的情况。③

对此我们还可以加上一条说明：关于某种存有中的持存之物的表象与持存的表象④不是等同的；因为前者如同我们的一切表象、甚至物质的表象一样，可以是极为游移不定和变动不居的，但它毕竟与某种持存之物相关，这种持存之物因而必须是与我的一切表象不同的外在之物，它

① 持存之物不是“物”，而是“我”的亲缘格局。所谓“这些表象”，即任何人、物、事、理的遭遇，都是以“我”的亲缘格局去直接面对的，也因为“我”的亲缘格局的持存才能得到规定。

② 人、物、事、理的遭遇与我的亲缘格局的相生相成关系，因为这些遭遇而意识到我的亲缘格局的存在，同时又因为亲缘格局的存在而产生不一样的对这些遭遇的人、物、事、理的接纳。简单地说，“我在时间中的存有”就是我的“亲缘格局”。

③ 以上的三个“它”都是指“亲缘格局”。

④ 即萨特之所谓“现象的存在”与“存在的现象”。

的实存必然同时被包含在对我自己存有的规定之中，并与这个规定一起构成一个唯一的经验，这经验如果不同时（部分地）又是外在的，它就连在内部也不会发生了。①

从康德第二种意义上的“物自体”岔出的这条道，面对与《亲缘格局论》相似的研究对象，大致梳理一下，至今为止已经有以下几个研究路线：一是谢林的宗教情感和人性自由路线，二是黑格尔的纯粹理性辩证法路线，三是马克思的经济决定与资本主义社会劳动价值论路线，四是海德格尔的存在与时间分析带动人生在世“存在感”确认的路线，五是维特根斯坦的语言分析带动文化事态认同的路线。而我比较注重的是经济金融相融合以带动人性“日生日成”和价值论突破的路线，即着重“现相”与“本体”之相关性这一主线，这主要是因为，当代互联网及金融科技的迅速发展，已经使原来模糊状态下的理性认识对象有了“画像”的可能，人的价值、引导和实现有了现实可操作的工具。现在缺乏的是思想上共识的形成和制度创新的支持。

萨特的《辩证理性批判》直言“马克思主义”②的根本缺陷是忽视个体的存在。个体及其家族的生命活力和创造力是任何社会都无法彻底磨灭的，而进入智能时代的人作为个体的创造性劳动（一定程度的休闲是创造性发生的必要前提）显得更加突出了。这是我的《亲缘格局论》最为强调的，摒弃传统哲学的宏大叙事，一切着眼于个体的成长及其价值实现，无所不在的那些社会关系遭遇到之后就会“有缘来相认，无缘不入心”，成为亲缘格局提升过程中的某种成分，而其中任何一种社会关系都不可能是决定性的。

正如康德早已指出的，宏大叙事（即现象的“绝对的总体”的理念）必然会产生“二律背反”，而且那些宏大叙事一般地来说不会给我们以新的知识。“一个最高存在物的概念是一个在许多方面都非常有用的理念；但是这个

---

① 人、物、事、理之遭遇具有瞬息万变的特性，但是由于亲缘格局的持存，这些遭遇也得到了一定的持存。

② 西方马克思主义者一般都把马克思本人的哲学经济学思想同后来前苏联的解释区分开来，他们在谈论马克思主义时一般都指的不是马克思本人的思想，如人们谈到凯恩斯主义时那样，一般都不是其本人思想。

理念正因为它仅仅是一个理念，而绝不能只靠它来扩展关于那个存在物的知识。”①

以中国儒学为根基的《亲缘格局论》，重视个体之主体性确立及与之相关的家族传承，着眼于改变劳动价值论为核心的西方经济学传统，强调终身学习、娱乐、旅游等，从生到死，一直释放正能量，让各个年龄层的人都能安心做自己的事，尽量争取不要泡病号、卧床不起，老有所安、老有所养、老有所乐，直到回去见祖宗的那一天，都是在创造价值！

如上所述，《亲缘格局论》的哲学思辨因素是建立在西方康德以来哲学特别是现象学思维基础之上的成果，但我希望它以中国儒学特别是易学的形式来表达。目标在于："补齐"那"现相"世界的阴影部分，却不能少了"眼睛"（即《太极图》里的阴阳鱼的那两只眼睛）。这正是《亲缘格局论》的核心主题。

无人知道中本聪（典型的日本人名字）是不是东方人，然而作者从比特币的白皮书中确实读出了东方人的思维方式，也可以认为就是易学的思维方式。比特币的出现就是要"补齐"当今世界金融体系的阴影部分，但是我们遗憾地看到，从目前比特币已经运行的情况看，这种"补齐"是被传统思维的人们甚至有可能是被既有的"资本大鳄"把持的，以至于它摆脱不了大起大落的运行轨道，《太极图》的阴阳鱼在这里（到目前为止）仍然只是一个亮闪闪的"太阳"，随时可能会自毁。

现象学并不神秘，它只是要求我们不要把眼前的世界图景当成既有的样子，也不要故意地把自己当成主体来思维客体（既不是主客体二分，也不是主客体混一），而是要努力树立一种"乾坤并建"之理（思维模式），从而发现呈现者与被遮蔽者的相互建构的过程中所展现的"理一分殊"之多回合、多层次的结构图景，从而使自我的亲缘格局也在同样的建构过程中得到不断地提升。美国现象学家罗伯特·索科拉夫斯基说："现象学就是理性在可理解的对象面前的自我发现。""作为整体的世界和作为中心的自我是两种单一

① （德）伊曼纽尔·康德：《纯粹理性批判》，蓝公武译，商务印书馆，1960年，第435页。

性，其他的所有事物都能够被安置在这两者之间。世界和自我彼此相关联的方式，不同于特殊的意向性与它所意向的事物相关联的方式。世界和自我给一切事物提供了一个终极的二元的椭圆语境。”① 简单而言，这样的定义和描述是对的，但这只是静态的定义和描述，然而世界和自我在现象学的视域中不是静态的，而是动态发生的、发展的。我们作为中国儒学的信仰者，不仅期待发现如上所述的世界的“理一分殊”之结构图景和个体亲缘格局的提升，还希望更进一步，在“无善无恶心之体”的价值引导之下，使个体亲缘格局逐渐通达“宙合”之境，使世界真正成为“和而不同”的世界。

亲缘格局是不可磨灭的，只能回溯，这和区块链技术的特性可谓不谋而合。人生在世，“我”时刻在遭遇人、物、事、理，这些经验都有助于构成我的亲缘格局，“我”无法挣脱它们，无论“我”走到哪里，它们都如影随形似地跟着“我”。但是“我”作为拥有主体特性的人，有能力从“我思”到“我能”，让这些经验“有缘来相认，无缘不入心”，从而使之成为重构和提升亲缘格局的有机养分。在以往的岁月中，这些只是只言片语、模糊形象或某些文本的记述，而我们在智能时代要做的是：用区块链和人工智能等技术来实现对这个过程的记录和留痕，不要小看了这样的记录和留痕，它可能会实现亲缘格局的再现、传承，具有重大的哲学和伦理意义。这样，“比特币”们承载的就不只是“挖矿”的成本，而是更有意义的人生场景。经济、金融在这里第一次和真实的人生场景接轨了。有人说，我们每天花钱买东西、买服务，不就是真实的人生场景吗？可以说是，也可以说不是，因为这样的场景是转瞬即逝的，说得极端一点，就像佛家所说的，你买到的只是虚幻的东西、虚幻的服务。唯有通过技术手段把它记录下来，使这个过程成为“我”价值组成和实现的一分子，使我的亲缘格局显现出来，而且在“我”的亲人中留下不可磨灭的印迹，它才能成为“真实的人生场景”。

既然现象学的意向性消融了主客体的区分，为什么还要谈先验主体性？这是现象学运动给自己留下的超级难题之一。现象学创始人胡塞尔在晚年用

① （美）罗伯特·索科拉夫斯基：《现象学导论》第4页、第45页。

“主体间性”来解决这一难题，但难言成功。“主体间性”是必然存在的吗？不是，只有融合了主体性与“主体间性”的亲缘格局是必然存在的，从源头上看，是“我”和“我”的亲人、朋友的存在这一“关系”支撑着这种亲缘格局的存在[①]。正因为如此，人成为主体性与“主体间性”相融合的存在者，是“无善无恶心之体”的承载者，其中，“无善无恶”说的是人本身和自然世界是一体的，是自然世界的一部分；“心之体”说的是人作为万物之灵，人心是最具有灵性的存在，是能感知其他存在者并与之相通的存在者（“寂然不动，感而遂通”），所以才会有王阳明“四句教”之后三句：“有善有恶意之动，知善知恶是良知，为善去恶是格物。”

“无善无恶心之体”揭示了人从生到死这个必然过程的本质。人生如气之聚散，生不带来，死不带去。从根本上讲，必然要回归本原的这个存在者（Dasein）不可能携带着道德的种子，这是元伦理学的基本原理。所以说，“无善无恶心之体”是现象学还原所必然推出的先验伦理主体，它绝不是反伦理的，而是超伦理或者说是先于伦理的主体。有了这样的先验伦理主体，我们看世界的态度才成为彻底的现象学态度，而从根本上改变了自然态度。有了这样的态度，“我”所遭遇的人、物、事、理才可能被摆在一个平面上来理解和领会，使之成为人、物、事（理），并用自己领会出来的“自得之理”来牵引它们不断走向新的更高的层次。这就是《太极图》最终要向我们显示的图景。也即，万事万物之显现的和被遮蔽的都在“我”的视域之中，在“我”的心中得到整合，使之成为阴阳鱼的构成成分。在阴阳鱼的一静一动、动静互涵之中，“我”的亲缘格局渐渐通达“宙合”之境。而在个体生命财富的积累和实现方面，也许《周易参同契》所寓示的东西就在这里。

由于胡塞尔执着于理性（“明见性”）本身，他一生始终处于矛盾纠结之中，摇摆于现象学心理学还原和笛卡尔式还原两条道路之间。从海德格尔开始，至当代法国的保罗·利科、福柯、巴塔耶等人，现象学运动不断向纵深发展，主要方向是清除胡塞尔的“认识论残余”，走向现实世界和真实的自

① 亲缘格局是一种实体与关系组成的格局并不断反身重构形成的新格局，是万事万物格局中最有灵性的格局，它具有“非存在者的存在性”。请参看第二篇。

我，逐步达到充分彻底的意向性，以达到时间、空间与人的身心的一体化，达到生活世界的完整显现。应该说，他们取得的哲学成果是斐然的，但是柏拉图的理性“魅影”始终萦绕着他们，哲学家们的成果止步于学术领域。我们现在要做的是，坚持现象学还原的操作方法，只不过还原要显现的“本质”不单单是“理”，应包括情与理，以及它们附着其中的人、事、物，而我们要达到的“明见性”，是依乎天理之“和”“平”。因为有了情与理的“和”“平”，同一性和可理解性在个体亲缘格局中得以实现（这在中国古代，是所谓“儒道互补”的心理机制）。在此基础上，我们要把这种情与理的“和”“平”往外推，特别是经济金融领域，以价值引导逐步实现社会中个体与个体间的情与理的“和”“平”，使每一个体都有通达“宙合”之境的途径，并在这个通达过程中显现自身价值。

如果亲缘格局及其相关的数字资产理论得以充实完善，而且人工智能、区块链技术等确实能够起到较强支撑作用的话，比特币的属性就有可能从根本上得到完善，也就是说，金融体系的那个阴影部分就有可能真正被“补齐”。以技术手段实现个体数字资产的积累，并由此实现市场对个人、社会价值取向的某种引导，通过这种良性的双向互动，逐步实现个体数字资产与金融市场的对接，以个体信用为支撑的金融体系将会逐步补充、完善国家信用支撑的金融体系。其中最重要的一点也许是，比特币赖以建立的区块链技术有可能实现对个体数据资源的打包和加密，任何金融机构和其他市场机构都必须尊重个体对自身数据的拥有权和拿出来供某一方使用的决定权。说得极端一点，所谓“独立第三方”是不存在的，区块链技术提倡的“去中心化”和“自身溯源、建构自身”的理念对于经济金融领域的重要意义也许就在于此。由于区块链数字金融的促进，新旧两种金融体系（即本书论述的谱系化金融和一体化金融）的互补、互生、互成将成为我们理想中的状况。现象学的思维，说白了，就是阴阳互体、互生、互成的建构，哲学和技术在区块链数字金融这里有可能得到完美的融合。

最后，我们结合当前时势（2019-2020 年），谈一谈我们要以什么样的新哲学和新金融破解美国“老白男”们的激烈而盲目的攻势。

众所周知，美国“老白男”精英们占据了现在特朗普政府的主流地位，正是他们发动了对中国的“贸易战”，其实名为贸易战，实际上是集政治、经济、军事、文化多方面的进攻战，只不过很多潜在目标都隐藏在贸易谈判这个旗帜之下而已。中国四十多年的改革开放虽然在经济开放领域按照西方资本主义的发展经验走了很多相同的路，但我们在政治和人文环境上与西方社会的根本不同决定了发展模式上的差异是明显的。几十年来，我们不仅大大提速了经济增长的进程，而且由于中华文化的精深底蕴和“五四”以来的新的革命传统，已经显示出一种新文化的勃勃生机，而美国近百年来一直沿着实用主义思想的哲学路线在走，在思想上没有取得实质上的进步。我想，这才是最让美国“老白男”们最焦虑不安的，实用主义显然已经跟不上这个世界进步了，这也正是他们焦虑不安的根源所在。我们现在要做的是，总结提升四十年改革开放、近百年革命实践以及数千年中华文明的哲学精华，站在新的哲学高度，以新金融形态来应对中美和世界的发展进程，从而更加从容地制定方针政策，从多个方面消耗敌对力量、团结友善力量，破解美国“老白男”们的激烈而盲目的攻势。[①]

一、美国“老白男”们发动这场攻势的学理依据何在

美国“老白男”们早已焦虑了，这在1993年亨廷顿的《文明冲突和世界秩序的重建》一书[②]中得到了集中的反映。当然，亨廷顿的书当时不主要是针对中国的，中国的儒家文明只是他臆想中的多种挑战西方文明的文明之一，而且后来由于“9·11事件”的发生，“文明的冲突”主要导向了西方文明和伊斯兰文明之间的冲突，中国暂时得以置身事外，而且争取了美国当时领导者的支持，进入WTO，得到了难得的发展良机。二十几年过去了，中国的

---

① 2020年年初以来，“新冠肺炎”（COVID-19）疫情在全球特别是西方发达国家的蔓延，是本书初稿写作时作者始料未及的，2020年5月末因黑人弗洛伊德被美国明州警察虐杀至死而引发全美骚乱。疫情、失业加骚乱，这种”世界末日“般的情景更加证实了作者对西方”老白男“们无力治理这个新世界的判断。

② （美）萨缪尔·亨廷顿：《文明的冲突与世界秩序的重建》，新华出版社，2010年。

发展势头似乎已经不可遏制了，所以“老白男”们几乎是以绝望的眼神看待中国的迅猛发展，同时又以愤怒的情绪咒骂前几任美国领导者对中国的“宽容”，嫌他们不听取亨廷顿的教训，不早点遏制中国。然而，事实真的是这样吗？

事实是，美国对中国的接触和遏制一直是“两手抓”。这固然是美国内部不同利益集团纷争的结果，同时也是美国整体发展的需要。在 1997 年亚洲金融危机之后，日本和“亚洲四小龙”都受到重创，欧洲经济则自二十世纪八十年代以后就没有太大发展后劲，而印度、越南等在当时也没有强烈发展欲望，也就是中国人民在邓小平思想的指导下焕发出改变自己经济条件的强烈愿望，而且具有大多数国家人民都没有的实干苦干精神，美国经济发展的引擎和市场的原动力自然而然地指向了改革开放的中国。美国帮助中国发展经济，同时也多次提出各种“遏制中国”的战略，而且确实也实施了。如 2011 年发布的美国《国家军事战略》报告，明确提出对中国“接触 + 遏制”战略，而且把军事战略的重心转向亚太地区。在此之前，也有类似的“军事战略”版本。只不过，当代和平发展是主流，美国的“鹰派”们并没有多少“发挥才能”的余地，在生意场上的你来我往当中，资金、技术、人才等方面的交流是不可避免的，这给了善于吸取他人先进经验的中国人不少的机会，当然，我们一直也是抱着和平、友善的目标，改善自己生存和发展条件的目标在努力着。

在中国特色社会主义的总基调下，中国人民赋予社会主义经济发展以丰富的想象空间，儒家文明显然不足于概括这样的发展实践的外延和内涵。中国人有着强烈的改善自己个体及家族命运的愿望，这可以视为儒家文明的底蕴，但是儒家文明的大部分形式——乡村社群和宗族礼仪等早已在近百年的革命实践中被冲击得七零八落，只在南方客家聚居地还保留着比较完整的形态。中国二十世纪七八十年代成长起来的精英阶层大都热切地向往西方资本主义的先进文化，而且一批接一批地留学西方的学子回到中国，加入了经济发展的大潮中。他们是受邓小平思想影响最深的两三代人，并没有多少意识形态的偏见，相反，倒有可能过分相信了西方文明的“先进性”，殊不知，二十世纪下半叶以来，随着对两次世界大战的彻底反思，西方知识分子（主要是英法德，美国受其影响）在诸多层面上已经在怀疑这种“先进性”的可持续性。而所谓“知青一代”再往上，则是受近代以来中国革命精神特别是毛泽东思想影响最深，他们虽然对西方意识形态抱着一定的怀疑态度，但毕竟还是很欣赏西方物质文明的发达的。在前几十年美国为首的西方人对我们不是那么敌对的态势下，他们也是对国家经济发展的必要性感同身受，没有过多地强调意识形态的纷争。

经过以上分析，我们可以发现，美国“老白男”们的战略思想如果停留在亨廷顿的水平和视野上，那就未免太局限、片面了。老实说，中国的新文明确实在生成，但究竟会是什么样的形态，中国自己的理论家们还很茫然，美国“老白男”们怎么就知道他们面对的“文明的冲突”会是什么样的局面呢？他们打出去的拳会不会把这个世界打得更乱？还是打在“人民战争”的汪洋大海里？

二、中国新文明的基点和未来形态有可能呈现什么样子

很多人一谈到中华文明，可能就只会说五千年绵延不绝，但我一直倾向于认为，中华文明在历史上是几次遭受外族强烈打击，濒临险境的。在南北朝时期、在“五胡乱华”时期，在蒙元入侵时期，在清兵入关时期，等等，中华文明都是涉险而过，经过强烈的阵痛，顽强地传承下来。各家有不同的解说，但我相信我的导师张岂之先生一直强调的“和而不同”说。而在我看来，“和而不同”的客观基础在于“乾坤并建”和“理一分殊”，也即老祖宗给我们留下的君子之风（对个体而言）和对于家族的信仰。这并不是我们近代以来很多人诟病之的“一盘散沙”，而是面临崩溃之时整合异族文化的文化力量，是分散之后又能够聚拢过来的信仰力量。

中国古人在宋明理学中发展出了比较完善的哲学形态，它是在佛教冲击之下由二程、朱熹、王阳明、王夫之等哲人完成的。我在《亲缘格局论》第一部中摘取了四句话加以概括：无善无恶心之体、乾坤并建、理一分殊、和而不同。本书中，我用谱系化金融和投资现象学进一步拓展了《亲缘格局论》

的当代内涵，同时，我在英国经济学家凯恩斯和法国哲学家巴迪欧那里，找到了《亲缘格局论》的现代解释：

> 人是概率化生存的动物，以人为中心的各事件发生和存在都只是不确定性或可能性。一与多，一是无限（理一）、多是有限（分殊）。理一之难，在于分殊。理一绝对不是“一理”，而是承认并采取有限、独立、多样化（和而不同）的立场。因为从无限的“理一”来观察有限的现象，才形成了证据链与信念度的概率关系。证据链的形成是常规理性思维能力，反映事件发生的客观概率。无善无恶心之体摆脱常规理性的束缚，想象力（人与物）由此开始进入，“多”事件（事）由此开始显现，“一”命题（理）由此开始发生，这些是现象学思维能力，反映事件发生的主观概率。信念度取决于现象学思维能力集成的成果，每个人都不一样。于是，同样概率发生的事件在不同信念度的人那里得到的是不同的概率关系。

在概率化生存的世界中，中西方传统的态度是十分不一样的：在西方基督教传统中，人的最高自由和独立性是认识到自己完全取决于绝对理念，即表现为斯宾诺莎所说的“对于上帝的理智的爱”[①]；而在中国儒家传统中，个体及其家族始终相信仁民爱物、民胞物与的文化力量，始终注重从亲缘格局的提升到融入“宙合”之境，以实现在家族、宗族乃至民族历史上有一席之地的“自由”和“独立”，这就是孔孟所说的“为仁由己”[②]、“仁者爱人”[③]。

我在《亲缘格局论》第一部的序言中说了这样一段话：

> 亲缘格局论是对民族主义根本上的继承，同时又试图做出彻底超越民族主义的努力。从孙中山、章太炎、鲁迅到毛泽东，这些伟大的民族主义者在中国近现代革命史上留下了辉煌的印记，但有一点必须看清楚，他们的民族主义是在中华民族饱受西方列强欺凌的历史背景下产生的，变法图强是当时的主旋律，矫枉过正也是必要的过程。而我们当前面临

① （德）黑格尔：《逻辑学：哲学全书·第一部分》（即《小逻辑》）§ 158，梁志学译，人民出版社，2017年。

② 《论语·颜渊》：“克己复礼为仁。一日克己复礼，天下归仁焉。为仁由己，而由人乎哉？”

③ 《孟子·离娄下》第二十八章：孟子曰：“君子所以异于人者，以其存心也。君子以仁存心，以礼存心。仁者爱人，有礼者敬人。爱人者，人恒爱之。敬人者，人恒敬之。”

的是中华民族全面复兴、全球化信息化的大背景，智能时代即将到来，所以要在更从容地面对西方文化、更深入地了解中华传统文化的基础上，奠定超越近代以来一百多年东西方文化论争的新的哲学基点。经过改革开放四十年的中国，已经在物质财富方面达到了高峰形态，而且在近现代革命的洗礼中成长起来的中国国民在精神文化形态上也已经具备了超越民族主义的基础，特别是在互联网经济金融的模式上中国有可能引领世界的发展，这些都为我们提出站在时代前列的哲学思想提供了诸多有利条件。站在时代前列的哲学必定是要超越民族主义的。

我不敢妄言《亲缘格局论》是未来哲学的确定形态，但它是一个值得努力的方向，这是我确信的。

附录一　参照巴迪欧哲学描述《亲缘格局论》的数理基础与谱系化金融的哲学根基

中产者的亲缘格局 2019 年 9 月 8 日

巴迪欧的哲学十分难解，但是极具挑战性。在《亲缘格局论》出版一年之后，我发现了巴迪欧《存在与事件》（沉思 15）中论述“好的无限性”之生成的六个步骤（其实是对黑格尔辩证法的另类解读），它和我的《亲缘格局论》中的“积极辩证法”之六个操作路径是如此契合，确实让我兴奋不已。分别解释如下：

A、在外在差异的基础上（它不仅仅是他者）某物被当作为一。相关于我的“有缘来相认”。一是无限，多是有限，在对于多之现象的“一”之综合中，我所遭遇的人、物、事、理被当作是“一”。对于每一个体而言，这种遭遇当然是具有差异性的。

B、不过，由于必须从内在固有的层面对之加以认识，我们必须认为，它拥有着它自在的一的他者的标记。融合了外在的差异，它掏空（vide）了其他事物，其他事物不再是另外的项，而是一个空的位置，一个他者之空。相关于我的“无缘不入心”。这“空”里相当于佛家的“空”。对于所有外在的差异，因其“无缘”，我一点也不在意，因而成空，也即“不入心”。在巴迪欧的哲学中，空集非常重要，可以说是其数学本体论的灵魂。我则把“无缘不入心”当成了人生提升亲缘格局之始基，提升过程不可能带着沉重的负担前行。

C、自在地拥有了它的非存在，如其所是的某物，明白了其极限也是其界限，它的完全的存在就是要去飞越（作为定在去存在）。相关于我的“无善无恶心之体”。体用不二，无善无恶是自在地拥有“它的非存在，如其所是的某物”，而且明白“其极限也是其界限”。只有经过这样的体用不二之步骤，才能达到它的完全的存在。

D、由于B步骤，在空之中发生了飞越。在这个空和它对某物的重复（它再次利用了它的极限，随后将之作为一个界限飞越了它）之间发生异变。这就是坏的无限性。相关于我的“乾坤并建”。但是要注意，由于缺乏中国哲学传统的理念背景，巴迪欧在此不可能指出指出“乾坤并建”之理的重要性，而只是强调黑格尔式的坏的无限性将可能产生的麻烦。这是不对的，其实，空的飞越和它对某物的重复，在我看来，并不必然导致坏的无限性，相反，可能导致“好的无限性”，这主要关涉对于后面步骤的理解是否到位。没有中国古典哲学的底蕴，要理解“理一分殊”“和而不同”确实有点难。

E、这种重复是当下显现的。某物的纯粹显在潜在地保留了显在和重复的规则。它是某物的整全，它的具体状态就是每一次发生在有限（规定性）/无限（空）异变之间的震荡。相关于我的“理一分殊”。当下显现的是“分殊”，它以整全的“理一”为基础，成为某一具体状态。但这种“理一”绝对不能统一为“一理”，所以它必然在有限（规定性）/无限（空）异变之间反复震荡。

F、为了命名这种潜在性，我必须从空之中来提出一个名字，因为作为同自身关系的纯显在，在这一点上，就是空本身。我们知道，空是坏无限飞越有限的界限，它的命名必然如此：即无限性，好的无限性。相关于我的“和而不同”。每一个体同自身关系的纯显在，是自己必须保持的“不同”，但是要使当下显现成为可能，必要的“和”也是需要的。“和而不同”，就能通往“宙合”之境，是“好的无限性”。

巴迪欧哲学的数学本体论具有很强的可操作性，它根据后康托尔集合论自创了一套“数学哲学”的体系，在这一体系中，他假设一个完美的情势状态出现了变异，也即某种溢出状态的出现使存在与事件的关系发生了变异，然后试图介入空、边缘、事件位、独有项、不可辨识之物、类性程序等范畴，通过忠实运算和调研等环节，“力迫”它们进入某一逻辑空间之中，从而达到新的“完美”情势状态。和巴迪欧哲学、凯恩斯开创的概率逻辑的融合是我下一步哲学研究的一个重点，这可能会增强《亲缘格局论》的数理基础，从而使数字资产（货币）为基础的谱系化金融在数学形式化方面有较大的进步。

巴迪欧哲学的数学本体论源于莱布尼茨和斯宾诺莎之梦：

“一”是无限，“多”是有限。

只有呈现出来的“多”，或者说是结构化的“多”。

“若一不存在，无物存在”，对“一”的“非在”（即其无限性）作彻底的思考，才能理解“多”之作为有限的存在。

“空”之名称作为独一无二的可以想象的它所支撑的呈现，作为不可展现的呈现，作为纯粹多元而出现的，而所有的多样的呈现就是“以一计数”的结果。

那些人、那些头发、那些泥浆……，相对于思想都是可以展现的，因为在它们之中发生了“以一计数”的效果。

我们无法想象“一”的可以分割的存在，而最终这就是《巴门尼德篇》所建立的东西。我们只能在观念的原则上发现“一”，只能在观念的运算中——“分有一”——而不是在其存在中来“把握一”。“有太一”所涉及的是所有这样的观念，即由于其对“多”进行计数并产生出“一”，这样，在此基础上，让这样（或这样一种实存）是这样或那样。①

凯恩斯理论用“理性信念的可信度”表达出“多”之结构化内涵，同时也部分揭示了“空”之不可展现的呈现（即资本主义“铁笼”中的漏洞）。消费者与投资者（特别是后者）的异质性是非常明显的，也是诸多微观个体的主观性偏差很大，如对投资人“动物精神”的描述，对资本市场上的投资行为如“选美”的描述等，但在经济学语言中，凯恩斯从“宏观”（即“一”）

① 以上参见阿兰·巴迪欧：《存在与事件》之《沉思 2》中译本，南京大学出版社，2018 年，第 50、51 页。

上把握了多元的消费者与投资者之特征（即“多”），分别用了“边际消费倾向”与“资本边际效率”“灵活偏好”等含义模糊的词。

这些相对于古典理论和新古典经济学，是全新的。当时很多经济学家感到很不适应，于是试图将凯恩斯的理论置于原来的思维框架中，结果导出了自相矛盾的陈述。特别典型的是IS-LM模型。在凯恩斯的理论中，投资量与利率走向的反比关系显然是不存在的。相反，更可能出现的是：经济繁荣时，利率越高，投资者信心越足，投资量越来越大；经济萧条时，利率越低，投资者信心越差，投资量不断萎缩。也就是说，投资者对预期投资后取得更大收益的信心比对资金成本（利率）的考量更重要。

也就是说，在凯恩斯的理论中，“一是无限”“多是有限”的内涵已经呈现出来了。在金融市场中，人们关注的是短期，是具体项目的收益率，即“有限”的“多”，而此时利率作为“一”是模糊状态的“无限物”。

然而，在资本主义经济理论后来的发展中，凯恩斯的理论一再被误读，或者说有意地扭曲，实际上就是因为资本主义的“铁笼”的存在，经济学家们（包括凯恩斯自己）都不可能否定那个“一”的存在，而无法在根本上将它视为“空”。

随着金融业因数字经济的迅猛发展而正在发生的剧变，金融的本质也正在发生深刻的变化。我认为，谱系化金融将取代一体化金融，成为未来金融业的主要形态，如果这些真的能够实现，那么金融的本质似可表述为：金融是伴随个体与其家族的生命历程及其相关事业发展的价值生成、积累和交换的过程。生命价值的主要表现形式是亲缘格局，其对应的是个体及其家族的资产综合形态，在数字时代（智能时代）很有可能用数字资产（货币）来整合，如此，则数字资产（货币）的生成、积累和交换有可能将成为金融业的主流形态。前面的公众号文章中已经探讨了一体化金融的式微与谱系化金融的兴起之历史必然性。

概率化生存越来越成为现代社会主流的生存形态，人如何在概率化生存的常态中确立为具有确定性的主体？谱系化金融的介入本质上就是哲学的介入。

参照巴迪欧的哲学描述方法，我们可以粗略地描述出《亲缘格局论》形式化之可能性。

（定义一）亲缘格局是具有确定性的主体价值的体现，同时也是主体确立过程中的价值衡量（即动态与静态价值的统一体），因而，面对面地遭遇人、物、事、理，就是忠实于事件本身，就是亲缘格局价值提升之契机。

亲缘格局的人、物、事、理（包括家族传承的、亲友给予的、外在环境的若干方面），这些与“我”有亲缘的东西在“我”的格局中反身重构后得到的亲缘格局：它是真实的、唯一的、为“我”自己所拥有的存在，是单个的个体的存在，其真正本质只在于“我”自己的内在生命的秘密之中。

（定义二）“盈天地间皆心也，人与天地万物为一体，故穷天地万物之理，即在吾心之中。”（《明儒学案·发凡》）“天地皆心也，变化不测，不能不万殊。心无本体，工夫所至，即是本体。故穷理者，穷此心之万殊，非穷万物之万殊也。”（《明儒学案·黄梨洲先生原序》）因吾心之不确定性，人是概率化生存的动物，不确定性伴随一生（即“有缘来相认，无缘不入心”）。

（公理一）主体之作为个体之永恒性，个体之加总只是个体在一定时空背景下的聚合，总体是虚拟的、政治意义上的。

其哲学内涵是：一是无限，多是有限。在对于多之现象的“一”之综合中，我所遭遇的人、物、事、理被当作是“一”。对于每一个体而言，这种遭遇当然是具有差异性的。对于所有外在的差异，因其“无缘”，我一点也不在意，因而成空，也即“不入心”。在巴迪欧的哲学中，空集非常重要，可以说是其数学本体论的灵魂。我则把“无缘不入心”当成了人生提升亲缘格局之始基，它使“无善无恶”之“心之体”不断呈现，提升过程不可能带着沉重的负担前行。

（公理二）主体价值之确立是个体立世的根本，没有价值地活着相当于虚无，只是简单地与万物为一。

（公理三）具有确定性的主体之唯一可完全确定的是其家族传承的谱系。客家人的族谱和祖祠等是这种谱系的符号化象征。

（公理二）推出的（定理一）每一个体都不会自觉地长期处于空集的位

置，而会自觉地成为某一群体集合中的一个元素。

（公理二）推出的（定理二）自觉地处于空集的位置的个体实现了“无善无恶心之体”的体用之分，但这是高度不稳定的“事件位”，必然要在下一个时点进入“乾坤并建”（即体用不二）的环节。

体用不二，“无善无恶心之体”的呈现，是自在地拥有“它的非存在，如其所是的某物”，而且明白“其极限也是其界限”。只有经过这样的体用不二之步骤，才能达到它的完全的存在。巴迪欧时刻提醒人们本体论的困境，即存在本身是不可“计数为一”的。作为哲学的前提——爱、科学、政治和艺术等等，这些都是存在的呈现。它们相当于一个个大的集合，无数的小集合以及无数的溢出点在其中作为“存在者”，但它们永远都无法充满这些集合。中国哲学的体用不二或者易学的本卦、变卦，如果从这样的角度来展开思维，可能会出现很多新的想象空间。

（定义二）、（公理一）、（公理二）推出的（定理三）主体之确定性来源于无数“理一”与“分殊”之聚合，因主体之作为个体之永恒性，“理一”并非“一理”。当下显现的是“分殊”，它以整全的“理一”为基础，成为某一具体状态。但这种“理一”绝对不能统一为“一理”，所以它必然在有限（规定性）/无限（空）异变之间反复震荡。

（定义一）、（公理二）、（公理三）推出的（定理四）个体之聚合总是为了实现某种价值的聚合，因而可以实现“和而不同”，也即具有亲缘格局之个体能够有意识地通达“宙合”之境。每一个体同自身关系的纯显在，是自己必须保持的“不同”，但是要使当下显现成为可能，必要的“和”也是需要的。

由以上定义、公理和定理推出的（定义三）谱系化金融是基于个体（包括个人、家族和企业法人）生命演化历程的谱系化记录而衍生的金融理念和实践，以个体及其家族的亲缘格局为基础而产生的数字资产（货币）实现价值的计量、积累和交易。

附录二 “直销银行”概念：历史、现实与未来的解析

中产者的亲缘格局 2018 年 9 月 3 日

如黑格尔所言，任何一个完整的概念都是基于历史和现实的事实基础之上，并处于面向未来的不断构建之中。直销银行正处在初期发展中，更是需要寻求事实的基础，同时面向未来。

一、面对面的交易（即直销）是银行一直以来的经营传统，但是被基于抵押的金融服务“阻隔”了

从广义的金融角度，基于信用特别是熟人间信用的理财、借贷、投资等由来已久。最早的银行被称为“长凳交易”。十一世纪时，欧洲商业日渐兴起，当时威尼斯和热那亚曾经是沟通欧亚的贸易要冲，四面八方的生意人云集，流通着各国货币。为了便于鉴别和兑换，出现了钱币商。由于条件简陋，当时的“银行”办事处只有一条长凳，所以商人们称它 Banco（意大利语），这样的交易就是明显的“直销”。有的历史学家考证，这种交易可能远比十一世纪早，可能出现在2000多年前的希腊。在中国古代特别是明清时期的钱庄，大都是基于信用的民间理财、借贷，钱庄的老板、伙计和客户之间的关系和熟悉程度直接决定了理财、借贷业务的成败。基于信用和基于抵押的金融服务，这两种银行传统始终是并行不悖的，而且随着近现代金融深化，基于信用的理财和投、融资更是得到了长足的发展。

这里实际上存在两个方面的问题：一是面对面的交易方式。这是银行经营一直存在的，银行经营原则上不再寻求别的中介渠道。二是基于抵押的

相对于基于信用的金融服务的复杂性和繁琐程序，让客户感到好像经过了许多“中介”才可能得到银行的服务。一般而言，能不能为小微企业提供金融服务，银行有两种考察企业的基本方式：一、传统的风险控制方式，即在确认企业的现金流和还款能力、还款意愿的同时，要求小微企业必须提供抵押物或质押现金等；二、综合考察企业领导人和团队的素质、信用状况，企业的技术或贸易渠道、背景，企业的现金流和还款能力、还款意愿，重点放在还款能力和对相对较高的利率的承受能力上。简单地说，传统风险控制模式是抵押物崇拜，是以抵押物是否足值为主，以财务、其他情况分析为辅，而小微企业金融服务的创新则是基于对客户真实现状的分析，不是看重抵押、担保，抵押、担保主要是形式上的。按借款人评估的“5C”原则：声誉（Character）、资金实力（Capital）、担保（Collateral）、能力与资格（Capacity）、经营条件（Condition），其中Character和Capacity是创新小微企业金融时最为看重的。

在中国，直销银行的兴起和互联网金融有着密切的关联，甚至可以说，直销银行是被互联网公司的金融业务迅速兴盛“逼”出来的。但是反过来看，互联网公司的金融业务模式除了金融科技因素外，又直接受益于国内外的社区银行和小微金融的模式，简单地说，就是对大银行关照不到的“长尾”个人客户和小微企业客户进行了深入的研究，对银行基于信用的金融服务传统作了创新和改造，并借助于金融科技手段实现了对这些客户的金融服务。追溯到金融支农、支小、扶贫等，普惠金融在中国不是新鲜事。从二十世纪末开始，商业银行就被政策引导向“三农”、小微和扶贫倾斜，在这一过程中，银行业金融机构一直是主要承担主体。互联网公司的贡献在于，他们对以往的银行探索性业务变成了大众性、普及性的业务，在短时间内形成巨大的规模。从长远看，直销银行的发展不仅要在理财和个人消费信贷等方面做出努力①，更重要的是继续探索如何解决小微企业金融服务“安全边界”的难题。我们在此提出小微企业金融服务“安全边界”的概念，试图替代传统银

① 头部互联网企业的金融科技公司已经走到了前面，而且由于他们在生活场景方面业已形成的巨大优势，银行的模仿、追赶可能并不十分有效。

行对于企业信贷的“风险控制”概念。安全边界就如同古老太极图中的“阴阳鱼”的那条S形边界，是一个流动的、充满弹性的边界，又是阴阳两边（即小微企业金融的主客体）互相环抱的边界。它完全不同于“风险控制”的那些僵硬的“标准化”条条框框。中小银行提供小微企业金融服务，目标在于和小微企业共生共荣，所以要立足于银行本身的可持续发展，但同时中小银行的发展又在很大程度上依赖于小微企业的生存和发展。“皮之不存，毛将焉附？”从宏观角度看，小微企业金融服务的目标必须放在提高小微企业的存活率和成长性上；而从微观角度看，小微企业金融服务的目标则是通过主客体的深度融合、各种不同于以往“风险控制”的指标的设定，尽可能地选择信用良好、能与银行共成长的小微企业作为合作伙伴。

小微企业金融服务“安全边界”概念的提出，是对传统银行服务的客体对象化思维的突破。我们谈安全边界，不是像以前一样，银行摆个柜台，等待客户上门提供各类报表、相关的抵质押物清单，审查通过后办理抵质押，才能放款，而是银行主动到客户那里去，在某一行业、地域的若干客户中筛选出处于安全边界范围之内的，通过谈服务价格、期限等，达成一致后，再看客户是否能提供相关的抵、质押物或担保，而且抵、质押物或担保是可选的，可根据客户愿意接受的价格及其自身条件而定。体现在直销银行经营模式上，就是要研究如何把这些已经在小微企业金融方面“线下”实现的模式在“线上”实现。

二、直销银行的发生发展基于新的市场环境和技术变革，银行作为主动行为者（主体）要做出的改变

进入二十一世纪以来，银行所服务的实体经济互联网化趋势十分显著，特别是商业基础设施已经发生变化，更形象地说，是操作系统变了。媒体、百货、出行等行业都在变革，从电视到自媒体，从线下商超到线上电商，从招手叫车到软件约车，商业服务的本质虽然没变，但是商业的服务流程和发展模式已经被颠覆。还有一个重要变化，就是银行的市场约束条件发生了重大变化，特别是利率市场化的实质推进。在新的经济形态和市场约束条件下，

许多银行加快了“新型银行”即数字银行、直销银行的建设，着眼点就是建立和新经济共生共荣共成长的新金融机构，将金融服务嵌入到人们在线生活的各类应用场景中。

一是贴近民生行业、深度挖掘场景体验。银行传统的玩法是靠人、靠网点，对应的是某一个独立的业态，一个相对完整的产业链条。比如你到链家咨询买房，和中介相约选房，然后到银行贷款，然后贷款交钱买房。比如冰箱彩电的产供销一体化体系。而互联网经济或者新经济很大程度上是碎片化的生活状态和碎片化的生意状态，电商提供的是碎片化的场景和碎片化的产品，像店面超市的货架一样摆出来。数字银行、直销银行的深度场景化，就是融入互联网生活里面的方方面面，客户和潜在客户顺手就可以发现你的服务、消费你的服务。

二是紧紧抓住创业企业中“数字原住民”和“数字移民”等新客户的培养入驻。“数字原住民”（Digital Natives）指一出生就面临着一个无所不在的网络世界，便生活在互联网与手机刚性、自然地存在着的时代，对于他们而言，网络是他们的生活必需品，数字化生存是他们从小就已经适应的生存方式，通常所说的90后、00后就是典型的“数字原住民”。“数字移民”（Digital Immigrants），一般指因为出生早于二十世纪九十年代，是数字科技、数字文化兴起过程的见证者，但学习应用起来并不十分顺手，看起来是从“无互联网和手机的世界”迁入“互联网和手机的世界”的新移民。“数字原住民”和“数字移民”是当代中国最有创造活力的群体，他们已经是或即将是小微企业、创业企业的主力军，直销银行应积极创建与这些群体顺畅沟通的平台，引导他们积极参与、进入银行的“安全边界”中。

三是做好适应小微企业发展的产品生产流程和运营模式的创新。银行产品的同质化严格来说是无可避免的，这是银行特色所在。《商业银行法》的经营范围就4条，任何银行不可能跳出去。对银行来说，举最简单的例子，包商银行的存款和中国建设银行的存款有什么区别？本质没有多少区别。但是生产流程可以有差异，但是你从一个APP的页面、产品的展示来看是看不出区别的。银行到客户手里，最终销售的是一张合同，关键的条款是确定价格、利率、额度、还款方式等等。银行产品的生产流程、运营模式对这些条款有重要影响。

四是创新管理机制和组织能力。你在一个银行做新的业务的时候，会面临这样的各种各样的难题，老有各种各样的质疑。对于银行具体业务经营者而言，面对各种管理资源分配的复杂流程是很令人崩溃的，因为做出资源分配决策的好像是企业的高层管理者，而实际上这些决策的实施掌握在中层管理者甚至是普通员工的手中。作为一个整体的机构而言，他们会容忍你在某些具体业务方面的失败，但不会容忍你创造新的业务类型的失败。正是基于这些考虑，数字银行、直销银行的运作应该是自成一体的。IT 和运营是独立的，财务和考核核算是相对独立的。特别重要的是品牌运作是相对独立的。

要做好直销银行，不光是要学习借鉴互联网头部企业先行的金融科技，而且要从银行固有优势出发，对小微企业金融服务内涵及外延按行业、产业进行细分，比如：

1、零售服务业，存贷款居多，特别是贷款期限短、需求频率高。除个别零售业巨头，一般不易做大，“小本生意”要理性计算和控制贷款数量，不需要数家银行来授信，避免过度授信，增加企业的现金流压力，导致“借款人风险”的增加。这些客户也可以和互联网公司、助贷机构合作，利用他们经过分析的大数据来确定授信和放款额。

2、高新技术创业企业。创业企业一般都有较充裕的前期投资，但需要在特定环节增加新的投资，贷款期限不长，争取到新的投资者后就能还款。银行如果能得到监管放可，也可以在 Pre-IPO 阶段适当介入投资行为。

3、制造业企业。一般是为核心企业配套的上下游企业，有较稳定的产品需求，可以用供应链融资等产品进入。这些企业一般来说需要资金支持的量也是比较稳定的，不要过度放贷，以免鼓励其经营冒险行为。

4、“公司（合作社）+ 农户”。这种形式提高了农牧业生产的组织化程度，农牧业生产链条渐趋完整，农村增收潜力得到提升，也使为之提供服务的小微金融机构经营能力增强。农户贷款作为小微企业金融的重要组成部分，2013 年以来得到长足发展，等等。

三、直销银行的内外部生态圈建设

直销银行的发展有两个重要问题必须解决，银行之间不要陷于恶性竞争，对于客户而言则不要陷于“过度负债”，这就要求我们不可能是单打独斗，而是要抱团取暖，形成广泛、稳定、互相支持的生态圈。着重以下五点：一是充分利用现代信息技术特别是金融科技，从而彻底摆脱传统银行物理网点的束缚和区域限制。二是深化主客体的融合，进一步打开金融服务的安全边界，融入生活场景和商业活动场景。三是安全、即时、高效，在数字时代新客群中建立信任，必须对“长尾”个人客户和小微企业客户带来看得见的实惠。四是直销银行运营、流程和品牌建设完全不同于传统银行，直接关系到事业的成败。五是强调“在线”模式特点的同时，传统银行固有的人才、信息等方面的优势必须得到发扬光大

四、发展直销银行应主动纳入监管特别是宏观审慎监管框架

互联网金融的迅猛发展，引起了中国监管当局的高度重视。中国人民银行在《中国区域金融运行报告（2017）》中提出，探索将规模较大、具有系统重要性特征的互联网金融业务纳入宏观审慎管理框架。在传统银行的监管框架中，微观审慎监管长期占据着主导地位。2018 年金融危机揭示了金融机构和金融市场内在关联性的瞬间传染性后果，凸显了宏观审慎监管的必要性。而把互联网金融纳入宏观审慎监管框架，正是出于央行对互联网金融的高度敏捷性和瞬间传染性的担心。目前直销银行受到牌照、独立法人地位、产品模式、竞争力和吸引力等多方面影响，并没有做出多大的规模，但是可以展望的是，假如在一段时期以后，牌照和独立法人地位在一定程度上放开，有可能若干直销银行的营业规模会迅速扩大，成为央行关注的“规模较大、具有系统重要性特征的”互联网金融机构。

我们主张，发展直销银行之初，就应主动纳入宏观和微观审慎监管框架。监管越放心，牌照的发放就越可行，直销银行发展的动力就越足。监管机构应顺应金融科技的发展潮流，充分利用大数据、云计算和区块链技术，弥补互联网金融监管空白，健全相关行业监管框架，平衡好互联网金融对实体经

济的促进作用与其潜在的风险隐患，同时还应增强公众的互联网金融安全意识和风险防范能力，构建科学高效的监管体系。

尤其值得重视的是直销银行的资本金和风险覆盖。直销银行的子公司运作模式有可能会得到更多的监管许可，并允许股份构成的多样性，但这些不能影响资本金的充足和操作、声誉、市场等各类风险覆盖的保证。行业协会可以在金融科技和产品创新等方面引导各家直销银行采取相对稳健的方案。监管机构有权要求直销银行在产品设计和规模等方面报备。可以探索母公司在央行交纳一定的存款准备金或风险保证金（有些直销银行有可能不是以存款、理财等产品模式为主），以便在个别直销银行发生流动性危机时迅速得到央行和其他相关金融机构的救助。

当然，我们也主张，毕竟直销银行是新生事物，从长远看它的发展将有利于解决当前金融机构和金融市场的某些根本问题，因此需要多方面的呵护。在直销银行的发展初期，应更加注重包容性监管，主要考虑宏观审慎监管方面的风险因素多一些，而在具体业务和产品模式上不妨宽容一些、放开一些。

附录三　在后电商（或 VOICE）时代直销银行如何利用亲缘格局概念做 C2C2B2C

中产者的亲缘格局 2018 年 9 月 14 日

长期以来，传统零售业以线下多级分销为主，价值链效率低、消费者体验差。数字化技术（互联网、移动互联网、移动支付、二维码等）的突破和普及，促成电商业持续爆发式增长。众所周知，以电商为代表的互联网公司的金融业务是以 B2C 积累的客户基础起步的。在中国，直销银行的兴起和互联网金融有着密切的关联，甚至可以说，直销银行是被互联网公司的金融业务迅速兴盛“逼”出来的。

后电商时代，出现了多种新的消费者接入的趋势，如：

1、消费者在线上多个渠道了解产品，然后有可能转到线下定向性购买，这种全渠道融合的购物决策，将成为消费者行为的常态。

2、未来实体门店的便利化设置（如无人售货机、无人货柜、无人超市）以及女性顾客对于实体零售店的依赖，有可能会加快线上线下相融合的进程。

3、社交平台与实体业态的融合，将通过基于社交数据的平台广告、有针对性推送或意见领袖的推荐来提升消费者关注度。

4、通过深度接洽滴滴、美团、优酷等其他生活场景中的个体，以及传统商城和线上商家的数据合作，引导、触发消费、购物场景。

5、未来 90、00 后消费者不再满足于“爆款”标准化产品，而开始更多关注个性化产品，甚至定制化产品，以提升消费体验、彰显个人生活品位，等等。

所有这一切变化都将更多地指向 C2C2B2C，其中 B 既指实体门店，或其他线上商家，也指直销的产家。

未来的企业将更多地转向“小而美”，在这样的企业中，除了以往强调的企业家创新能力之外，其他个体发挥的作用更明显，企业家和员工的互动将更显著，并且会有更多机器与人相互协作，同时不同的人与人之间又是相互独立的、分散的、去中心化分布的关系。因此，对于小微企业金融服务而言，C2C2B2C 也很可能成为新的小微企业金融范式创新的重点方向。小微企业金融的重点在于对个体亲缘格局（广义的）的技术“画像”和灵活性处理、把握。

从根本上看，直销银行的发展不仅要在理财和个人消费信贷等方面做出努力（这些互联网公司已经走到了前面，而且由于他们在生活场景方面业已形成的巨大优势，银行的模仿、追赶可能并不十分有效），更重要的是继续探索如何解决小微企业金融服务的难题。实际上，互联网公司的金融业务模式除了金融科技因素外，直接受益于国内外的社区银行和小微金融的模式，简单地说，就是对大银行关照不到的“长尾”个人客户和小微企业客户进行了深入的研究，对银行基于信用的金融服务传统作了创新和改造，并借助于金融科技手段实现了对这些客户的金融服务。追溯到金融支农、支小、扶贫等，普惠金融在中国不是新鲜事。从二十世纪末开始，商业银行就被政策引导向“三农”、小微和扶贫倾斜，在这一过程中，银行业金融机构一直是主要承担主体。互联网公司的贡献在于，他们对以往的银行探索性业务变成了大众性、普及性的业务，在短时间内形成巨大的规模。银行未来一段时间要重新占据主导地位，就在于发挥银行传统优势，研究如何把这些已经在小微企业金融方面“线下”实现的模式在“线上”实现。其中一个关键点，就在于把 C2C2B2C 的各个环节特别是若干个 C 突出出来，用生态圈建设、分行网点、银行自建场景等多种渠道把相应的数据“做”出来。直销银行总部“做”数据的过程实际上就是和合作伙伴、分行网点深度融合的过程。

国际领先银行借鉴零售业的“全渠道”概念，提出打造全渠道银行（Omnichannel Bank），意在为客户提供一体化全方位的数字化金融服务，提升各渠道各环节各个触点的客户体验，强化其一致性和透明度。麦肯锡的研究表明，使用多渠道的客户会给银行创造更多价值。使用单一渠道的客户平均持有五种银行产品，使用三种渠道的客户平均持有七种银行产品，而使用三种渠道的客户平均持有九种银行产品。与此类似，使用三种或更多渠道的客户贡献的收入是单一渠道客户的两倍以上。[①] 在打造全渠道银行的过程中，ING、星展银行、花旗银行等的实践表明，传统网点的改造有助于客户体验的直接提升，促进线上线下金融服务的深度融合。如 ING 利用远程渠道处理简单的交易业务，而实体网点则更侧重于为客户提供复杂产品的投资咨询。

可以明确的是，各渠道各环节各个触点的客户体验，与我提出的“理一分殊”多回合、多层次的结构[②]是完全吻合的。这是古老的中国儒学、西方现象学和金融科技相结合的一个范例。其中，所谓“全渠道”中的客户个体数据的打包分析是关键点，在分析中要紧紧把握的是客户个体本身的同一性和差异性，以及个体与个体之间的同一性和差异性。

无论是个人客户的投资理财咨询、消费贷款还是小微企业金融产品的直销，除了数据收集、处理、分析能力建设，更重要的是在全渠道中扮演中枢角色的客户经理或产品、咨询小组的个体能力建设。在麦肯锡定义的 V（Volatile 动荡）、U（Uncertain 无常）、C（Complex 复杂）、A（Ambiguous 模糊）时代特点的基础上，我认为着眼于个体能力建设（狭义的亲缘格局），可以改编为 V（Volatile 动荡无常的）、O（Overflow 信息泛滥的）、Individual（突出个性的）、C（Complex 复杂多变的）、E（Estimative 能估计的），简称 VOICE（声音），即这个时代如声音一样，在嘈杂的声音中要求辨别出具有个性化的个体之声音。像麦肯锡强调的“敏捷小组”建设，敏捷项目经理处于敏捷变革的核心，是转变组织形式、落实运作机制、渗透观念文化的先锋。在直销银行建设和面向客户的全过程，银行领导者应特别注重敏捷项目经理的培训，围绕金融、科技、哲学的融合点进行多维度、多象限的知识和能力训练，培养一批又一批“种子选手”。为了打破银行固有的思维惯性、规定流程的束缚，除了高层的决心，这些种子选手的能力、耐力和持久作战力是成功的

① （美）尤尔根·梅菲特、沙莎著《从 1 到 N：企业数字化生存指南》，上海交通大学出版社，2018 年。

② 陈玉京：《亲缘格局论：面向智能时代的哲学》，经济日报出版社，2018 年。

关键。

当然，要做好直销银行，不仅要学习借鉴互联网公司先行的金融科技，而且要从银行固有优势出发，对小微企业金融内涵及外延按行业、产业进行细分。这些细分产业、行业特点的工作必须是深入细致的，也要靠直销银行的“敏捷小组”来操作。

在后电商（或 VOICE）时代，直销银行要围绕 C2C2B2C 做足文章，以下是特别要重视的几点：

1、利用现代信息技术特别是金融科技，摆脱传统银行物理网点的束缚和区域限制。

2、深化主客体的融合，进一步打开金融服务的安全边界，融入生活场景和商业活动场景。

3、安全、即时、高效，必须给“长尾”个人客户和小微企业客户带来看得见的实惠。

4、直销银行运营、流程和品牌建设完全不同于传统银行，直接关系到事业的成败。但强调“在线”模式特点的同时，传统银行固有的分支行网点、人才、信息等方面的优势必须得到发扬光大。

最后，我想指出，“直销银行”的最终实现形态有可能是通过区块链数字资产（货币）实现的。现有金融科技对传统银行的修正已经产生了巨大的效用，但是如果没有“货币创造”这一根本机制的变革，修修补补仍然改变不了银行真正的传统，即利用“不对称信息”赚钱的传统，这一点不改变，银行的直销模式到底能走多远，还有待于实践检验。同时，区块链技术对大数据的整合，将更有助于个人客户、小微企业中的个体保护和自愿交付自己的数据，可以让直销银行走出不同于以往互联网公司数据处理模式的新路。

附录四　韦伯在美国的影响力为何远远大于桑巴特和西美尔

中产者的亲缘格局 2019 年 4 月 9 日

现代学术史上有两个重要人物都是“墙内开花墙外香”，他们是凯恩斯（John Maynard Keynes）和韦伯（Max Weber）。如果没有他们在美国的门徒不遗余力地宣传《就业利息和货币通论》、《新教伦理与资本主义精神》，恐怕他们的著作也早就被历史遗忘了，而不是像现在这样在美国长盛不衰，而且通过美国又传向世界（特别是中国这样的国家）。

韦伯写作《新教伦理与资本主义精神》的初衷可能是出于对英美清教主义的某种认同，但主要还是对于德国当时发展现状的某种失望：他似乎看到了资本主义这个怪兽的发展中的一种危险，他把它比喻成“铁笼”，资本的强力对知识和理性的窒息感无处不在。他觉得，从历史上看，新教的“英雄主义”般的禁欲而又理性的自我创造了资本主义的辉煌，到如今也仍然可能发挥其内在权能，突破资本主义的桎梏。

韦伯的《新教伦理与资本主义精神》写作受到了格奥尔格・耶利内克《人权与公民权宣言》的影响。耶利内克把人权的起源追溯到恪守宗教教规的十七世纪和英美世界，他有两个重要观点让韦伯感到折服：第一，“从法律上承认那些不可剥夺的、与生俱来的、神圣的个人权利，这种观念并非来自政治，而是来自宗教。它一直被认为是法国大革命的成就，但实际上是宗教改革及其斗争的果实。”第二，“1789 年的原则实际上就是 1776 年的原则。”耶利内克指出，法国大革命和 1848 年德国革命的失败，在很大程度上就是因为这一事实：权利要求的提出没有得到必不可少的制度支持，而在美国，良心自由产生于宗教斗争，新教信仰使罗杰·威廉斯坚决要求把良心自由包含在罗得岛的特许状和契据中，这一做法为其他殖民地所仿效。

对此，韦伯在谈到基督教内部的“文化斗争”时评论说：

> 尽管它们（天主教徒的良心）非常强烈，但是承认别人的良心自由的既不是天主教会，也不是（旧时的）路德教会，而是加尔文宗和浸礼会的教会。……（只有）那种坚持不懈的教派才能提出被统治者不可剥夺的反对权力的个人权利，无论那是政治的、僧侣的还是父权的权力。耶利内克令人信服地证明了，这种良心的自由乃是最悠久的人权；总之，它是最基本的人权，因为它是由全部受道德约束的行为构成的，并且为免于强制、特别是免于国家权力的强制提供了保证。①

韦伯强调了天主教教义和路德主义实际上的连续性。路德主义以一种有缺陷的形态体现了新教虔诚，与传统主义的天主教徒行为方式、更适合，而不是与加尔文教徒的道德活动更合得来。②韦伯把路德主义传统视为德国资产阶级政治解放的阻碍力量，它对传统主义和威权主义有着顽固不化的嗜好。在韦伯看来，实现政治现代化和社会进步就在于反对路德主义。

韦伯对西方资本主义理性化的看法是高度矛盾的：

理性化不应当仅仅被理解为自我权力的障碍，因为清教徒的例子不过是表明了它作为权力之工具的作用，一种操纵自然、经济、政治与得救的手段与形式。但是它的性质和它的制度化却使它操纵了现代世界，韦伯认为，社会需要的是既能利用又能控制它的人，而不是被它操纵的人。在韦伯看来，理性化很可能会彻底支配自我与社会，剥夺自我与社会的任何想象力，作为个人只有被迫就范。

西方的理性化在某种程度上乃是同一、有序的清教主义自我的意外创造，他们的精神曾经提供了一种气质，使那些获得权能的个人为了神圣的任务而把这个世界理性化。但是，理性化的创造物现在却控制了它们的创造者。……理性化的进展所造成的对自我的“除（去权）能”，削弱了西方勇敢

---

① （美）莱曼等编：《韦伯的新教伦理》中译本，辽宁教育出版社，2001年。绪论第25页。

② （美）莱曼等编：《韦伯的新教伦理》中译本，辽宁教育出版社，2001年。正文第23页。

面对政治与社会斗争的能力。这个问题对于德国来说尤其现实。[①]

韦伯的《经济与社会》《新教伦理与资本主义精神》对于商业和工业资本主义发展过程中理性化簿记及其延展物的重要性作了充分的阐述，然而，他忽略了另一个重要的问题：西方资本主义在近现代的高度发展，一直是和国家理性的支援分不开的，甚至可以说，正是由于国家理性的“无边界”支援，才使得资本主义发展最关键的要素资源——资本得以在金融市场和金融工具的运作中顺畅地进入生产和贸易过程，而金融市场和金融工具本身的建立和运作也是以国家强力为支撑的。国家理性的“代表物”就是货币和法律。这些冷冰冰的“代表物”显然不是清教徒的禁欲主义理性行为所能足够解释的。韦伯在《新教伦理与资本主义精神》的最后一段以悲愤的语气指出的资本主义“铁笼”，在很大程度上是这些“代表物”发挥其极端作用的结果，而不是清教徒理性的逻辑延伸。如果追溯历史的话，金融市场和金融工具的作用之所以发挥出来而且为国家所看重，可能关涉更紧密的是十五世纪以后犹太人的“商业 + 金钱”理性以及他们所鼓励的奢侈消费生活方式。这是金融资本主义的前身，是韦伯所竭力贬低的“投机性的贱民资本主义”，而桑巴特和西美尔无疑更加透彻地阐明了金融资本主义产生的根源及其利弊得失。很显然，在美国，人们更加看重的是马萨诸塞、罗得岛等地清教徒的严苛、道德真诚和他们创业的光辉历史，而比较忽视以纽约为基地的犹太人在金融市场和金融工具上的贡献。韦伯在美国的影响力为何远远大于桑巴特和西美尔，由此可见一斑。

---

① （美）莱曼等编：《韦伯的新教伦理》中译本，辽宁教育出版社，2001 年。正文第 163、164 页。

附录五　货币起源于征税之需要还是“道德的补丁”？

中产者的亲缘格局 2019 年 7 月 3 日

最近看了周洛华写的《货币起源》[①]，颇有感触。高手在民间，这一点不假，周洛华虽然是历史学家周谷城的孙子，但是在财经界并没有多大名气，而且前面写了两本书（《金融工程学》和《金融的哲学》）也是不起眼，但是这本书却让我觉得是亮眼的东西！

周洛华的观点是货币起源于“道德的补丁”，这个观点很重要，这与我一直在说的“谱系化金融”是古老文明中互助互利传统“回归”的观点是一致的。谱系化金融虽然只有在现代科技与互联网的情境中得以广泛应用，但它的出现却是十分古老。这就是周洛华书中的那种近乎想象中的场景：能干的猎手打下的东西被集体分了，集体中的人越来越多，奖懒、罚勤，这样的小社会难以维系。给他什么样的补偿呢？人们想出了一种记账的方法，而且对于这种记账还要提供能够对它抵押或背书的东西，如该书中所说：“货币的最初形式是一种有质押的借条，且诞生于道德体系之后，成了道德的补丁。”（P115）于是，道德原则也发生了相应的改变，从“知恩图报”到“有借有还”，从爱惜“面子”到爱惜“信用”，等等，社会的演进从此开始。

我觉得周洛华书中的这种解释可与另一种关于货币的解释对照起来看，那就是货币起源于征税体系，这当然是在国家产生之后的事了。现在有考古证据表明，至少在公元前 560 年之前，西方吕底亚王国的金银铸币就产生了。

---

① 周洛华：《货币起源》，上海财经大学出版社，2019 年。

（参见《蒙代尔经济学文集》第六卷）而在中国的春秋时期，齐国的货币和征税体系也是十分完备。（参见《管子》）那么，要说最初的起源，可能与国家征税体系相关的货币至少有4000年的历史（如凯恩斯《货币论》所言）。至于说，记账或表征货币与国家法定货币到底谁在先谁在后，凯恩斯并没有说，周洛华的说法也可能纯粹是想象，但是我宁愿相信货币起源于“道德之补丁”，而且在国家征税体系之前就有了。国家为了统一征税，凭空制造出某种货币是可能的，但更可能的是根据原有的货币形式加以改造。当然，我更愿意相信货币起源于“道德的补丁”，和我一直倡导的谱系化金融之“回归”是分不开的。

借用周洛华书中的两句话：“确立人的价值才能建立完整的价值体系；拥有高尚的道德体系的国家才有最稳健的货币体系。”从当前Facebook准备推出的Libra来看，立足于人类道德新境界的金融伦理观念越来越深入人心了，但是美国议员们对Libra的打压也表明，金融资本家们已经习惯于掌握其所谓“稀缺”的金融资源来获得人间一切“美酒美女美食”，要他们放弃这种权力太难了。如康熙大帝所说：我多想再活500年！

货币、道德、宗教、价值观，自古以来一直就是紧紧粘连在一起的。我们要尝试推出某种类型的新货币时，没有对新的价值观的深刻领悟能行吗？想起当年上海沦陷后英美支持民国政府法币价值的往事，令人深思。为什么抗战胜利了，英美反而不再支持国民党了呢，法币改成了金圆券，最后成了废纸，国民党在内战中兵败如山倒，这同样令人深思。有文章分析三个原因：一是“敌产”国营化失去了私营企业主的支持；二是法币发行无度和金圆券改革失去了城市居民的支持；三是共产党在若干解放区搞的土地改革赢得了农民的支持等。但是这都不足以说明，为什么国民党领导抗战胜利后的民望如此高涨，三五年间就失去了几乎所有人的支持？如果从金融角度看，美国的态度的转变也许是更关键的。美、蒋之间的价值观冲突很严重！其主要表现在蒋介石与史迪威的军权争夺、《美国与中国的关系》白皮书等，美国在1949年前后已经决心抛弃老蒋，希望尽早和中共新生政权取得联系。可惜历史再次转弯，因朝鲜战争导致美、共交恶近30年，中国失去了最佳的现代化建设时机。

虽然张维迎“资本雇佣劳动”的博士论文思想颇为激进，但后来采纳张维迎的建议而推出的双轨制改革的路径却是渐进的、妥协的，中国经济就是在这样的渐进妥协的路上走出了奇迹般的增长，当然，同时也出现了无所不在的腐败。进步的代价不算小啊！说白了，双轨制的哪一轨都源于对物质资产的争夺，两轨并用的结果就是对精神生活的鄙夷。我们以开放促改革，走出了中国特色社会主义之路，但是因追随资本主义金融体系而面临的困境也是很显然的。我们现在倡导二元世界也许有助于解脱困境：数字资产源于亲缘格局整体提升的结果，由于人的“必死性”和消费能力的有限性，使得过多占有物质资产的贪婪欲望变得没多大意义，相反，由于数字世界的普惠性更容易达成，资本不愿进入或难以渗透的地方会拥有数字资产的“光”。上帝说，要有光，光就有了！马克思当年设想的“普照的光”就在这里。

附录六　资本是积累的劳动吗？从亲缘格局角度看一切都变了

中产者的亲缘格局 2019 年 1 月 16 日

资本是积累的劳动。这是古典经济学家们一致赞同的命题，不管他们认为这种积累是合理的还是不合理的，不管资本是靠节欲积攒的，还是靠剥削工人得来的，反正从实物资本的角度看，资本是积累的或储藏的劳动，这一点看来没人质疑过。是啊，大至房子、街道、铁路，小至一支笔、一根针，如果它们都有利于下一步的再生产，谁能说它们不是劳动创造因而积累下来的资本呢？经济学家一直执着于这一点，他们创造了各种各样的经济理论，却发现总是有一些矛盾无法化解，争论来争论去没有结果，最有名的是所谓李嘉图悖论、马克思价值“转型”问题，以及剑桥资本争论等。而这些矛盾和难题不解决，经济学始终都处于“初级阶段”，无论它们从形式上看起来是如何高级，运用了多少数学模型，其理论原点只能是一些稍作推论就矛盾百出的假设前提。

问题出在哪里？为什么经济学分成若干流派（如马克思主义经济学、西方经济学各派系、奥地利经济学，如今也许还有中国特色经济学等），总是各说各话，各有自己一套互不兼容的话语体系？说到底，是因为从一开始，经济学家的哲学根基就是二元的，在经济活动中强调实物资本和“经济人”，而在现实生活中又不得不强调人的道德情操（如斯密的《国富论》和《道德情操论》所描述的）。近代以来的科学更是把经济学逼到了死胡同里，要把边际效应、消费倾向、资本边际效率之类加以形式化，谈何容易，所以只好掐头去尾，作一些假设，然后在某些情况不变的条件下来做出一些数学模型，试图对复杂的经济现象做出“解释”。而所有这些解释，都只是面向过去的，是解释经济历史的，预测未来是难以想象的事，所以有所谓经济学家预测某项经济事务，经常出现十个经济学家有十一种方案的笑话。二元分割和形式化是经济学的魔咒。

在我的《亲缘格局论》中，受现象学和中国古代哲学观点的启发，我把时时刻刻都在遭遇的人、物、事、理都放在一个平面来对待，从而有可能对实物资本的概念进行一次修正。我们观察历史上的无数事实，都可发现这样一个近乎公理的事实：我们在经过无数次占有金钱、美色、食物之后，终于到了老死的那一天，剩下的是什么呢？在我看来，剩下的只是“亲缘格局”，主要是你留下的名声、音容笑貌、余荫（你的某些亲友部属等可能会念及你的好处照顾你的子女），而你的所谓遗产（存款、房子、首饰等）一旦成了你的子女的，那它们肯定不是原来的那些东西（它们是你原来的亲缘格局的组成部分），而成了他们的亲缘格局的组成部分。他们对这些东西的处置不大可能和你生前的意愿相一致，甚至可能完全相反。即使像孔子所说的：“三年无改于父之道”是孝的要求，那也只是“三年”而已。我们把这个公理性的事实放到经济学的概念探讨中，可能就会发现比实物资本更重要的东西，即构成亲缘格局的其他东西，他们也许看不见摸不着，但确实具有“非存在者的存在性”。在以往的数千年里，我们没法把它们量化、形式化，但并不意味着它们不存在。如今，在大数据、人工智能、区块链等技术的支持下，模糊一点的量化、形式化看来是可能做到了，这就是我之前的公众号文章所说的，融合了行为、数量和价格信号的数字资产有了很大的实现可能性。

假如有了这样的数字资产来进行度量，我们就可以把经济学以往局限于劳动和资本的某些概念、命题做出修正了。比如，我们在劳动中创造某些物品，同时也积累了人与人之间的亲缘，也增长了自己的见识和本事；选择工作单位时，我们并不见得十分重视工资的高低（大概有个相对合理的数就行），而更注重的是和谐的人际关系氛围、对自己的人生规划更有意义等。再比如，以往的资产折旧有可能改为“数字资产的摊薄和渗透并存”，也就是说，数字资产在摊薄的过程中，有可能又渗透到了别人的亲缘格局中，从而从总量上看并没有减少，反而增加了。这样，以往经济增长理论中的一些不解之谜也许就有了答案。又比如，劳动和闲情逸致的发挥也许就显得相得益彰了，老人和小孩就不是“纯消费者”了，养老、家政、旅游、教育、艺术经济的内涵就更宽广了，等等。总之，非常有意思，欢迎有兴趣的朋友一起来探讨。

附录七 “平和”的金融、功利主义和上市公司公司治理行为

中产者的亲缘格局 2019-05-20

问：众所周知，金融是经营风险的，而且很多人都以在金融风险中“冲浪”为人生乐趣，你为什么强调金融的平和呢？

答：这里有一个体自身的平衡、个体与个体间的平衡以及总体平衡的问题。每一个体的人生有起伏，有痛苦、有欢乐，有抑郁、有喜悦，这很正常，但人不能老是处于同一种状态，经常要用理性的力量来恢复情绪的平稳。个体与个体间的关系也一样，有吵闹、有争斗，有温情、有亲密，但也不能老是处于同一种状态，经常要用理性的力量来恢复彼此间的平衡。作为社会总体，平衡更是显得重要，极端不公平的分配机制导致的火药味浓、戾气重、投机氛围严重，会使每一个体感到压抑，无论穷人还是富人都活得不安宁。从操作层面上看，金融是经营风险的，有时候还必须有一点投机心理。华尔街从来都不怕股市波动，无论涨跌都有赚钱之道。凯恩斯对此有深刻理解，他把企业家的投资行为形容为“动物精神”，就是把股市行为引入了企业家行为的理解之中。但是从社会效应和哲学层面上来考虑，金融更重要的意义是一种平衡术，它的原初意义在于平衡个体和企业的现金流，使之平稳度过人生和企业经营中的起伏。我把亲缘格局的持续而平稳的提升与数字资产联系起来，就是从这种意义上来考虑的。我倾向于对国家信用支撑的金融机构采取不那么信任的态度，因为无论在哪个国家，这些金融机构都是一些个体组成的，他们在有利于自己及其相关团体的利益权衡意识支配下，金融资源分配的不公平是常态，表现在整个社会就是金融资源的“稀缺性”（本来是

不稀缺的）。以往西方的经济金融理论解决不了这个问题，中国近几十年来这个问题也越来越凸显。金融危机的频繁发生似乎是必然的事，而每次金融危机的发生，政府都会以加快印钞或发行国债来作为处理危机的主要手段，而最终买单的是普通百姓（无论是通货膨胀还是加重的税收）。2008 年以后横空出世的比特币及其依托的底层区块链技术，给这个问题的解决带来了希望。但是比特币的“空转”属性还是被附加上了太多人性的迷狂，我们真正得益的是区块链技术。它的可追溯和可加密的技术有可能解决数字资产的个体化（即亲缘格局的价值显现）问题，从而使个体信用支撑的新金融有可能会较好地发挥作用，甚至逐步取代那些早已被证明了带来无穷弊端的一体化金融。因为亲缘格局对应的数字资产（货币）只能靠个体人生的漫长过程来积累，所以金融的平和在这里是完全有可能实现的。

问：“平和”的金融很大程度上必须建立在儒家传统的理想主义信念基础之上，它和西方传统的功利主义真的能够相容吗？

答：我在《亲缘格局论》第一部中提到，“无善无恶心之体”是我立论的重要基础，也可以说是一个思维起点。它是王阳明著名的“四句教”之第一句，被我借用。提到善恶之分，一般人肯定会往伦理上去想，而王阳明的“四句教”当然也是按照儒家的传统最终体现和落实在伦理上的，即所谓“无善无恶心之体，有善有恶意之动，知善知恶是良知，为善去恶是格物。”很显然，儒家传统中的这种伦理观念本质上是和功利主义无关的，它表现的是一种理想主义的追求。

为什么特别提出这个话题，是因为以下几个事实：

一、在明代中期以后，王阳明的几代弟子就开始了对阳明思想的“庸俗化”，有些人把“无善无恶”当成了“非善非恶”，和中国传统中一直存在的功利主义结合起来，在商人气味浓郁的明末社会泛滥成灾，王夫之对阳明思想的这种流弊痛心疾首，认为它是明末中华“亡于夷狄”的重要原因，这是不无道理的。而如今的商业社会早已比明代社会规模扩展了若干个数量级，有些推崇阳明思想的人也显然在对“无善无恶心之体”做功利主义的解释，无论是儒家还是别的什么家的理想主义的情怀几乎荡然无存（至少已经很少有人愿意主动站出来说它）。

二、功利主义在近代以后的西方资本主义社会大获全胜，但我们要明白，功利主义和基督教的传统是并行不悖的。在熊彼特的《经济分析史》中多次提到，基督教的主教们对经济事务和理论的热心超出了一般人能够想象的范围。功利主义和基督教的完美结合，也许就是美国人最为信奉的“实用主义”[①]。事实上，中国传统的功利主义和西方社会的功利主义是有很大分别的。我们不能复制西方的功利主义原型，但是也不能简单地以为我们当前社会上泛滥的功利主义是从资本主义社会传入的东西。

三、西方的功利主义因为“边际效应论”进入了经济学的学术殿堂，近两百年里无人能够撼动它，除了马克思、凯恩斯等少数人对它提出质疑之外。功利主义的经济学使经济学远离“真实”的经济社会，但由于其形式化的彻底性，还是充斥了全世界经济学的讲堂，至今没有什么可以取代它的理论成果出现。

功利主义好不好？如果我们有直面历史的勇气，那可以肯定地说：中国传统的功利主义是很不好的，而西方人所说的功利主义好坏参半。中国在南宋灭亡以前，与所谓“俗儒”“乡愿”相对立，儒家的理想主义是占据了知识分子主流思想的（至少从流传的文字上看是如此），而经过蒙元和满清对古老中华民族文化的摧残，这种理想主义渐渐地消失了，王阳明的理想主义可谓“残阳中的一滴血”，很快也被其传人误解成中国现实版的“功利主义”。儒家的理想主义传统在满清时期遭遇了最严厉的打压，直到清王朝被推翻特别是抗日战争爆发之后，才逐渐有所恢复。西方的功利主义是有约束的功利主义，一方面是他们的法律制度相对完善，一方面是基督教“济世”和“平等”的传统，甚至在马克思晚年时，西方社会残酷剥削的现状已经有所缓和，而马克思本人的学说里也作了“资本家不消费”这样的假设，这种“不消费”的假设有很强的事实支持，它和韦伯的“新教伦理与资本主义精神”是内在契合的。既然“不

① “实用主义”这个翻译很成问题，实用主义（Pragmatism）是从希腊词 πραγμα（行动）派生出来的，强调的是行动、实践及其功效的自我评价和社会支持度，这和中国人讲的“实用”的意思差得很远，也许“适用”还好一点。

消费”的资本家是为了上帝的恩宠而奋斗的，那么他们的功利主义的目标也就是相对“纯净”的（当然，西方人对其殖民地是另外一套价值标准）。正是在这样的功利主义支撑下，西方商业社会才跌跌撞撞地走到了今天这个样子。

经过以上的铺垫，可以鲜明地提出我的观点了。我所谓的“无善无恶心之体”作为《亲缘格局论》的立论基础，主要是想阐明儒家理想主义在当代中国社会的一种新的版本，这一版本是面向智能时代的：

1、不要以一切道德成见来束缚我们的思想和心灵，但这并不意味着我们赞成中国传统的功利主义，在很大程度上我们是主张延续儒家的“取义”和“成仁”传统的。

2、要在遭遇一切的人、物、事、理之时采取直面态度，有缘来相认、无缘不入心。

3、不一定每次面对人、物、事、理时都需要，但是在对自己而言的每一重要事项上，要争取操作“无善无恶心之体”之后的几个步骤，即乾坤并建、理一分殊、和而不同。

4、我们最终目标是提升亲缘格局，而所谓功利只是其中的一个组成部分。在此我们提倡的自觉自愿，每个人都有选择自己生活方式的权利，当然亲缘格局评价的机制也是允许多样化的。但有一点，要保持良心上的安宁，要能接续祖宗和往圣先贤的恩德就最好。

5、“最大多数人的最大幸福”，“效应最大化”，这些是虚幻的东西，是经济学者们的想象中的东西。在政治家的视野中，任何时候任何情况下的政策都是会有一部分（肯定不是“极少数”）利益受损群体的。我们能够实现的只是个体亲缘格局的提升。我们不排斥社会环境中的诸要素，但真正重要的是自我“救济”和亲人的帮助。

问：“平和”的金融在实现过程中，不可避免地会遭遇谱系化金融和一体化金融的冲突，请举例说明。

答：我想举上市公司公司治理的例子来说明。《亲缘格局论》强调从个体出发描述一切团体的行为，公司治理行为当然也不例外。所谓“公司法人”，实际是一体化金融的思维产物，也即注重物的整体形态而忽视个体的行为，这在产品比较单一、公司结构比较程式化、机械化大生产作业的时代是管用的，但是越来越不符合面向智能时代的新情势，这也是自二十世纪九十年代以来金融危机的阴影始终笼罩着各大经济体的根本原因。对公司法人特别是上市公司进行解构式分析，还原公司治理的真相并解决短期行为及其外部性问题，很有必要。这里只是简单陈述：

1、上市公司的最高目标是股票价格的上涨可持续，公众投资者和原始投资者之间存在着不可调和的矛盾（原始投资者始终存在减持的冲动），管理层对此是无能为力的，他们的“理性”行为是利用上市公司的有利地位尽可能取得一体化金融带来的好处，也即，利用尽可能多的借债和增加管理费用等手法来扩大公司管理行为的权力（扩张公司规模、收购是常态），而信息披露越多，这些权力的行使就越受拘束，这就决定了他们对信息披露的天然抵触。谱系化金融的目标是改变原始股东和管理层的行为倾向，使他们始终把上市公司当成“创业公司”来管理和控制。《亲缘格局论》之始终关注个体及其家族的亲缘格局提升，在此就意味着公司治理本身就是原始股东和管理层不能放弃的事业。也即，他们的“身价”始终是和公司团队的价值（即公司成员的以亲缘格局为基础的数字资产之总和）相连的。如果公众能够从可计量的数字资产来观察到上市公司的治理行为，也许市场上的投机就有可能更多地变成长期投资，从而使股市的运行更加平稳。

2、谱系化金融就是要介入非各态历经过程，其中的关键是常规理性思维能力和现象学思维能力的集成。凯恩斯是熟悉现象学的，而且也是数学和逻辑学的高手，他的《论概率》和《通论》构成了一个完整的理论体系，某种程度上可以视为谱系化金融的开端，而不是所谓宏观经济学的开端。在此之前，哲学与金融学是完全的“两张皮”，一体化金融的实务操作一直是以“物”的抵押和国家强制力为基础的，谈不上什么哲学，如果有，那就是暴力化生存和硬实力竞争，马克思的经济社会学对此揭露得很充分。而从人自身的概率化生存出发构建金融学基础，即对于消费、投资、借贷、股票投机等行为过程的描述，进而完成对经济危机实质的理解，凯恩斯的这一努力无与伦比，至今无人能理解。一般人都把凯恩斯当成了国家干预主义经济学的集大成者，误解太深！

3、凯恩斯主张对国家干预经济行为的适时介入，是基于其对人性的悲观以及经济危机的危急情势而做出的思考。后人对凯恩斯的理解往往局限于其政策思考本身，而不是从其对人性的思考出发来理解其本质内涵。事实上，凯恩斯始终没有放弃对客观概率的主张，也即对人性的管理，以实现他的老师摩尔的伦理学思想的可操作路径（摩尔还是康德那里继承下来的老办法）。凯恩斯虽然在经济实践（特别是金融投资实践）中看到了无数主观概率支持的经济行为，从而也赞同拉姆塞对他的《论概率》的批评，但他不能放弃其理想主义的追求，苦于找不到两全其美的办法，才在上世纪二三十年代初经济大萧条的危急时刻倒向了国家干预主义（后来的历史证明，很多时候国家干预会变得更糟糕）。在面向智能时代的今天，我们有了更好的技术手段的支持，有可能使只能借助国家干预的路径变成经济主体自身调适的路径。这就是我一直以来倡导的以亲缘格局为基础的数字资产（货币）积累的路径。

附录八 记录历史：区块链信任体系的历史依据以及“平和”金融的实现

中产者的亲缘格局 2018-09-28

人类从何时起开始记录自己的历史？为什么要记录自己的历史？一个有意思的历史事实是，迄今为止，最早的象形文字遗迹是在埃及的一座古墓里发现的：

1987年德国考古队在阿比多斯（古埃及地名 Abydos）发现了前王朝的一个统治者的U-j坟茔，复原了几百块骨片，从中找到了具有完全规模的埃及象形文字。这一坟茔的年代为公元前3150年。这也许揭示着这样一个问题：人类记录自己的历史，最主要的一个目的，最早的一个考虑，是为了自己的“灵魂不朽”，或者是与天地相通，或者是与自己的祖先相通。

记录的历史逐渐演化，功用也多了起来，比如用于人与人之间的交流，用于记录政务和账目，用于书写法律和签订合约等等。其中，列表和清单的记录是人类经济活动中常用的，因为经济活动在很大程度上决定了大型组织的兴衰存亡，所以意大利作家 Umberto Eco 说：“我们都爱列表和清单，因为我们不想消失。”延伸的意思是，如果没有列表和清单来帮助人们记录人与物，许多大型组织都将不复存在。

人类经济金融活动日趋复杂和繁多，列表和清单的数量、类型变得非常之多，从库存检查表、公司的账目到数据库等等，它们有一个共同的缺陷（或称局限性）：它的真实性依赖于记录人的专业水平和德性。专业水平可以逐渐提高，使真实性逐渐增强，但是德性这东西弹性很大，在记录人的权力没有得到足够约束的情况下，他们很可能为了自己或小集团的私利而改变事实，从而使列表和清单的真实性大打折扣。为了尽量避免这样的情形发生，人类又发明了许多制度和工具，比如定期审计和监事会制度。列表、清单的记录员和监察员们共同形成了全世界最大，但最少被提及的行业：信任行业。

就与经济金融事业相关的列表和清单记录而造就信任体系而言，最伟大的一项发明是必须提及的，那就是500多年前在意大利北部出现的一种新的会计记账技术，即复式记账法。对于现代企业和经济的发展来说，这是一项巨大的进步。德国社会学家Werner Sombart认为，复式记账法标志着资本主义的诞生。这个看法如果成立，它应该比马克思关于资本主义制度主要建立在“劳动力成为商品”这一事实基础之上的看法更为根本。因为复式记账法有利于除企业主之外的人们了解一个企业的财务状况，如果公司制度和法律能够大致保证这样的记录是真实的，那么与金融密切相关的信任体系的建立就顺理成章了。而事实上，长期的封建社会有无数商人雇佣劳动的先例（比如在中国，至迟在春秋战国时期，有些地区的商业就已经发达），即使这些不是劳动力成为商品的例子，至少也是劳动力成为准商品的例子。所以，也许以复式记账法为代表的金融制度的建立使资本的杠杆作用发挥出来，从而使资本家得以大量涌现，进而使大工业生产和有利于新产品发明的研发创造得以可能，这才是资本主义发生、发展的最重要的前提。

如果说复式记账法是把原本局限在企业主头脑中的会计信息释放出来，那么区块链就是要把原本局限在组织内的会计信息公之于“众”（注意：这里的“众”并不是普通媒体那样的意思）。当然，这可能不是至今仍然神龙见首不见尾的比特币发明者中本聪的原意。正如他在白皮书中所论述的，他的原意只是建立一种“完全点对点的电子现金”。至于他发明这种电子现金的深层意图，至今无人知晓。

为了达成数字货币的可信度，中本聪发明了一种新型数据“记录”方法，即区块链。区块链能在任何时候证明某人拥有何物，而且包含了任何一次流通中的比特币的交易历史。高强度的加密技术使得一项交易上链后，理论上就不再可篡改。数据在构成比特币网络的节点之间流动，每个节点都可以进行“比对”工作。于是，一种复杂的密码学流程或者叫“共识机制”，使比特币得以成为一个完全独立的“实体”。

区块链记录方法所达到的新高度除了不可篡改和可追溯，还有一个重要之点没有得到充分的重视。为一个新生儿诞生后做的第一件事情可能就是将他的信息输入区块链，并提供链上的出生证明，而且从此以后，一切有利于记录其提升“亲缘格局”历程的数据都要记录下来。这听起来有些像奥威尔《1984》里“老大哥”的行事作风，但事情并不一定会如此。正相反，如果个人的身份信息可以在一个或多个区块链上储存，他们就可以对自己的信息有更多控制权。例如一位需要消费贷款的客户，银行一般都要他证明他的收入足够负担每月的还款，而且有良好的还款意愿，如果有了区块链的历史记录，此时他只需要向该银行授权查阅这些记录，而且有权要求该银行只将这些记录用于“本次”贷款的收入和信用证明。这样的记录提供出来只需要几秒时间，而且有更好的可信度。

虽然很多创业公司和机构在努力营造所谓“无币区块链”的运作方法和路径，但是区块链和比特币具有的天然“血缘”关系，使得区块链这种新型记录方法只有用于数字资产（货币）的生成和与之相联的新型金融体系的生成才有根本性革命的意义。而且，如果区块链技术只是用于“证明”信用而不是使其本身就成为“建立”信用的有机组成部分，它所造成的链上世界仍然是一个可造假的世界，因为人们有充分的动机去原始数据上造假时，链上世界仍然显得很荒谬。

我的《亲缘格局论》所设想的链上世界是一个“平和”的金融世界。按照我的理解，在区块链、大数据、云计算和人工智能等金融技术支持之下的谱系化金融就是“平和”的金融，它自古以来就已经存在，只是如今我们将其概念化、观念化。理想的谱系化金融将贯穿渗透于亲缘格局提升的全过程，也即每一个阶段、每一个环节、每一个结构化的个体以及它们以某种结构组成的群体行为之中。这意味着，谱系化金融将极大地扩展“金融”概念及功能范围，从以往的锦上添花或扶贫济困，抵押贷款、投资而生利等等，转变为对个体以及它们组成的群体的生命力、创造力的维护、培养和激发。

在《亲缘格局论：面向智能时代的哲学》一书中，我已经提出了个体提升亲缘格局的若干环节，比如个体遭遇人、物、事、理的每一瞬间，有缘来相认、无缘不入心的直观性处理，这些可视为生命力维护、培养和激发的诸环节；再如无善无恶心之体、乾坤并建、理一分殊、和而不同，这些可视为创造力维护、培养和激发的诸环节。我在该书中还提到了宋代周敦颐和朱熹最为关注的“太极图说”，把无极而太极、阴阳、五行和万物化生作为一个闭环来理解，这意味着生命力和创造力是一体的，彼此渗透、相互生成的，所谓生命阶段和环节的划分都是为了说明概念而勉强为之，为了便于“操作”而勉强为之。

《亲缘格局论》奠基于对自然世界的统一性和多样性的理解之上，奠基于对经验事实及其相关理性的谱系化结构的理解之上。自然世界的人、物、事、理是以拓扑结构呈现，并与“我”在世界和人生之中遭遇的，这些不断发生的经验事实导致个体亲缘格局的“日生日成”，这种“日生日成”的过程因人而异，“理一分殊”的多层次、多结构的特征并不妨碍“和而不同”局面的形成。“宙合”之境是始终存在的。虽然对于每一个体而言，的确是存在亲缘格局的提升层次之分；对各个个体的比较而言，也的确存在亲缘格局的提升层次之分和“区域”之别，但是这些分别都是难于用语言来说明的，只有借助于大数据、区块链等技术来记录、分析和概括它们。

互联网经济的高度平台化、区域化和集群化正在催生货币的数字化和谱系化。金融谱系化的格局之促进有可能因为货币的谱系化而达到高潮。在我的设想中，区块链数字资产（货币）的运行，就像全社会的毛细血管都充分地张开了，如此将更有效地实现谱系化金融贯穿渗透于亲缘格局提升的过程，进而促使每一个个体都趋向于达到“宙合”之境。与以往的一体化金融促进工业制造和全球贸易相比，谱系化金融将更注重于人本身的自由发展、共生共治社会的实现。孙中山先生在1894年《上李鸿章书》中提出，“人能尽其才则百事兴，地能尽其利则民食足，物能尽其用则材力丰，货能畅其流则财源裕。故曰：此四者，富强之大经，治国之大本也。”按照中山先生的这一理想，我们做出如上所述的努力，也许亲缘格局提升、谱系化金融、共生共治社会均可实现之。

主要参考书目

中国古典：

[1]《论语》

[2]《管子》

[3]《老子》

[4]《庄子》

[5]《孟子》

[6]《朱子语类》

[7]《河南程氏遗书卷二》

[8] 王阳明《传习录》

[9] 王夫之《船山遗书》

[10] 戴震《孟子字义疏证》

[11]《华严经》

[16]《坛经》

[17]《金刚经》

中国现代学者：

[1] 胡列清《二重论》，陕西人民出版社，2001 年。

[2] 胡列清《文明的立场和高度——辩证儒学导论》，陕西人民出版社，2014 年。

[3] 王博《中国儒学史・先秦卷》，北京大学出版社，2011 年。

[4] 张祥龙《海德格尔思想和中国天道》，生活・读书・新知三联书店，1996 年。

[5] 吴军《智能时代》，中信出版社，2016 年。

[6] 张岂之《中国思想史》（修订本），西北大学出版社，2016 年。

[7] 陈玉京《中美住房金融理论与政策：房地产资本运动的视角》，人民出版社，2009 年。

[8] 陈玉京《亲缘格局论：面向智能时代的哲学》，经济日报出版社，2018 年。

[9] 陈志武《金融的逻辑》，国际文化出版公司，2009 年。

[10] 肖远企《金融的本质与未来》，金融监管研究，2018 年。

[11] 柳欣《资本理论》，人民出版社，2003 年。

[12] 王璐、柳欣《马克思经济学与古典一般均衡理论》，人民出版社，2005 年。
[13] 倪梁康《现象学的始基：胡塞尔逻辑研究释要》，中国人民大学出版社，2009 年。
[14] 熊十力《新唯识论》，中华书局，1999 年。
[15] 数字资产研究院《Libra：一种金融创新实验》，东方出版社，2019 年。
[16] 张祥龙《复见天地心——儒家再临的蕴意与道路》，东方出版社，2014 年。
[17] 庄振华《< 精神现象学 > 义解》，中国人民大学出版社，2019 年。
[18] 周洛华《货币起源》，上海财经大学出版社，2019 年。
[19] 吴瑞敏《财富与时间：<1857–1858 年经济学手稿研究 >》，上海世纪出版集团，2015 年。

外国学者：

[1] 康德《任何一种能够作为科学出现的未来形而上学导论》中译本，商务印书馆，1982 年。
[2] 康德《纯粹理性批判》，邓晓芒译，人民出版社，2004 年。
[3] 康德《实践理性批判》、《判断力批判》，邓晓芒译，人民出版社，2004 年。
[4] 黑格尔《精神现象学》中译本，商务印书馆，1979 年。
[5] 黑格尔《逻辑学：哲学全书·第一部分》（即《小逻辑》）梁志学译，人民出版社，2017 年。
[6] 格奥尔格·西美尔《货币哲学》中译本，江西教育出版社。
[7] 胡塞尔《纯粹现象学通论》、《第五、第六逻辑研究》、《经验与判断》，李幼蒸译，中国人民大学出版社，2014—2018 年。
[8] 胡塞尔《笛卡尔沉思与巴黎演讲》（胡塞尔文集第一卷），张宪译，人民出版社，2008 年。
[9] 海德格尔《存在与时间》中译本，生活·读书·新知三联书店，2014 年。
[10] 海德格尔《谢林论人类自由的本质》，薛华译，中国法制出版社，2009 年。
[11] 维特根斯坦《逻辑哲学论》，韩林合译，商务印书馆，2013 年。
[12] 维特根斯坦《哲学研究》，楼巍译，上海人民出版社，2019 年。
[13] 凯恩斯《就业、利息和货币通论》，高鸿业译，商务印书馆，1999 年重译本。
[14] 凯恩斯《货币论》上卷，何瑞英译，商务印书馆，1997 年。
[15] 索罗斯《金融炼金术》中译本，海南出版社，1999 年。
[16] 本·伯南克《行动的勇气》中译本，中信出版社，2016 年。
[17] 迈克尔·哈特、安东尼奥·奈格里《大同世界》中译本，中国人民大学出版社，2016 年。
[18]《费尔巴哈哲学著作选集》上卷，商务印书馆，1984 年。
[19] 施蒂纳《唯一者及其所有物》，商务印书馆，1981 年。
[20] 马克思《资本论》，人民出版社，2004 年。

[21] 马克思《1857–1858 年经济学手稿》,《马克思恩格斯全集》第二版第 30 和 31 卷,人民出版社,1998 年。
[22]《马克思恩格斯选集》第 1 卷,人民出版社,1995 年。
[23]《马克思恩格斯全集》第 2 卷,人民出版社,1957 年。
[24]《马克思恩格斯全集》第 3 卷,人民出版社,1960 年。
[25]《马克思恩格斯全集》第 3 卷,人民出版社,2002 年。
[26]《马克思恩格斯全集》第 27 卷,人民出版社,1972 年。
[27]《马克思恩格斯全集》第 46 卷上,人民出版社,1979 年。
[28] D·扎哈维《胡塞尔现象学》中译本,上海译文出版社,2007 年。
[29] 列维·斯特劳斯《面对现代世界问题的人类学》中译本,中国人民大学出版社,2017 年。
[30] 道恩·威尔《另类胡塞尔:先验现象学的视野》中译本,复旦大学出版社,2012 年。
[31] 柄谷行人《跨越性批判——康德与马克思》中译本,中央编译出版社,2011 年。
[32] 贝尔奈特、耿宁、马尔巴赫《胡塞尔思想概论》中译本,中国人民大学出版社,2011 年。
[33] 保罗·戴维森《约翰·梅纳德·凯恩斯》中译本,华夏出版社,2009 年。
[34] 尤尔根·梅菲特、沙莎《从 1 到 N:企业数字化生存指南》,上海交通大学出版社,2018 年。
[35] 马克斯·韦伯《新教伦理与资本主义精神》,于晓等译,生活·读书·新知三联书店,1987 年。
[36] 熊彼特《经济分析史》第三卷,商务出版社,2009 年。
[37] R.F. 哈罗德《凯恩斯传》中译本,商务印书馆,1997 年。
[38] 西美尔《货币哲学》,陈戎女译,华夏出版社,2007 年。
[39] 卡尔·洛维特《韦伯与马克思》中译本,南京大学出版社,2019 年。
[40] 卢卡奇《理性的毁灭》中译本,山东人民出版社,1997 年。
[41] 尼采《尼采注疏集》之《道德的谱系》中译本,华东师范大学出版社,2015 年。
[42] 米歇尔·福柯《古典时代疯狂史》中译本,生活·读书·新知三联书店,2005 年。
[43] 米歇尔·福柯《词与物:人文科学考古学》,莫伟民译,上海三联书店,2001 年。
[44] 威廉·戈兹曼《千年金融史:金融如何塑造文明,从 5000 年前到二十一世纪》,中信出版集团,2017 年。
[45] 约翰·S·戈登《伟大的博弈》(第三版)中译本,中信出版集团,2019 年。
[46] Hyman P.Minsky,JOHN MAYNARD KEYNES,Columbia University,1975.
[47] Dermot Moran,Introdution to Phenomenology,Routledge,2000.
[48] A Treatise onProbability,John Maynard Keynes,Published by MacMillan and Co.,London,1921.